まんがで
手作り入門

編み物
始めてみました!

監修 fumifumi
まんが あきばさやか

じーん
1枚ですでにカワイイ~

朝日新聞出版

まんがで
手作り入門

編み物始めてみました!

監修 fumifumi
まんが あきばさやか

はじめまして、
編み物初心者
カオリです!

Let's TRY!

編み物、始めよう！
WOW!
Let's TRY!

「編み物？　やったことない、ない！」
この本のまんがの主人公・カオリさんのような方、多いのではないでしょうか？
少し前まで編み物というものは祖母や母、隣に住んでいるおばさんのように、
比較的身近な方に教えていただいたものでした。
しかしこのごろは、家庭科の時間でも取り上げられることが少なくなり、
編み物は遠い存在に。やってみたいと思いつつも、
今まで編んだことがなかった…カオリさんもそんな一人。
ファストファッションが流行る現代、
自分で作るよりも買ったほうが簡単だったりします。
それでも手作りするのは、自分のテイストに合うモノ、
自分が欲しいモノ、【世界にたった1つだけのモノ】がいいから。
初めての方は不安も多いかと思いますが、
カオリさんと一緒に編み物、始めてみませんか？
この本が、あなただけの【世界で1つだけのモノ】を手にする
きっかけになれば幸いです。

2021年8月　編み物講師　fumifumi

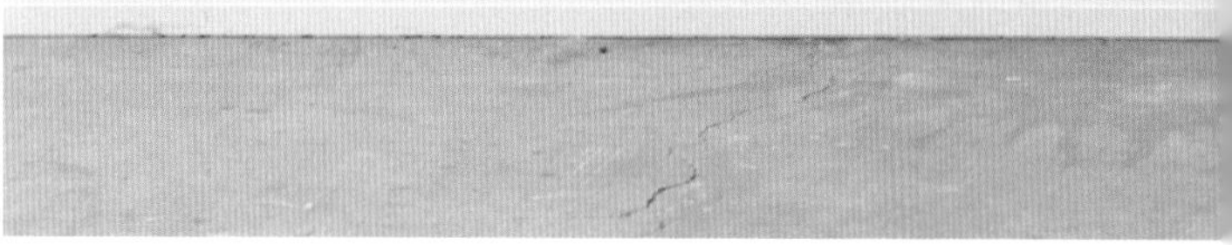

コットンウールストライプ3way ワンピース、V ネックニットソーベスト、デイリーウォッシュドデニム
ともに参考商品（sirone）／革のひも靴赤 ¥14000（関口善大靴工房）

この本で作れるもの

基本

コーヒースリーブ

紙カップを包んで熱さをやわらげ、保温効果もあるコーヒースリーブ。シンプルな編み地をカラフルなネップがドットのように彩り、キュートな仕上がりに。

作り方まんが P.40

レシピ P.63

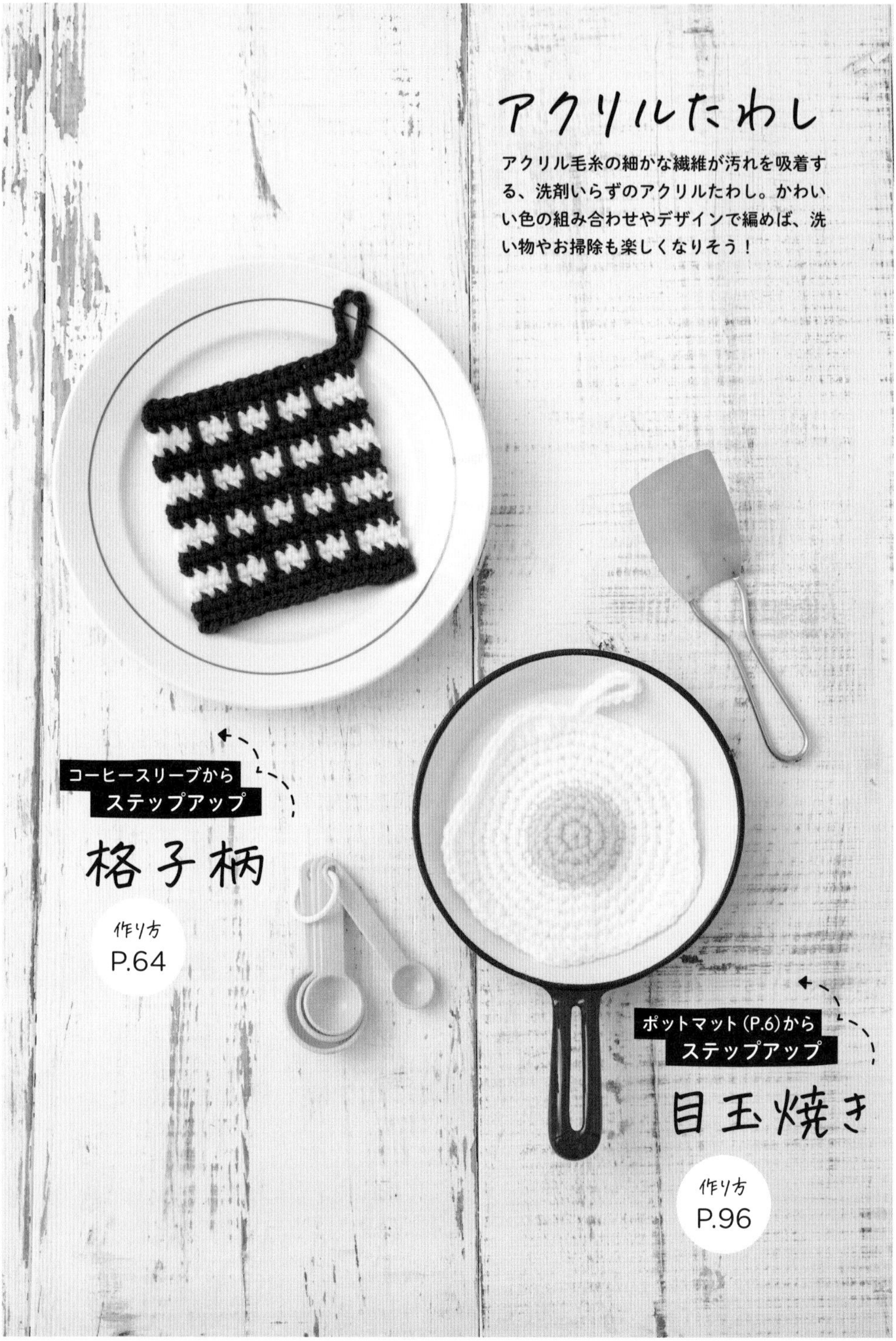

アクリルたわし

アクリル毛糸の細かな繊維が汚れを吸着する、洗剤いらずのアクリルたわし。かわいい色の組み合わせやデザインで編めば、洗い物やお掃除も楽しくなりそう！

コーヒースリーブから
ステップアップ

格子柄

作り方
P.64

ポットマット（P.6）から
ステップアップ

目玉焼き

作り方
P.96

基本

ポットマット

かぎ針のモチーフを編んでつなげるテクニックがギュッと詰まったポットマット。モチーフを色違いで編み、枚数を増やせば大きな作品にもなります。

作り方まんが P.72

レシピ P.94

ポットマットから
ステップアップ

ハット

ぐるぐる輪に編んで作れるハットは、夏はラフィアやリネン、冬はウールなど素材を変えても楽しめます。細編みが編めるようになれば作れるので、まずは挑戦して。

作り方
P.98

基本

ハンドウォーマー

ガーター編みは編み地が厚く暖かいのも特徴。モコモコ毛糸で編めば羊のような仕上がりに。指先が出るデザインなので、スマホ操作や手芸にも最適です。

作り方まんが P.104

レシピ P.120

ハンドウォーマーから
ステップアップ

かのこ編み
マフラー

表目と裏目を交互に組み合わせるかのこ編みは、ぽこぽことした編み地で１色でもニュアンスが出せます。シンプルで合わせやすいマフラーはプレゼントにも。

作り方
P.122

シャギードルマンニットソー（アイボリー）参考商品（sirone）

作り方
まんが
P.130

レシピ
P.153

ティアードショルダーバックボタンフレアシャツ、サスペンダー付き
マキシタックスカート ともに参考商品（sirone）

基本

フード付きマフラー

棒針編みの基本がわかれば交差編みも難しくありません。シンプルな模様なのでフード付きでも大人っぽく仕上がります。ふっくらした編み地で暖かさも抜群！

フード付きマフラーから
ステップアップ

交差編みの帽子

ケーブル編みと裏編みを組み合わせたアランのニット帽は、基本の編み方なのに完成度の高いアイテム。ビタミンカラーやモヘアのふわふわ毛糸で編んでも楽しい。

作り方
P.158

もっと作ろう

マルシェバッグ

市場の買い物用に生まれたマルシェバッグは、重いものを入れても大丈夫なようにリネンなど伸縮性のない糸を使うのがベストです。色違いをそろえてもGood。

作り方
P.165

コットンウールストライプ 3way ワンピース、V ネックニットソーベスト、デイリーウォッシュドデニム ともに参考商品（sirone）
革のひも靴こげ茶￥17000（関口善大靴工房）

もっと作ろう

ぺたんこ巾着ポーチ

ぺたんこでもたくさん入って使いやすさ抜群の巾着はワンマイルのお出かけに。細糸とネップの入った糸を引きそろえて編めば、1色でも表情豊かに仕上がります。

作り方
P.168

もっと作ろう

がまぐち小物入れ

毛足の長いモコモコの毛糸を使用して、小動物のようなキュートながまぐちのできあがり。“編みつける口金”を使っているので初心者でもチャレンジしやすい！

作り方
P.171

ループ

作り方
P.172

ふわふわ

もっと作ろう

ヘアバンドa

シンプルなメリヤス編みのヘアバンドは、ソフトな着け心地で長時間使っても快適。どんなスタイルにも合わせやすく、おうちでもお出かけにもお役立ちです。

作り方
P.174

もっと作ろう

ヘアバンドb

しっかりしたかのこ編みのヘアバンドは、ショートヘアや男性にもぴったり。毛糸で編めば防寒に、コットンやリネンならさわやかに仕上がり、一年中楽しめます。

作り方
P.174

もっと作ろう

はりねずみブローチ

ちょっぴりユーモラスなはりねずみブローチは、毛皮を模したファー毛糸で編みます。上着の胸元を飾ったり、マフラーやバッグ、帽子に複数つけても楽しい。

作り方
P.176

バイカラーオーバーサイズコットンジャケット（ネイビー×グレー） 参考商品（sirone）

次ページから
まんがが
始まります！

登場人物紹介

はじめまして
カオリです。
気づいたら編み物教室に
通うことになっていました…！
私と一緒に
覚えていきましょう！
OPEN!

fumi《ふみ》先生

編み物教室を主宰する。
基本的に自作の
ニットウエアを着用。

リリコ

カオリの会社の後輩。
編み物インスタ
フォロワー数は1.5万人。

カオリ

本書の主人公。37歳。
WEB制作会社に勤めている。
夫と娘の3人暮らし。

カオリの夫と娘

夫ノリくんはフリーの
WEBデザイナー。
娘ふーちゃんは4歳。

ナカムラさん

編み物教室に3年通う
大学院生。もうなんでも
作れるレベル。

ガヤ
ガヤ
おはようございまーす
主人公・カオリ
WEB制作会社に
勤める37歳
4歳の娘の母
カオリさん！
おはよう
ございます
なんだか
久しぶり
ですね
在宅勤務
増えたからね〜
リリコ
会社の後輩
アラ…
かわいい
帽子だね！
どこで買ったの？
私もニットキャップ
欲しいな〜
ピョン
朝は娘の世話で
ヘアアレンジする
暇もないし…
朝は戦争！
ドタ
バタ

えへへ
実はこれ私が
作ったんです
えっ
わーっ
意外な才能!
エヘヘ
売り物みたい〜
ステキ〜
実はインスタで
作品アップしたり
してるんですよ
へ〜
すご〜い
#編み物
#手編み
私には
絶対
無理だな〜
ピーン
そうだ!!
カオリさんも
作ってみたら
いいじゃないですか!
ズイ
こういう帽子なら
お子さんとか
夫さんへの
プレゼントにも
いいですよ!
え〜ムリムリ〜
バサ
ちょうど
次のクライアントは
手芸メーカーさんですし
ズズイ
話のタネに
ばっちり
ですね!
ね!!
手芸のタナカ御中
ウェブサイト制作
ご提案書
アハハ
ムリムリムリ〜ハハ…え?

数日後
ドン
編み物教室
fumi
15:00〜
2F
ドドン
無理だって言ったのに〜
Have a good 編み物!
クライアント研究ってことで上に掛け合っておきました♪
何あの強引さ〜
リリコの勢いに押されて来ちゃったけどなぜ私が編み物を!?
全然できる気がしない〜
昔家庭科でやった以来だよ〜
あのコ絶対自分が日中通いたいから巻き込んだダケでしょ…
ブチ
ブチ
ガチャ
リ〜ン
こんにちは
リリコさんから連絡いただいていますよ
わっ色鮮やか!!
fumi《ふみ》先生
編み物教室の先生

ここまで来たら やるしかない！
あの…
ええいっ
えっと… これ私でも 作れますか？
あれ リリコさんからは 帽子って聞いて いましたけど…
そうなんですけど どう考えても 難しそうだなって…
自信ないです…
最初はできるだけ 簡単なものにして きちんと 完成させたくて…
いいですね！ 編み物は作って使って なんぼですから！
初心者は どんな作品から やるのが いいですか？
難しい 質問ですね…
初心者だって 帽子から やれないことは ないんだけど
理解しやすい 順番がいいですもんね
かぎ針と棒針の 違いもあるから…
とりあえず この図を見てください

編み方と作品分類表

かぎ針編み

特徴

- 1本のかぎ針で、かぎ部分に糸を引っかけて編む
- 小さなアイテムを編むのに向いている
- かたく・厚みがある編み地。
  しっかりした編み地になる
- 編み地に伸縮性がないのでバッグなどに向いている
- 間違えたところに戻らないと編み直しができない
- 立体的な作品づくりができる
  （バッグやあみぐるみなど）

ぐるぐると編む

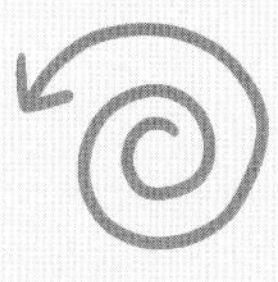

往復に編む

モチーフつなぎ
モチーフ
キャップ
ハット
デザインによるけど
バッグ
四角のコースター
コーヒースリーブ
アクリルたわし
ぐるぐる、往復
どちらも！
マフラー
ちょっと大変かも
だけど…

★マークの作品はこの本で解説しています

※モチーフつなぎの模様は実物とやや異なります。

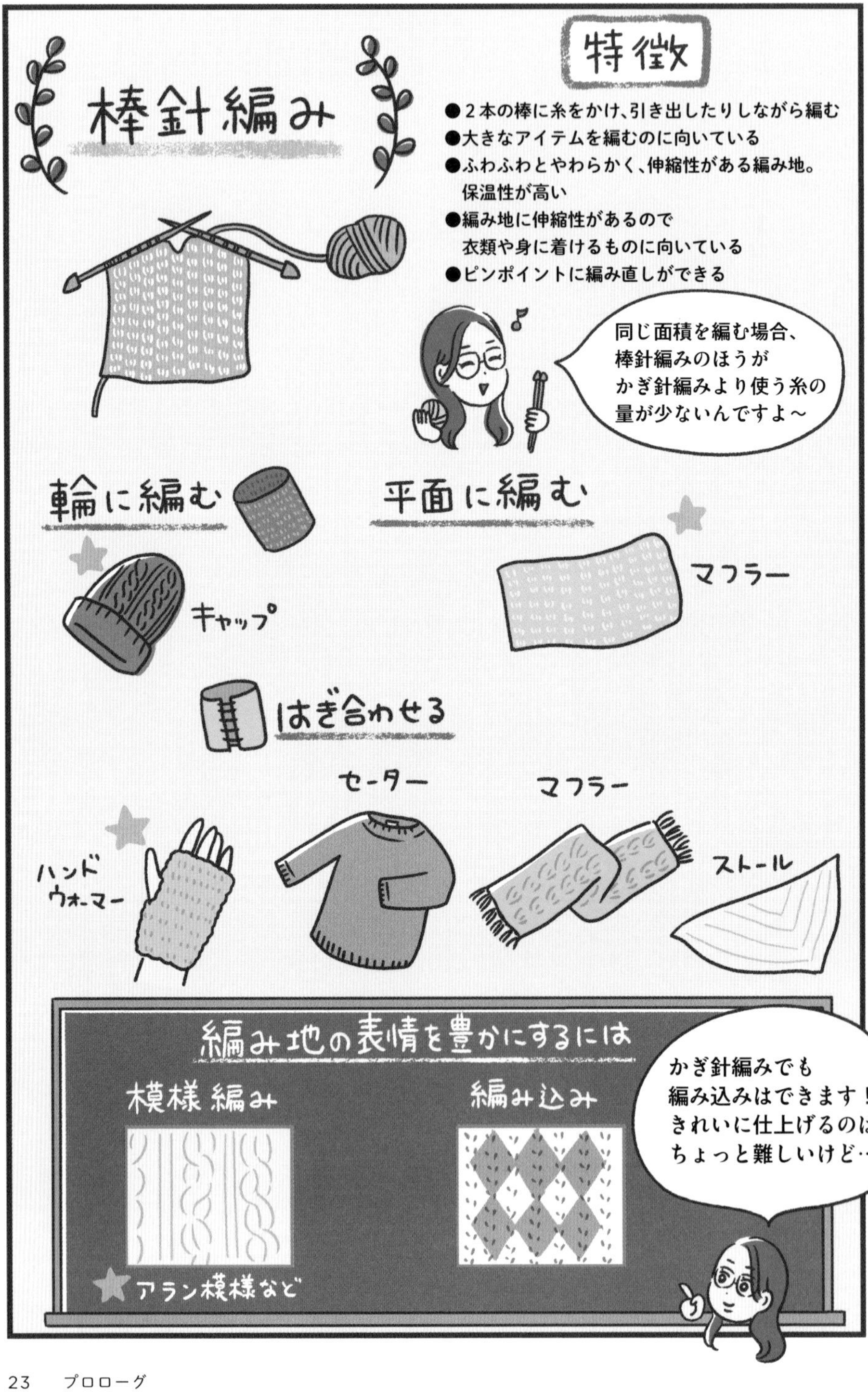
棒針編み
特徴
●２本の棒に糸をかけ、引き出したりしながら編む
●大きなアイテムを編むのに向いている
●ふわふわとやわらかく、伸縮性がある編み地。
保温性が高い
●編み地に伸縮性があるので
衣類や身に着けるものに向いている
●ピンポイントに編み直しができる
同じ面積を編む場合、
棒針編みのほうが
かぎ針編みより使う糸の
量が少ないんですよ～
輪に編む
キャップ
平面に編む
マフラー
はぎ合わせる
セーター
マフラー
ハンド
ウォーマー
ストール
編み地の表情を豊かにするには
模様編み
アラン模様など
編み込み
かぎ針編みでも
編み込みはできます！
きれいに仕上げるのは
ちょっと難しいけど…

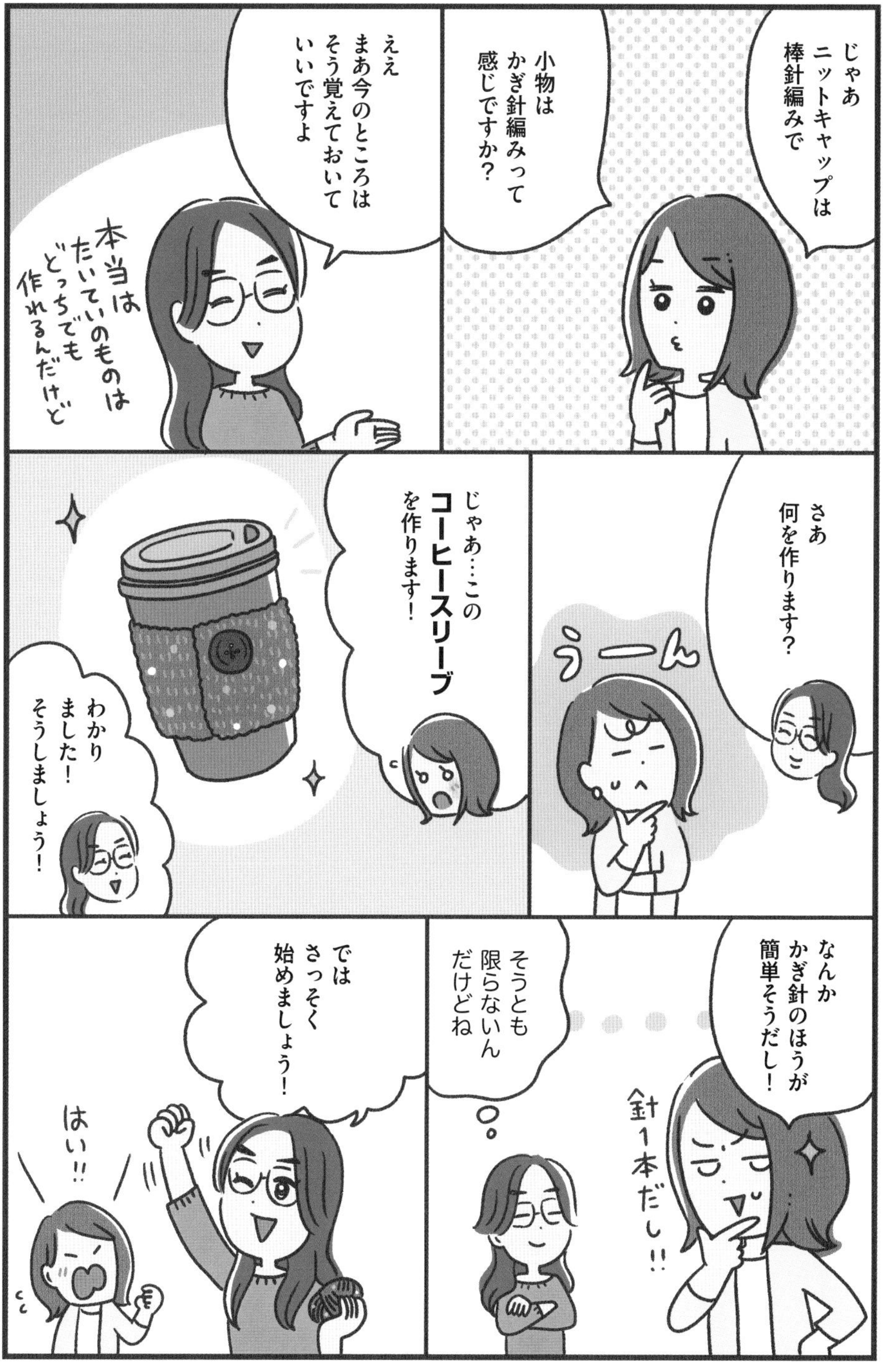
じゃあ ニットキャップは 棒針編みで
小物は かぎ針編みって 感じですか？
ええ まあ今のところは そう覚えておいて いいですよ
本当は たいていのものは どっちでも 作れるんだけど
さあ 何を作ります？
うーん
じゃあ…この コーヒースリーブ を作ります！
わかり ました！ そうしましょう！
なんか かぎ針のほうが 簡単そうだし！
針1本だし！！
そうとも 限らないん だけどね
では さっそく 始めましょう！
はい！！

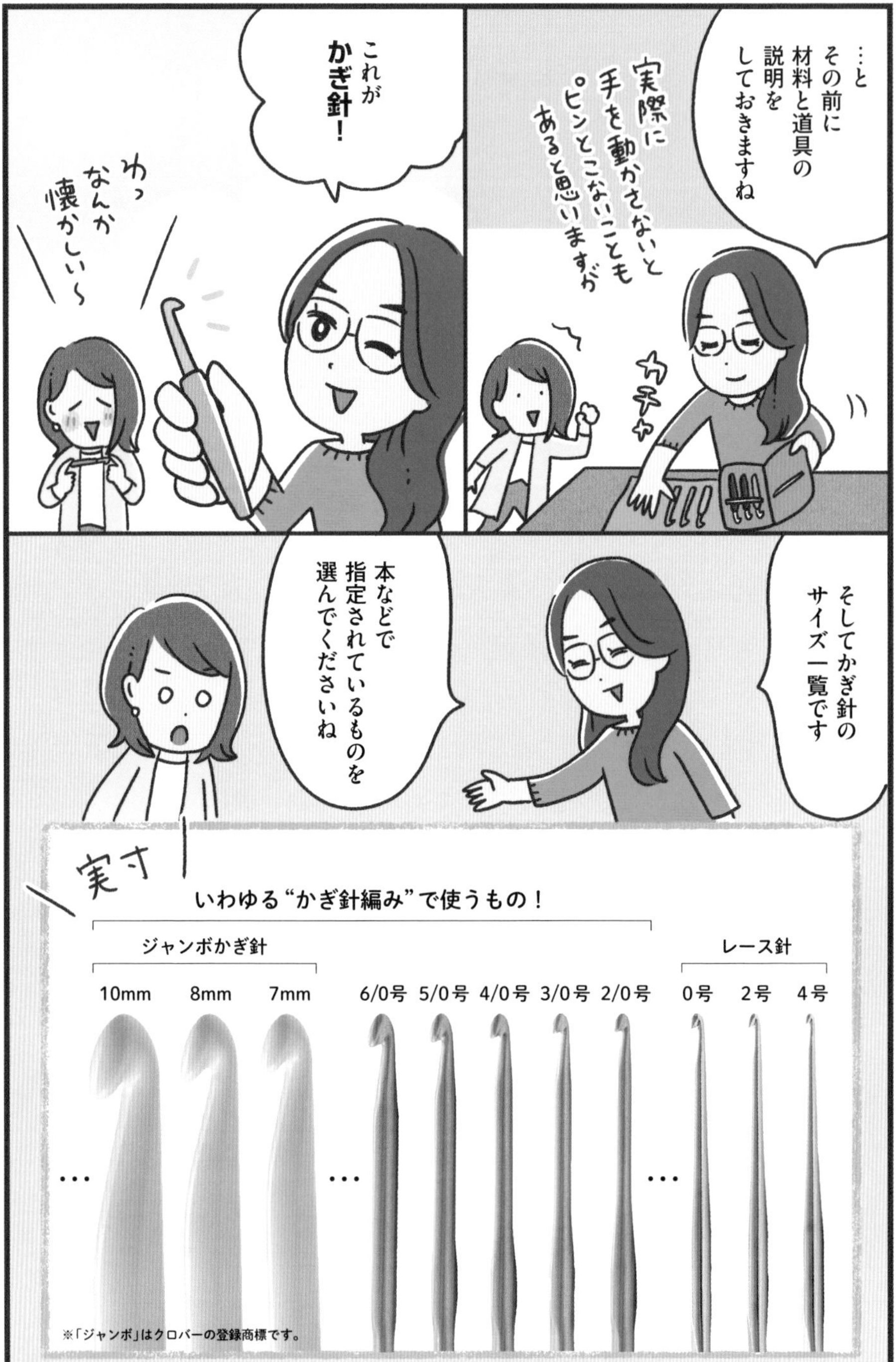
…と その前に 材料と道具の 説明を しておきますね
実際に 手を動かさないと ピンとこないことも あると思いますが
〜
カチャ
これが かぎ針！
わっ なんか 懐かしい〜
そしてかぎ針の サイズ一覧です
本などで 指定されているものを 選んでくださいね
実寸
いわゆる“かぎ針編み”で使うもの！
ジャンボかぎ針
10mm 8mm 7mm
6/0号 5/0号 4/0号 3/0号 2/0号
レース針
0号 2号 4号
※「ジャンボ」はクロバーの登録商標です。

両端にかぎが付いているタイプと片方だけのタイプグリップの有無などいろいろありますが…
自分の使いやすいものを選んでもらえればOKです
グリップがあると持ちやすい～
先生～2／0号と2号の違いって何でしょうか？
2/0号
2号
あと2/0号って何て読むんですか？
これは話すとややこしいんだけど…一般的な編み物用とレース編み用の違いです
2号
レース用
この本ではこっちを使う
2/0号
編み物用
慣習でどちらも「2号」と呼んでいます
レース編み用のほうが細いです
ふみ先生の豆知識
元々レース針が先に存在し、
数字が小さいほど大きいサイズでした。
その後レース針よりも大きな
かぎ針が生まれ、レース針0号より
大きい針を00号、000号…と
0の数でサイズを表していました。
それがわかりにくいため、
0が2つ＝2/0号と表記するように
なったんです。
……とにかく買うときに間違えなければ大丈夫です
はい!!

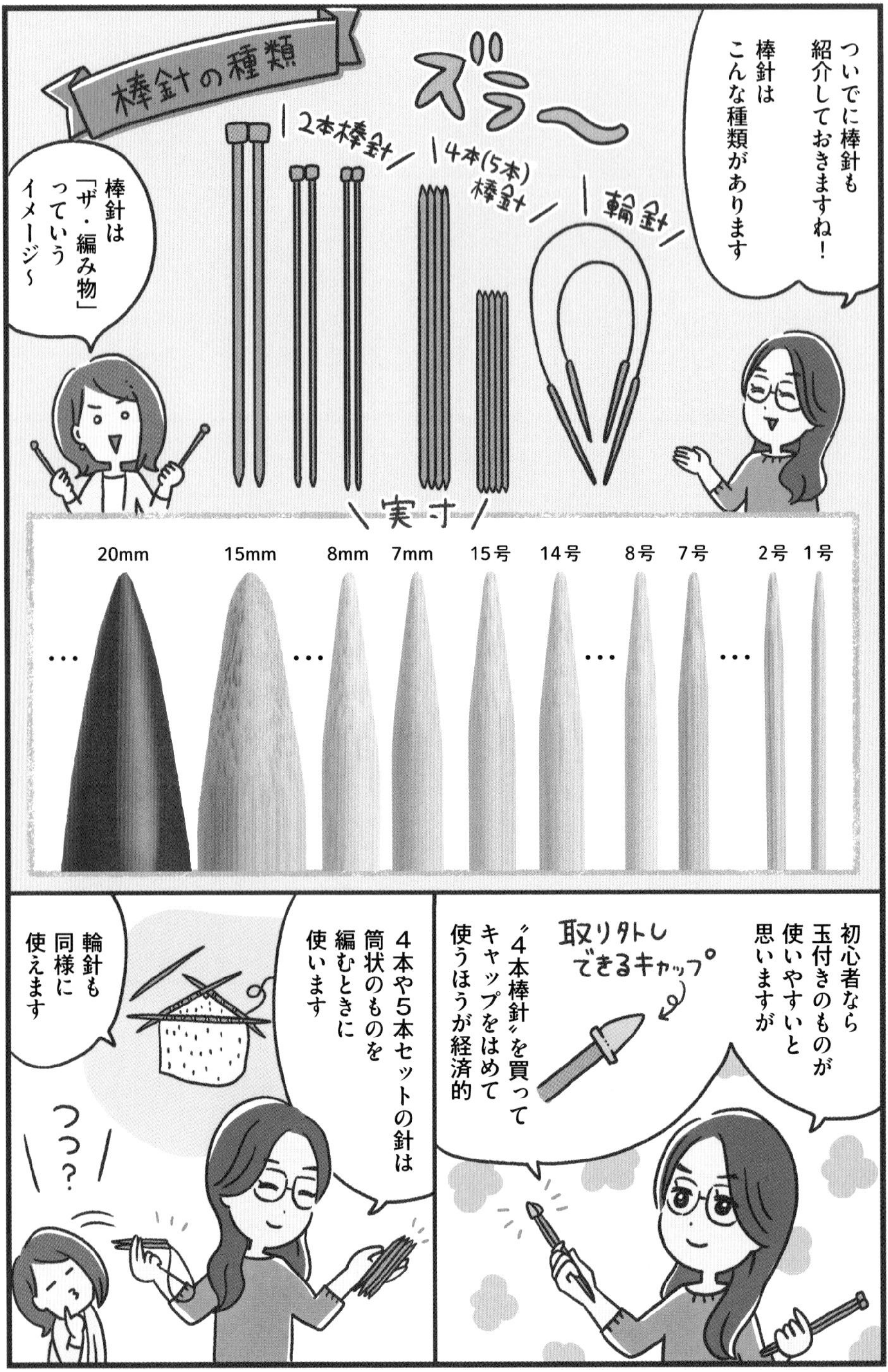

ついでに棒針も紹介しておきますね！棒針はこんな種類があります
棒針の種類
ズラ〜
2本棒針
4本(5本)棒針
輪針
棒針は「ザ・編み物」っていうイメージ〜
実寸
20mm
15mm
8mm
7mm
15号
14号
8号
7号
2号
1号
初心者なら玉付きのものが使いやすいと思いますが
〝4本棒針〟を買ってキャップをはめて使うほうが経済的
取り外しできるキャップ
4本や5本セットの針は筒状のものを編むときに使います
輪針も同様に使えます
つつ？

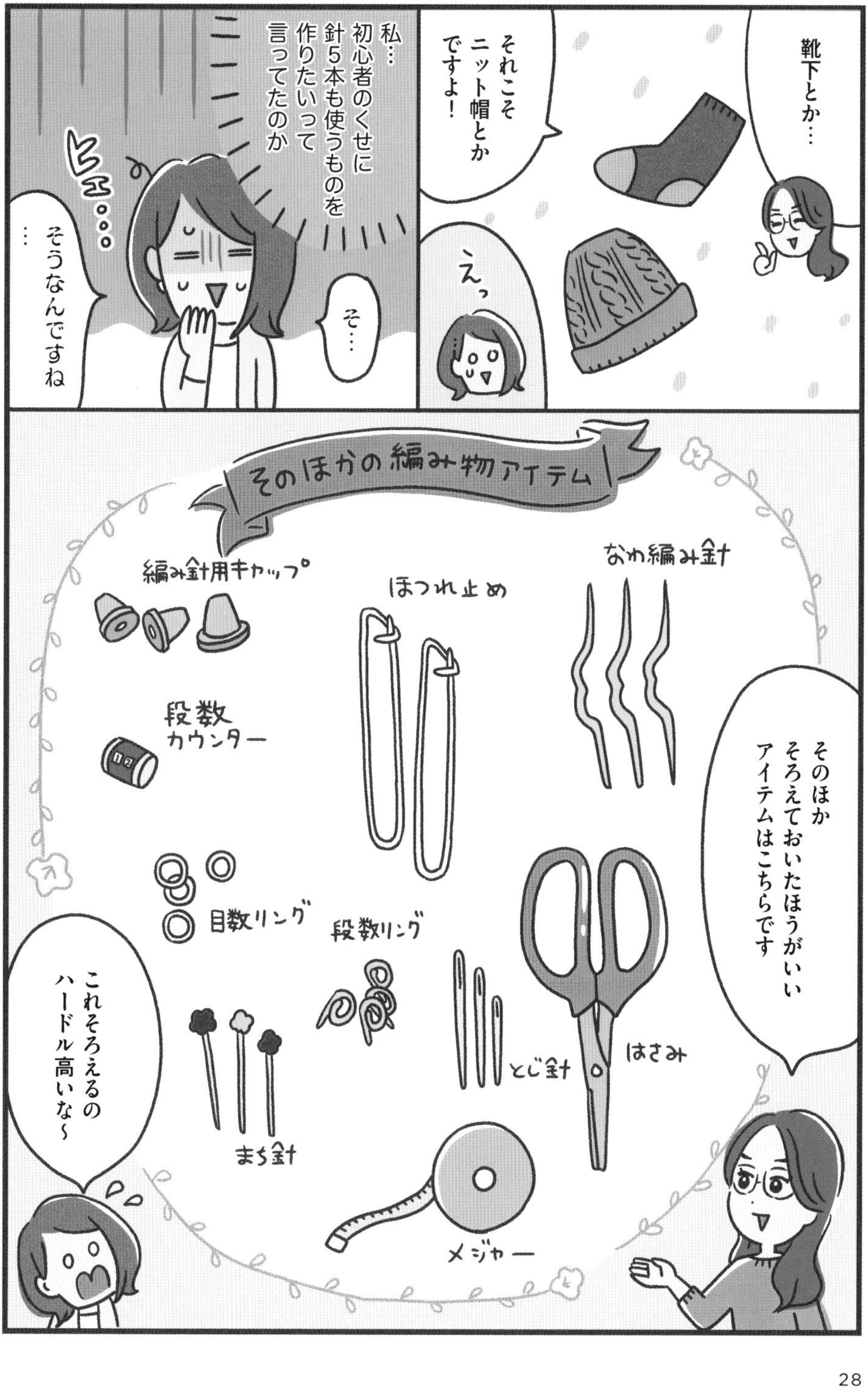
靴下とか…
それこそニット帽とかですよ！
えっ
私…初心者のくせに針5本も使うものを作りたいって言ってたのか
ヒェ。。。
そ…
そうなんですね…
そのほかの編み物アイテム
そのほかそろえておいたほうがいいアイテムはこちらです
なわ編み針
ほつれ止め
編み針用キャップ
段数カウンター
目数リング
段数リング
とじ針
はさみ
まち針
メジャー
これそろえるのハードル高いな〜

次は「糸」について説明しましょう
毛糸は何からできているか知っていますか？
え…えーと…
ひ、羊の毛ですか？
正解！
ホ〜
ドキッとした〜
羊の毛を刈って洗って場合によっては染めて
紡いで撚《よ》ったのが毛糸です
糸にはいろいろな種類がありますこれはほんの一部です
いろいろな糸の種類
綿
綿×ナイロン
麻
ウール×ナイロン
アクリルコットン×ナイロン
アクリル
ウール×アルパカ

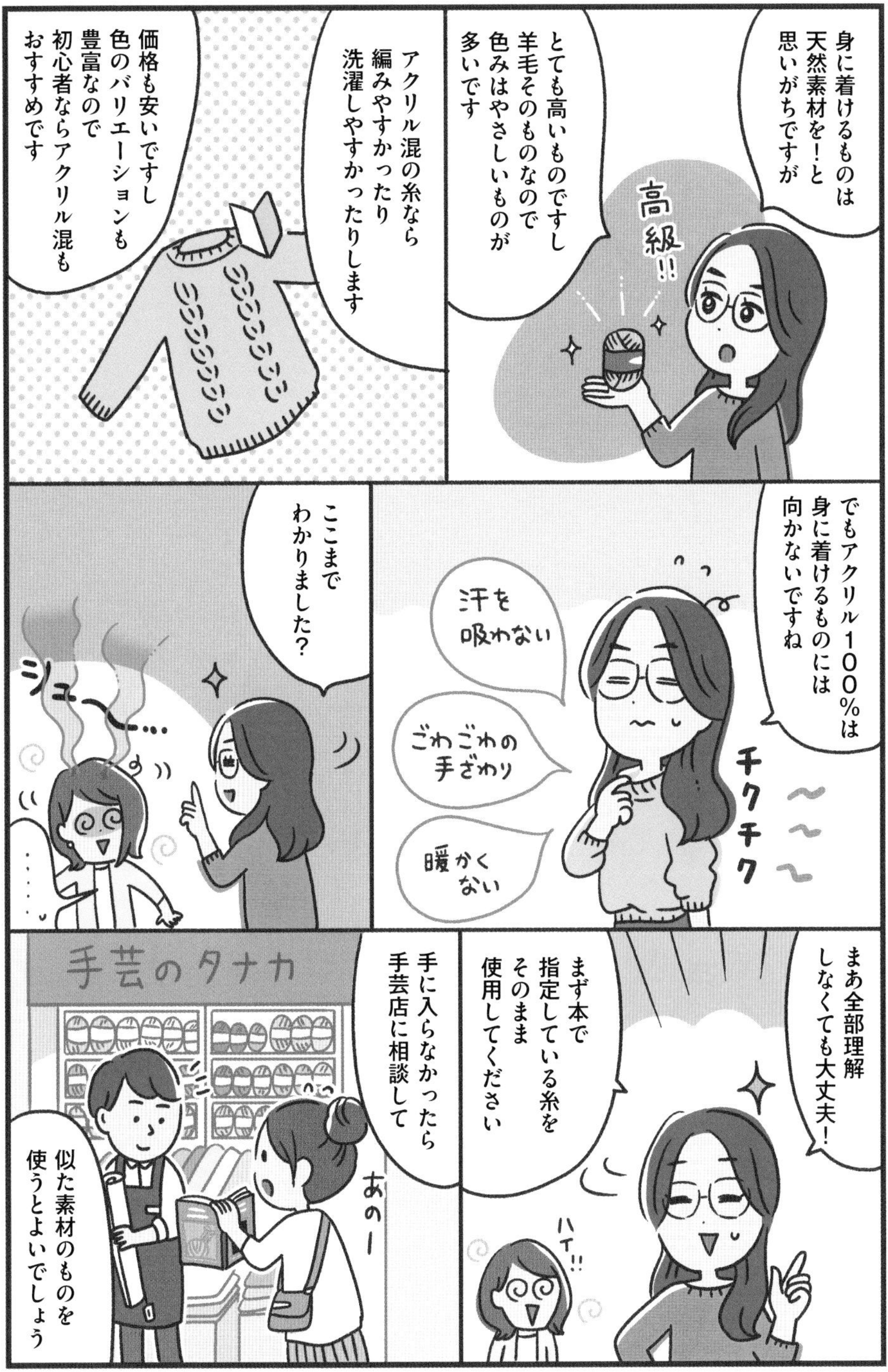
身に着けるものは天然素材を！と思いがちですが
とても高いものですし羊毛そのものなので色みはやさしいものが多いです
高級!!
アクリル混の糸なら編みやすかったり洗濯しやすかったりします
価格も安いですし色のバリエーションも豊富なので初心者ならアクリル混もおすすめです
でもアクリル100%は身に着けるものには向かないですね
汗を吸わない
ごわごわの手ざわり
暖かくない
チクチク
ここまでわかりました？
シュ〜〜…
……
まあ全部理解しなくても大丈夫！
まず本で指定している糸をそのまま使用してください
ハイ!!
手に入らなかったら手芸店に相談して
似た素材のものを使うとよいでしょう
手芸のタナカ
あの－

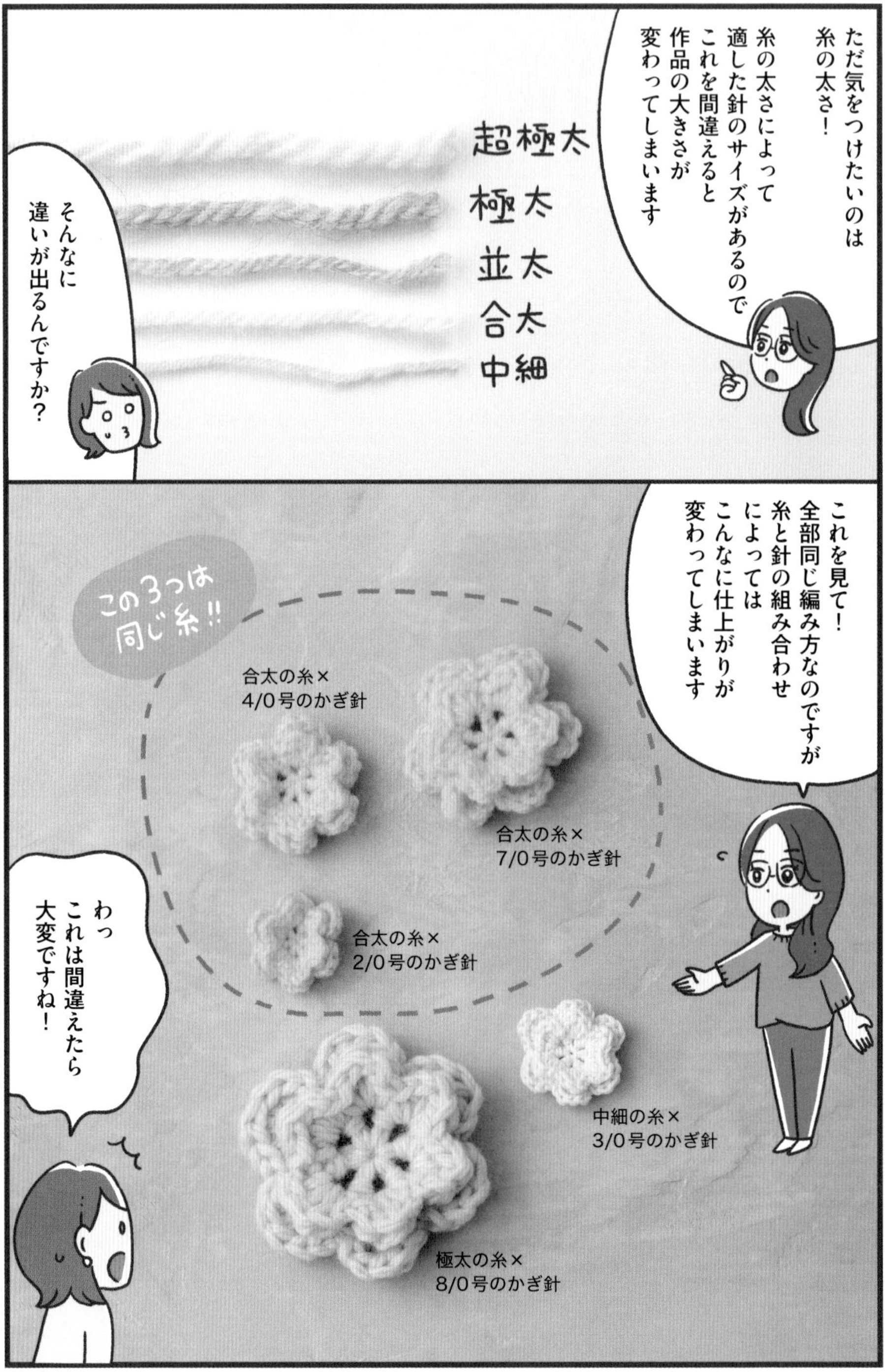
ただ気をつけたいのは
糸の太さ！
糸の太さによって
適した針のサイズがあるので
これを間違えると
作品の大きさが
変わってしまいます
超極太
極太
並太
合太
中細
そんなに
違いが出るんですか？
これを見て！
全部同じ編み方なのですが
糸と針の組み合わせ
によっては
こんなに仕上がりが
変わってしまいます
この3つは
同じ糸!!
合太の糸×
4/0号のかぎ針
合太の糸×
7/0号のかぎ針
合太の糸×
2/0号のかぎ針
中細の糸×
3/0号のかぎ針
極太の糸×
8/0号のかぎ針
わっ
これは間違えたら
大変ですね！

サイズは毛糸に付属してるラベルで確認できます
ここで糸の太さを確認できる（この糸で編むのに適している針の号数）
ハマナカ アメリー
品質 ウール〈WO〉……70% アクリル〈PC〉… 30%
参考使用針 棒針 6~7号 かぎ針 5/0~6/0号
標準ゲージ 棒針 19~20目 27~28段 かぎ針（長編み） 20~21目 9~9.5段
標準状態重量 40g（糸長約110m）
使用針 ハマナカアミアミ手あみ針
お取扱い方法
矢印の方向へ糸を引き出してお編みください。
製造発売元 ハマナカ株式会社 京都市右京区花園薮ノ下町2番地の3 TEL (075) 463-5151 (代)
万一事故品がありましたら、ラベルを添えて、お求め先でお取り換え下さい。
色番 25 ロット B
4 522017 441981
ちなみにこっちは、参考使用針でメリヤス編みを編んだときの10cm平方内の目数と段数
なるほど！ 本の指定と同じ糸がない場合はここを見て同じサイズの糸を選べばいいんですね
そう！ ただし今はネットショップも充実しているし初心者のうちは指定の糸で編むことをおすすめします
先生… この「ロット」ってなんですか？
色番 25 ロット B
いい質問ですね！ これは毛糸を染めたときの釜の番号です
ロットが変わると同じ色でも微妙に色が変わることがあるんです
色が微妙に違う～
特に大きな編み地になると差がはっきり出てしまうのでひとつの作品は同じロットで編みましょう
失敗するなど足りなくなることを想定して少し多めに毛糸を買っておくと安心ですよ
はい…
私みたいな初心者はお金かかりそう～
さあ！ 基本的な知識はここまで！ こんどこそコーヒースリーブを編んでいきましょう！
はい!!
すでにやや お腹いっぱいですが…

ちょっと
不安もあるけど
先生についていけば
きっと大丈夫！

この本だから できること

初心者でも
仕上がる!

実は
よくわからない
…が解消

1 まんがで編みあがるまでの流れがわかる!

主人公カオリは編み物初心者。わからないこと、陥りやすいポイントなどをどんどん先生にぶつけていきます。追体験することであなたも編み物作品ができあがるまでの流れがわかります。

2 かぎ針・棒針、両方の解説あり

この本で解説しているのはかぎ針編み、棒針編みの両方と超充実!　…かぎばりあみ?　ぼうばりあみ?と言われてもよくわからない人のために、双方の違いをまとめた一覧図も用意しています。（22～23ページ）

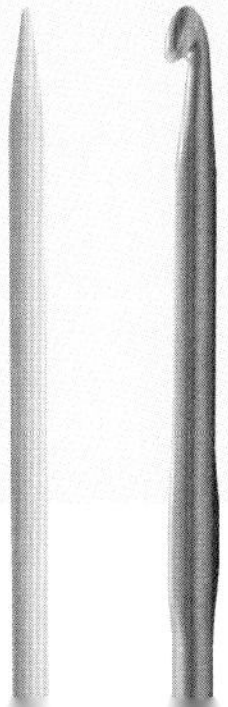

3

基本↓ステップアップできちんと習得

まんがを通して「基本の作品」の作り方を紹介し、そのあと同じ技法を用いて作れる「ステップアップ作品」を紹介しています。この順で作ればきちんと技術が習得できます。

4

かゆいところに手が届くQ＆Aで中級者さんも満足

だいたいの作り方はわかっているんだけど…という人はQ＆Aもチェック。つまずきやすいポイントや今さら聞けない疑問が解消するはずです！

5

動画がついているからもう迷わない

「基本の作品」は、動画で作り方のチェックもできます。また、巻末の「編み目記号と編み方」にも動画をつけました。

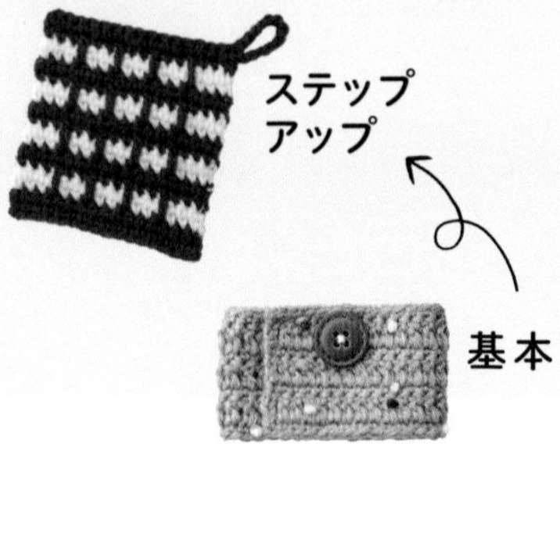

もくじ

本 書 の 活 用 法

★まんがで理解する

本書は「まず編んでみること」に重きを置いています。
編み物が好きになるコツ、上達するコツは、作品をひとつ仕上げること。
知識を頭いっぱいに詰め込むよりも、まずは手を動かしてみましょう。
まんがを読んでポイントを理解したら、さっそく主人公のカオリと一緒に編んでみて。
まんがで紹介している基本的なレシピが理解できたら、
「ステップアップレシピ」にもチャレンジしてみてくださいね。

★動画で流れをつかむ

本書では、まんがで紹介している「基本の作品」と、
本書に登場する「基本の編み方」の動画を用意しています。
特に「基本の作品」の動画は流れがわかるので、編む前に見て、
シミュレーションするのにご活用ください。
「基本の作品」の動画は各章の扉の二次元コードを、
本書で紹介している「基本の編み方」動画はP.182～の二次元コードを
スマホやタブレットのカメラで読み込んでください。

Lesson. 1

パイピング w ジップパーカー 参考商品（sirone）

かぎ針で往復に編む！

かぎ針編みデビューなら、
往復に編む
コーヒースリーブがおすすめ。
すぐ作れて即使えるので
達成感も得られるはず。

▶ 動画でチェック！
「コーヒースリーブ」
の編み方ダイジェスト

ではまず毛糸から糸を出してみましょう
……
…糸を出す？
ニコニコ
遥か遠い記憶の糸
……
……
はっ
ピーン
たしか…糸は中心から出すんですよね！
だてに手芸メーカー担当じゃないんですよ！
正解です
ズボッ
ん？ あれれ？
ごっそり
糸の中からさらに糸のかたまりが出てきちゃった
せせせ先生！
HELP ME〜！
合ってるから大丈夫！
落ちついてっ

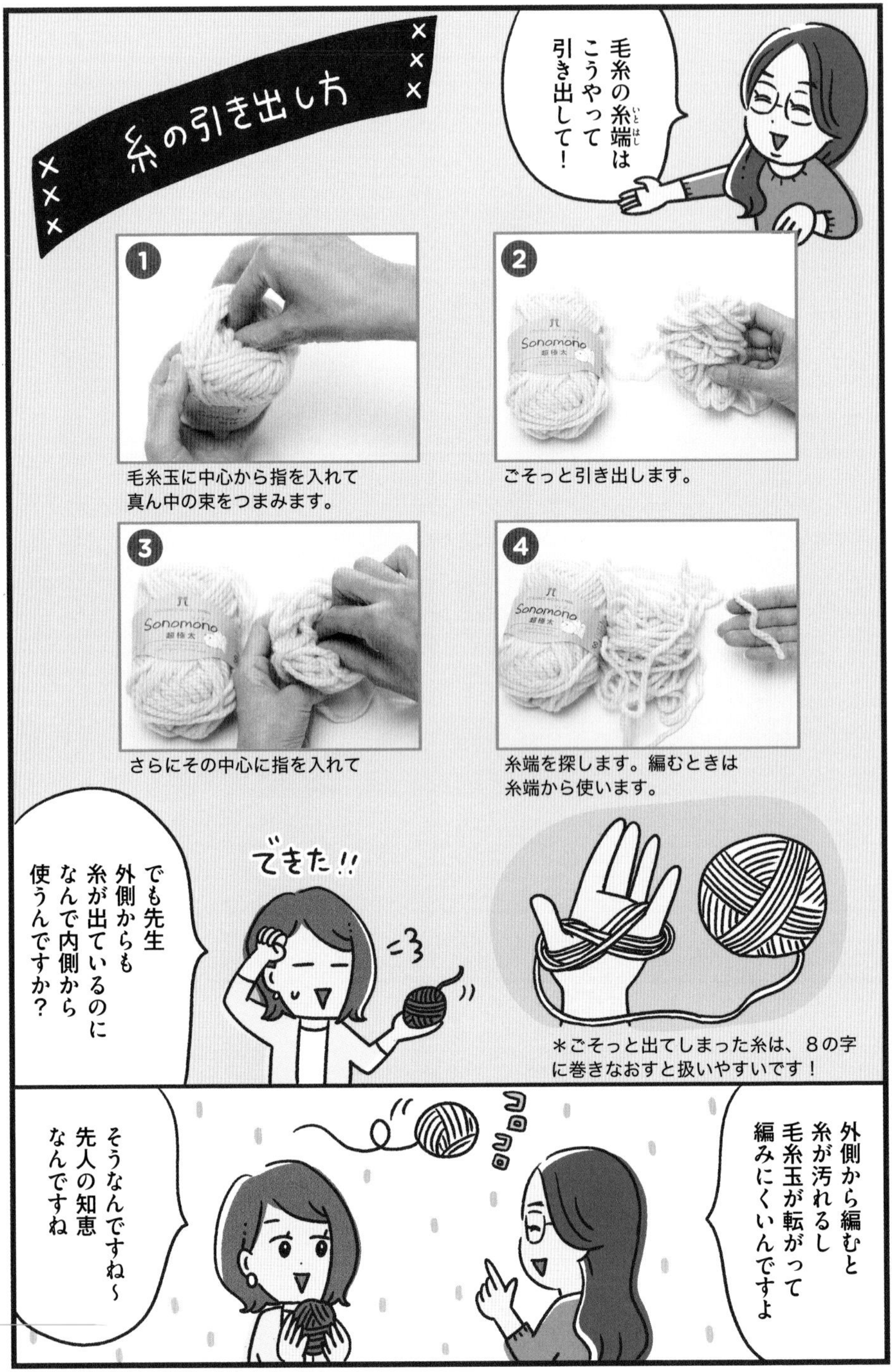
毛糸の糸端《いとはし》は
こうやって
引き出して！
糸の引き出し方
1
毛糸玉に中心から指を入れて
真ん中の束をつまみます。
2
Sonomono
超極太
ごそっと引き出します。
3
さらにその中心に指を入れて
4
糸端を探します。編むときは
糸端から使います。
でも先生
外側からも
糸が出ているのに
なんで内側から
使うんですか？
できた!!
＊ごそっと出てしまった糸は、8の字
に巻きなおすと扱いやすいです！
外側から編むと
糸が汚れるし
毛糸玉が転がって
編みにくいんですよ
コロコロ
そうなんですね～
先人の知恵
なんですね

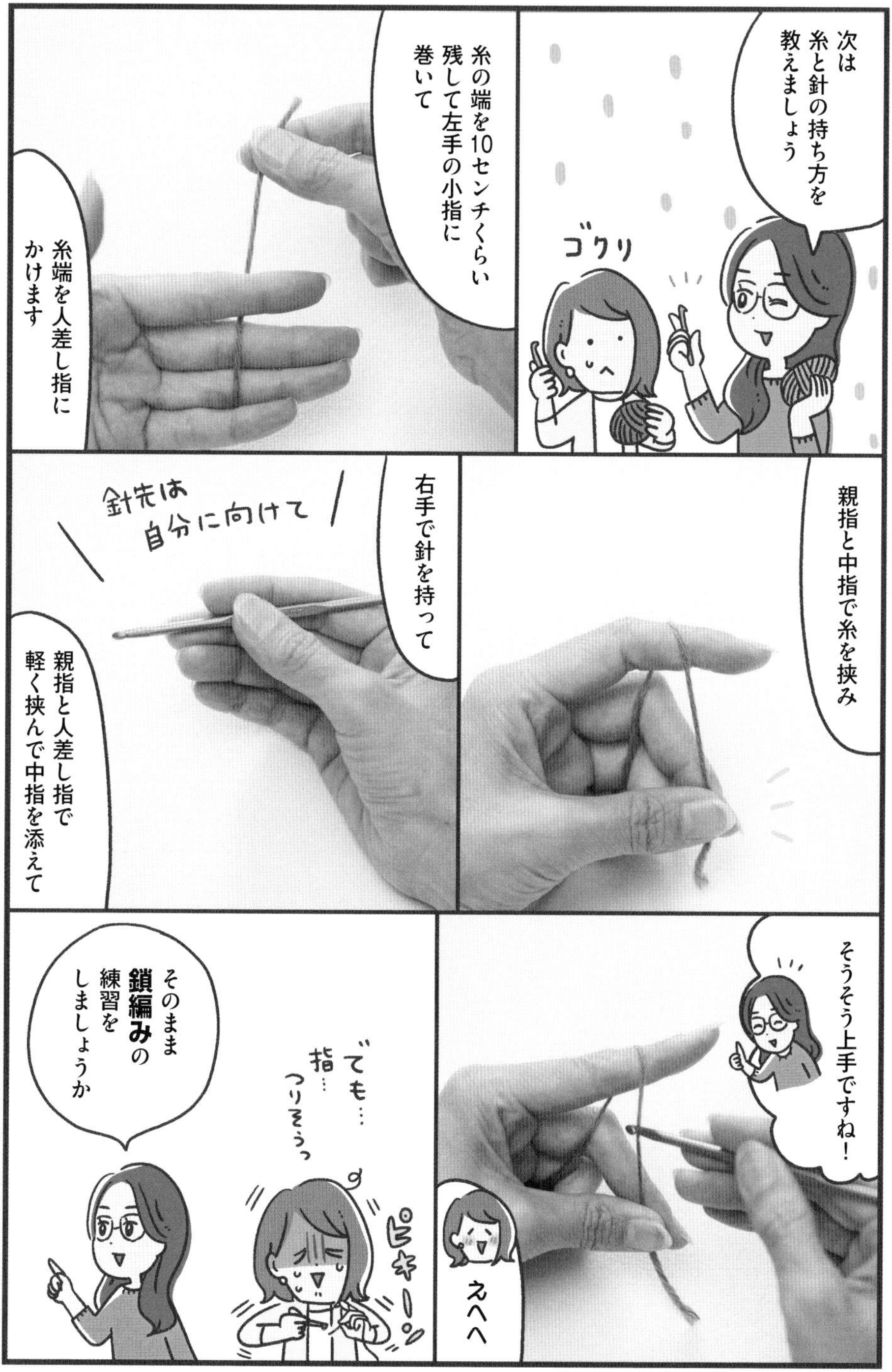

次は糸と針の持ち方を教えましょう
ゴクリ
糸の端を10センチくらい残して左手の小指に巻いて
糸端を人差し指にかけます
親指と中指で糸を挟み
右手で針を持って
針先は自分に向けて
親指と人差し指で軽く挟んで中指を添えて
そうそう上手ですね！
えへへ
そのまま**鎖編み**の練習をしましょうか
でも… 指… つりそうっ
ピキー‼

キホンのキ!!

鎖編み

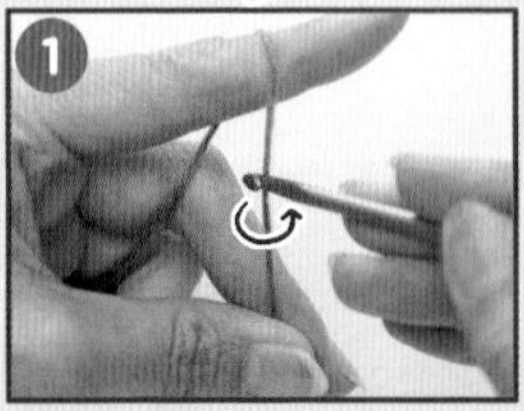

針先を自分のほうに向け、糸の向こう側に当てます。矢印のように針先を動かします。

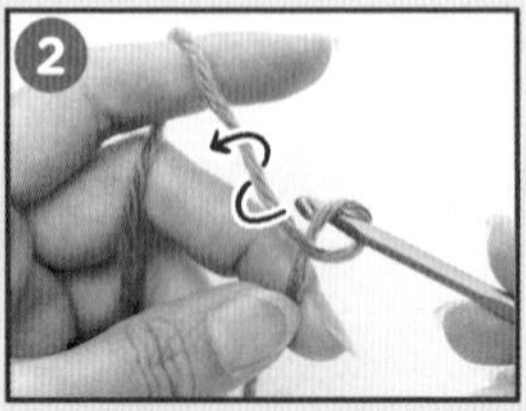

交差部分を左手の親指と中指で押さえ、矢印のように針に糸をかけます。

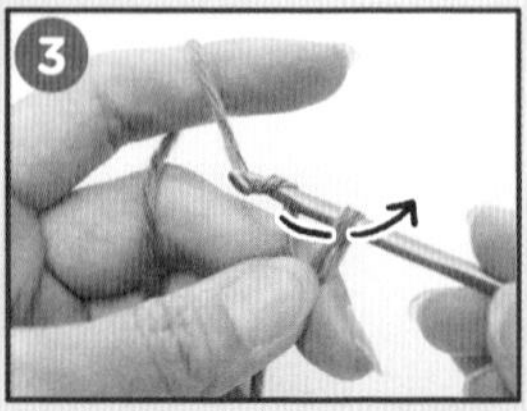

糸がかかったところ。矢印のようにループを通り、引き抜きます。

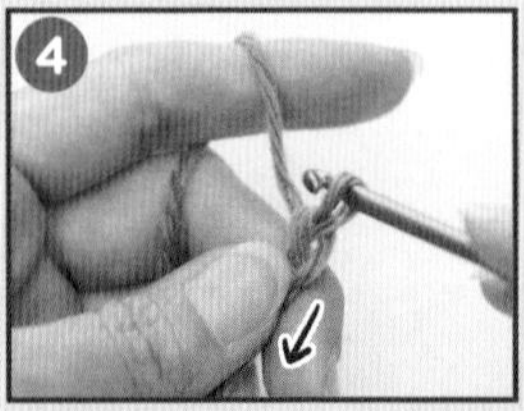

引き抜いたところ。糸端を下に引き、引き締めます。

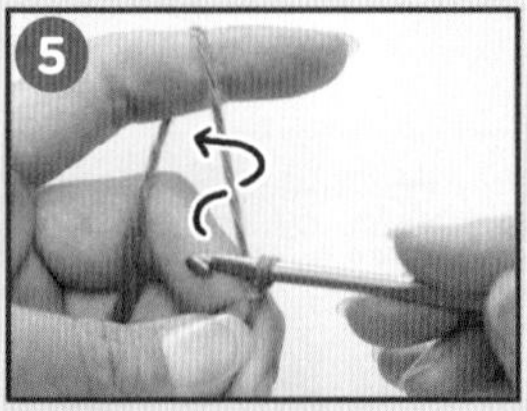

矢印のように針に糸をかけます。

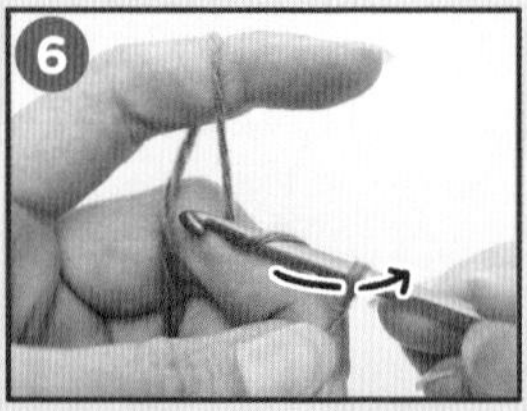

矢印のように引き抜きます。

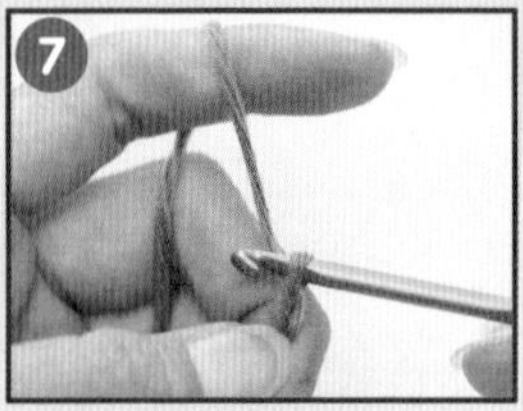

鎖編みが１目編めました！

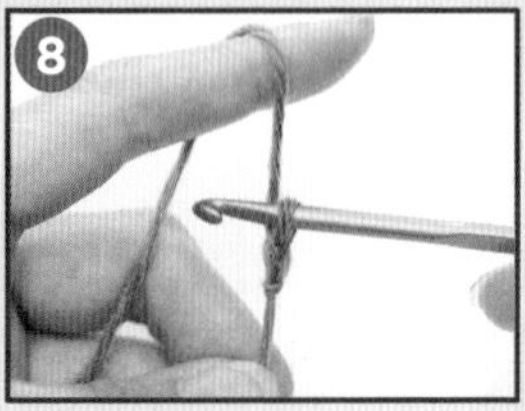

❺❻を繰り返し、編み進めます。

★P.182も参考にしてください

できました！
思ったより簡単です!!
編み目もきれいですね

ではこのまま全部で46目編んでください
はい!!
あみ
あみあみ

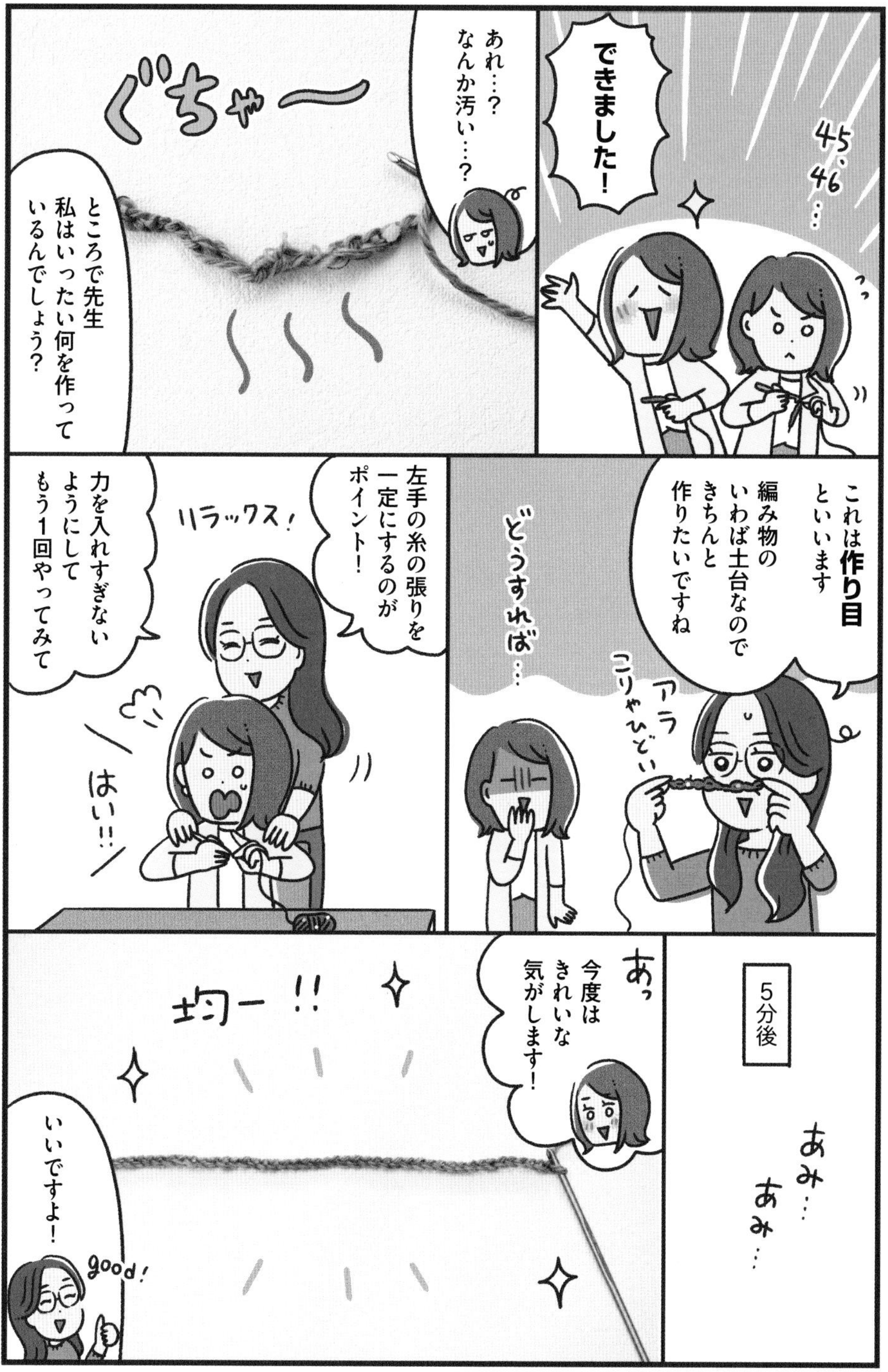
45、46…
できました!
あれ…? なんか汚い…?
ぐちゃ〜
ところで先生 私はいったい何を作っているんでしょう?
これは作り目といいます 編み物のいわば土台なので きちんと作りたいですね
どうすれば…
アラ こりゃひどい
左手の糸の張りを一定にするのがポイント!
リラックス!
力を入れすぎないようにしてもう1回やってみて
はい!!
5分後
あみ… あみ…
あっ 今度はきれいな気がします!
均一!!
いいですよ!
good!

ここからは編み図に従って編んでいきましょう
AMIZU?
あみず？
いわば編み物の「設計図」です
これです
ワッ
難しそう!!
フフフ大丈夫
これがかぎ針の編み図です
下から上へ矢印のように往復に編んでいくんですよ
コーヒースリーブの編み図
目
段
ここがスタート
並んでいる記号は編み目記号といって一つ一つを目と数えます
それが縦に積み重なり段となります
この作品のポイントは5つ！
これがわかればほかの作品も編めるようになりますよ！
コーヒースリーブ編み方のポイント
③細編み
④立ち上がりの鎖
⑤長編み
②立ち上がりの鎖1目
①作り目（46目）
なるほど…？
?

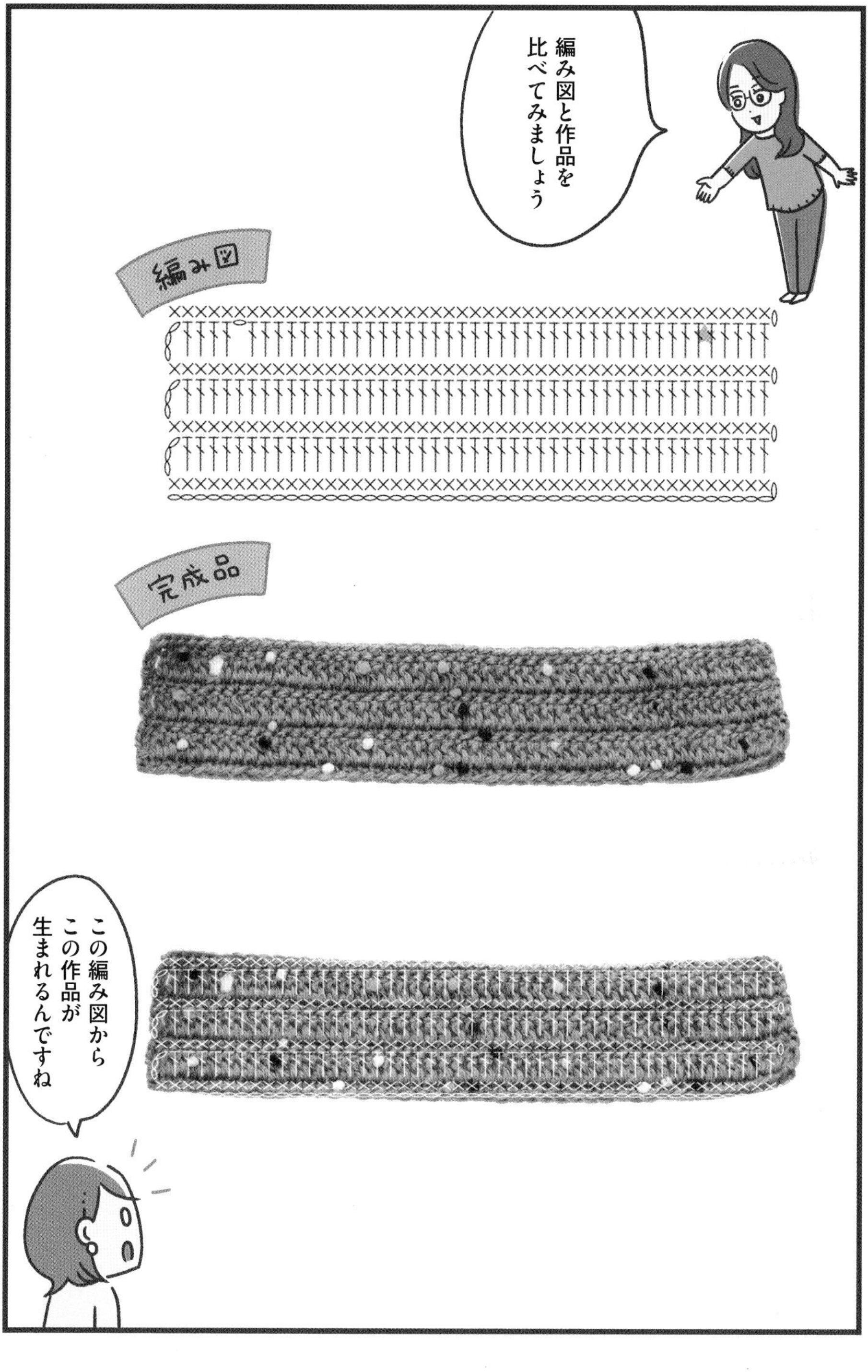
編み図と作品を比べてみましょう
編み図
完成品
この編み図からこの作品が生まれるんですね

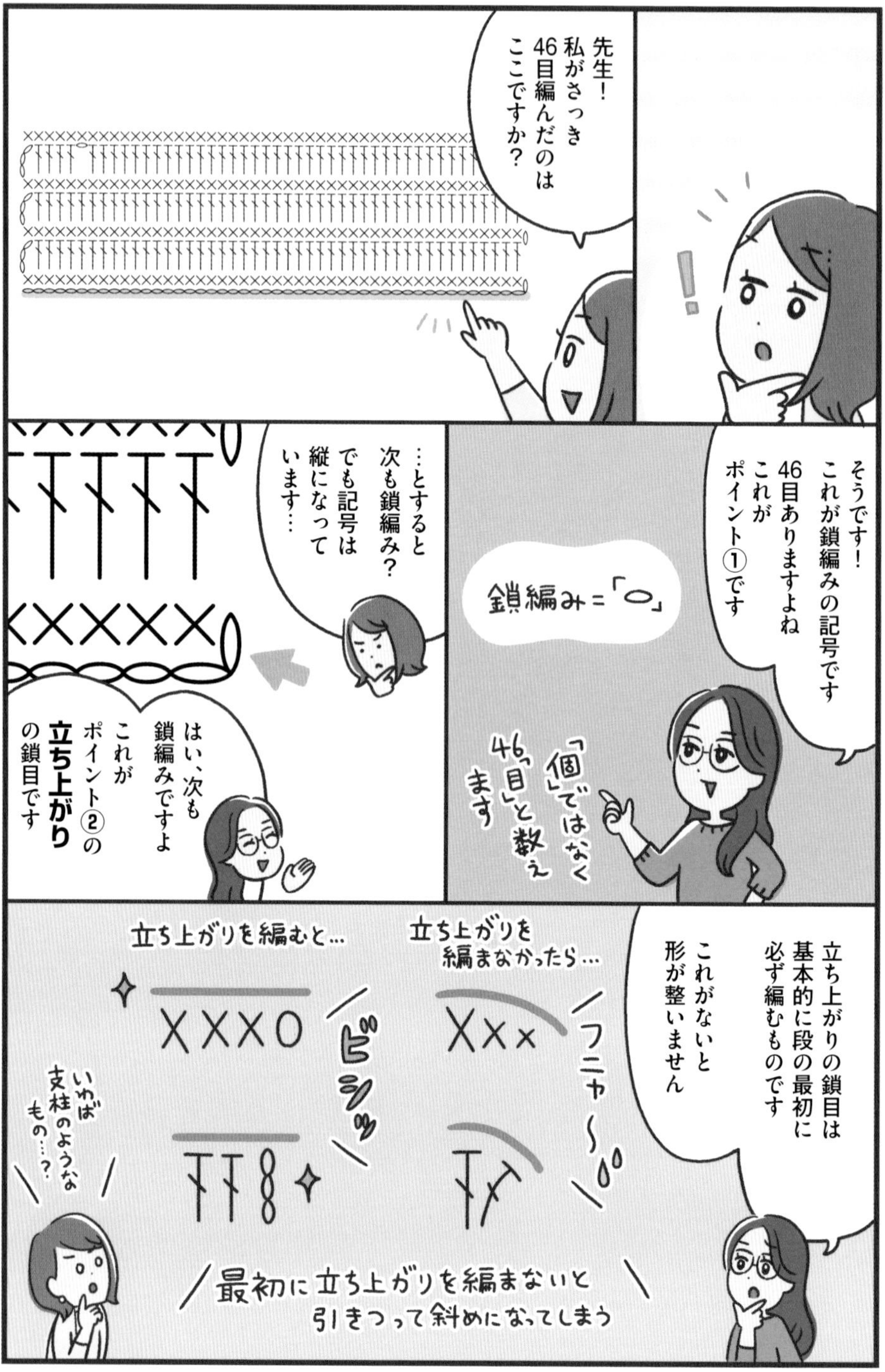

先生！私がさっき46目編んだのはここですか？
!
そうです！これが鎖編みの記号です 46目ありますよね これがポイント①です
鎖編み＝「○」
「個」ではなく46「目」と数えます
…とすると次も鎖編み？でも記号は縦になっています…
はい、次も鎖編みですよ これがポイント②の**立ち上がり**の鎖目です
立ち上がりの鎖目は基本的に段の最初に必ず編むものです これがないと形が整いません
立ち上がりを編まなかったら…
フニャ〜
立ち上がりを編むと…
ビシッ
いわば支柱のようなもの…？
最初に立ち上がりを編まないと引きつって斜めになってしまう

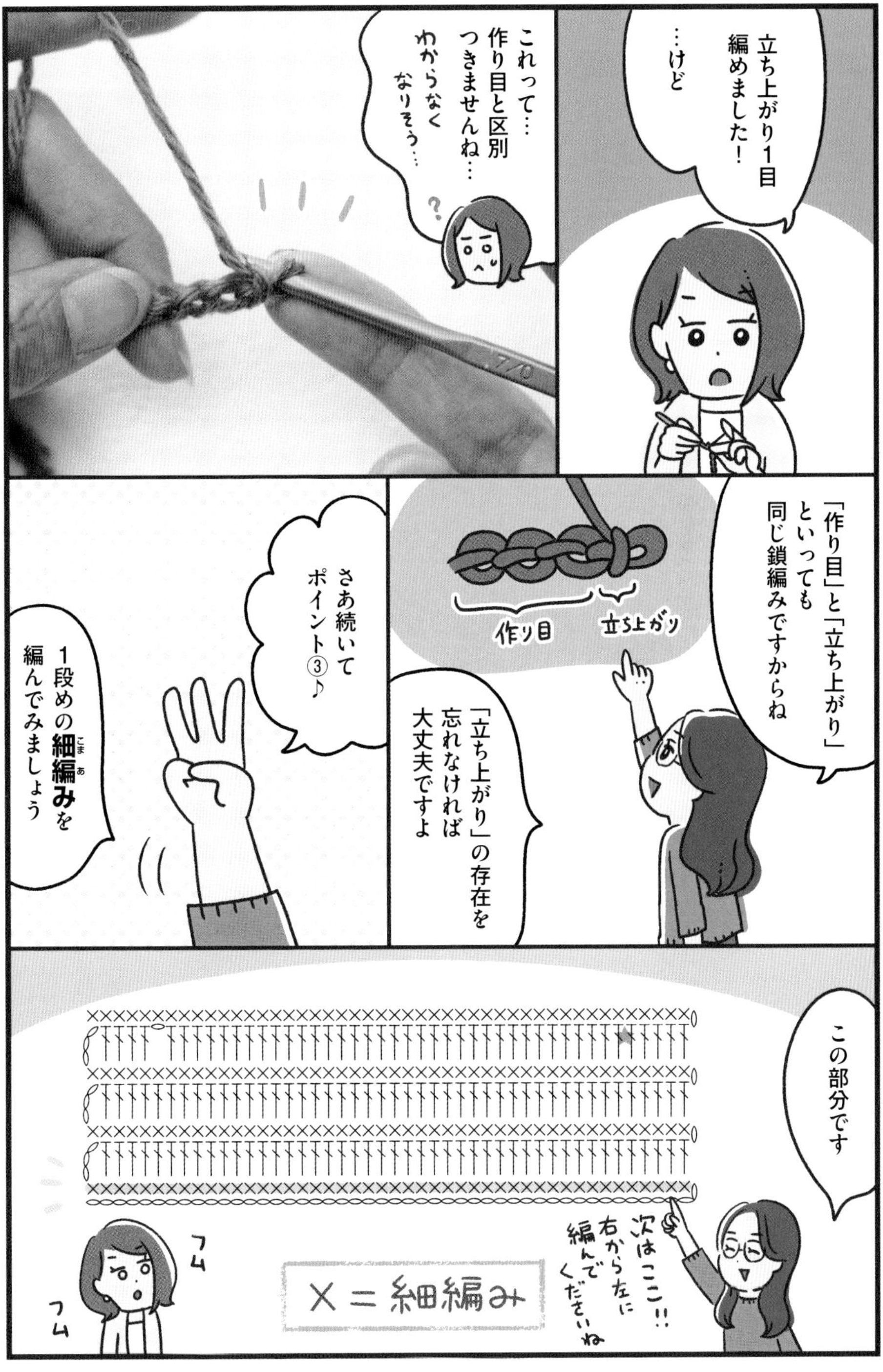

立ち上がり1目編めました！
…けど
これって…作り目と区別つきませんね…
わからなくなりそう…
?
「作り目」と「立ち上がり」といっても同じ鎖編みですからね
作り目
立ち上がり
「立ち上がり」の存在を忘れなければ大丈夫ですよ
さあ続いてポイント③♪
1段めの細《こま》編《あ》みを編んでみましょう
この部分です
次はここ!! 右から左に編んでくださいね
X＝細編み
フム
フム

ポイント③ 細編み

★P.182も
参考にしてください

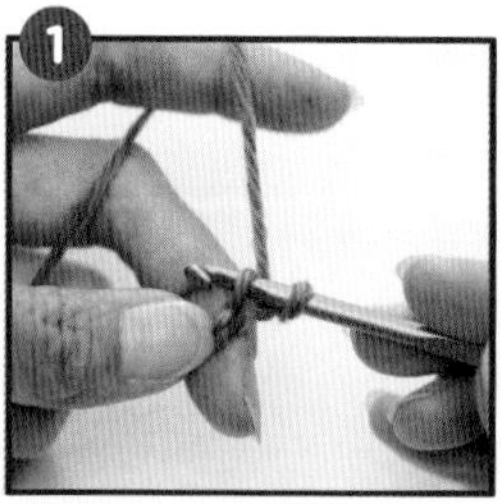

作り目46目の鎖編みの
裏山に針先を入れます。

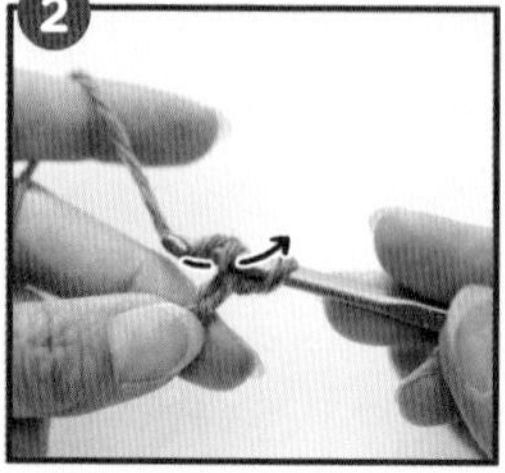

針に糸をかけます。

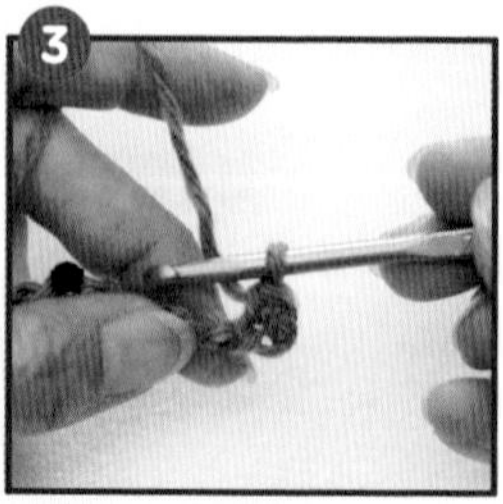

そのまま引き抜けば…
細編みが１目編めました。

う、裏山って針を入れにくいですね…
裏山
イラ
イラ
ギギ…
大変なのはこの段だけだから！力を入れないように気をつけて…！
ち、力を抜くって難しい〜!!
プル
プル
リラックス〜

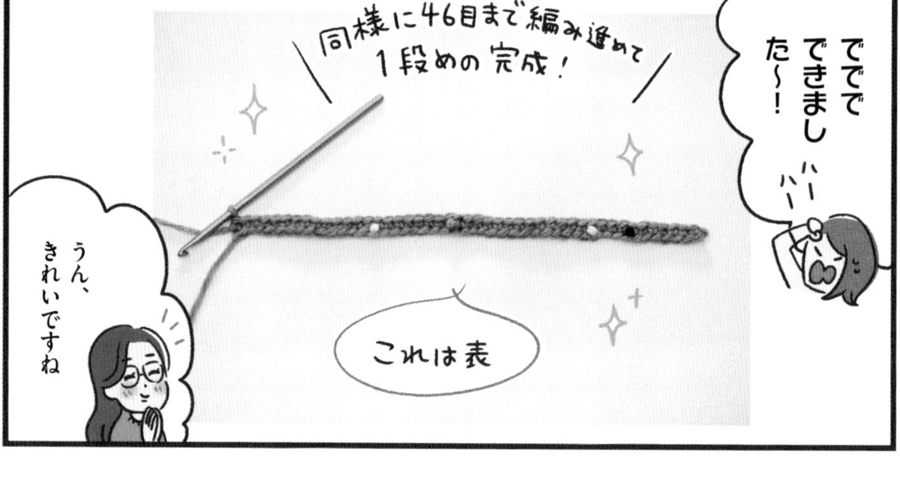
同様に46目まで編み進めて
1段めの完成！
でででできました〜！
ハーハー
これは表
うん、きれいですね

１段めが編み終わったので編み地を**返して**ください
はい!!
？
あ、えーと ごめんなさい 「返す」っていうのは 「裏返す」って意味でした…
あっ
こうですか？
こう？ こう？
返すのにも方向があるんですよ
1
１段編み終わったら編み地を右手で持ち、矢印のように反時計回りに回します。
2
左手で編み地を持ち、次の段を編みます。
毎回返すんですか？
わ〜間違えそう〜
返す方向は編み地を「奥から左」と覚えてください
オクカラヒダリ オクカラヒダリ…
返したら編み図の続きを見ましょう

えーと
今ここまで
編んだから
次は2段め
左から右へ編み図を
見ていくんですね
そうです！
まずは立ち上がりの
鎖3目を編みましょう
今度は
3目なんですね
記号も3つ
つながって
いますね
2段めは
長編《なが あ》みという
高さの出る
編み方をします
編み地の四角を
きれいに保つために
立ち上がりも
多く編むというわけです
高さを
合わせる！
とりあえず
鎖編みを
3目…と
あみ
あみ
あみ…
できました
はい

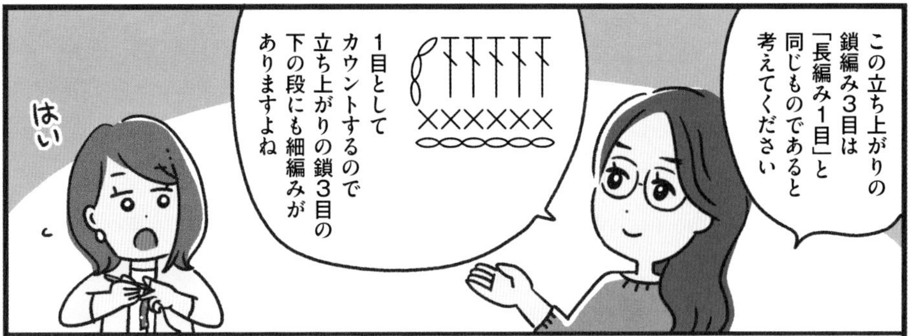

ポイント④

長編み

★P.183も参考にしてください

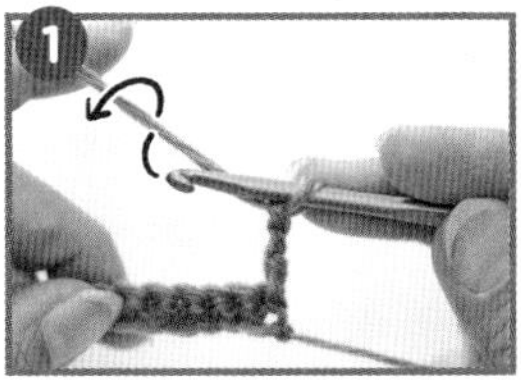

立ち上がりの鎖3目が編めたら矢印のように針に糸をかけます。

針に糸がかかったら前段の目の頭に針を入れます。

矢印のように針に糸をかけます。

矢印のように糸を引き出します。

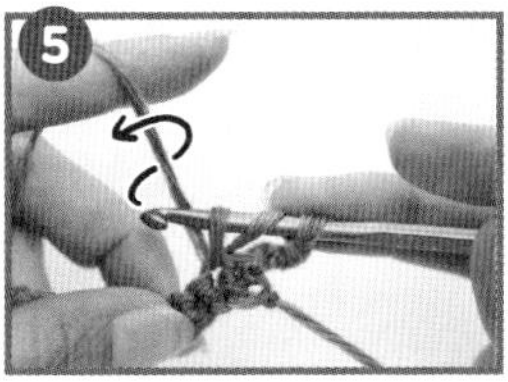

糸を1〜1.5㎝引き出し、さらに糸をかけます。

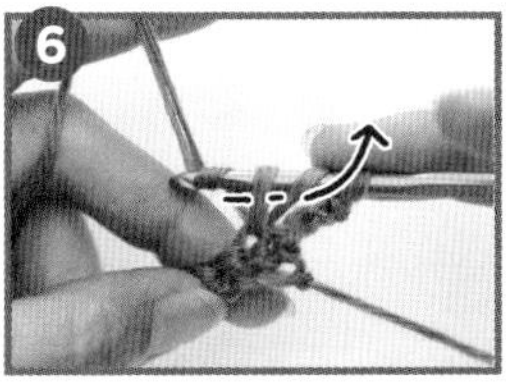

針にかかったループのうち、2つをくぐって糸を引き出します。

針に糸をかけます。

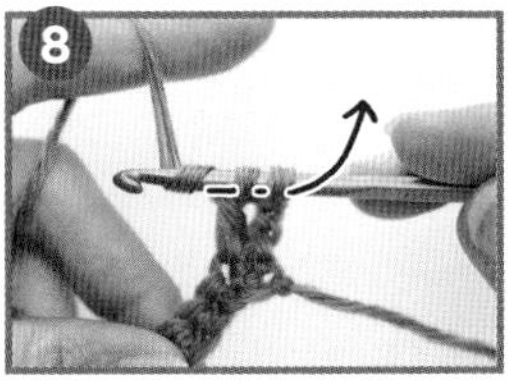

針にかかったループをすべてくぐります。

長編みが1目編めました。

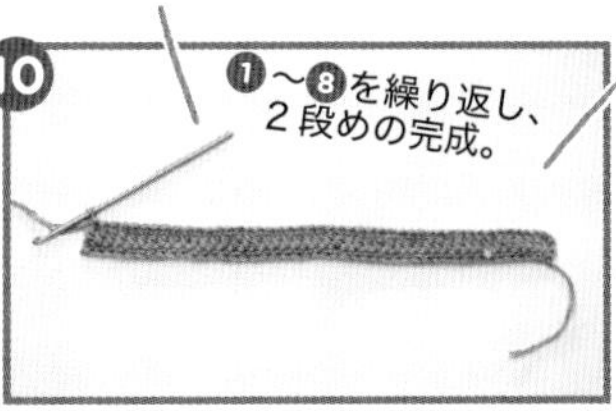

❶〜❽を繰り返し、2段めの完成。

鎖の裏山に針を入れていた1段めより編みやすい！
先生の言った通りだー!!
編み地がしっかりしてくるというのもありますし前段の頭に針を入れる2段め以降はぐっと楽になりますよ
2段め終～わり♪
ん？編み図を見ると3段め以降は同じことの繰り返しですね…
できちゃうかも!?
まず編み図を返して今度は立ち上がりの鎖1目ですね
うんうん合ってますよ～
また2段めと同じく前段の目の頭に細編みを編んでいく…と！
もう覚えました♪
あ！ちょっと待って！
2段めは立ち上がりの鎖を3目編んだら次の目の頭に編みましたが細編みの場合は立ち上がりの鎖は1目とカウントしないのですぐ下に編んでください
ここではなく
ここに編む
へ～～～確かに編み図をよく見るとそうなっている…
これでOKです！

先生！3段めの最後はどこまで編んだらいいですか？
ん
ん？
いい質問ですね！ここで悩む人多いんですよ
前段の立ち上がりの3目めに針を入れて
細編みを編む
これで3段めの最後の目が編み終わりました
おお〜〜
あとは繰り返しです！編み図の通り編み進めてくださいね
今ここまで編んだ状態♪
はい!!
もく
もく
集中…
もく

先生！
6段めの4目めまで編んだのですが
ここってどうしたらいいですか？
ここはボタンを通す穴になる部分ですね
カオリさんこの記号は何でした？
えーと鎖編みですよね
そうです！鎖編みを1目編めばいいんです
鎖編みを1目編んで
そして次の長編みは1目あけて編めばいいってことですか？
1目あけて長編みを編んだところ
正解♪

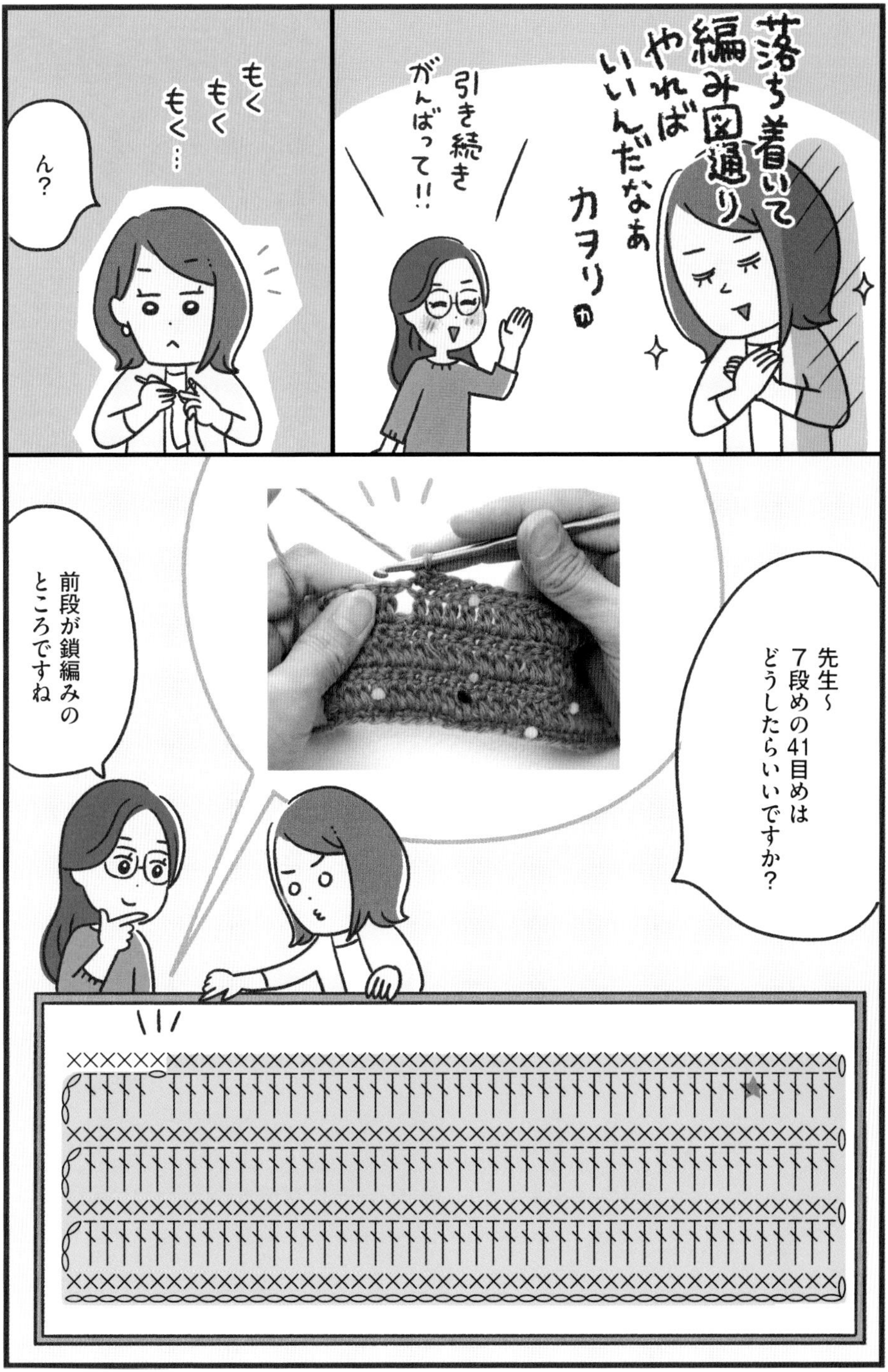

落ち着いて編み図通りやればいいんだなぁ
カヲリ
引き続きがんばって!!
もく
もく
もく…
ん?
先生~
7段めの41目めはどうしたらいいですか?
前段が鎖編みのところですね

★P.184も
参考にしてください

1
2
3

矢印のように針を入れます。　針を入れたところ。　あとは細編みを編むだけ！

このようにしてください
隙間にそのまま針を入れちゃうんだ!!
こうやって前段の鎖目に針を入れるのではなく前段を編みくるむことを束《そく》に拾うといいます
鎖目に針を入れる
束《そく》に拾う
なにがちがうんですか？
うーん…いちばん編みやすいこと
基本的には今回のように下の段が鎖編みだったら束に拾うと考えてOKです！
はーい！

その後5目編み…
あみ
あみ
最後まで編めました〜!!
じゃーん
おおーっ
うん
順調にできましたね!
じーん
先生のおかげですっ
うる
うる
な、泣くのは糸始末をしてからにしましょう
ガシッ
使うのはこのとじ針です!
縫い針と違って先が丸くなっていますよね
これがないと作品が仕上がらないから最初に購入してくださいね
糸の太さに合わせて針穴の大きさから選びます
今回はコレ♪

糸始末の方法

編み図通り編み終わったら
もう1目鎖編みを編みます。

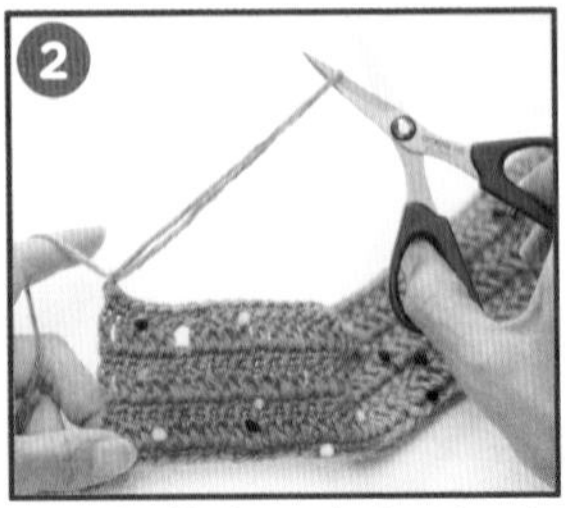

ループを伸ばして広げ、10㎝く
らいのところで切ります。

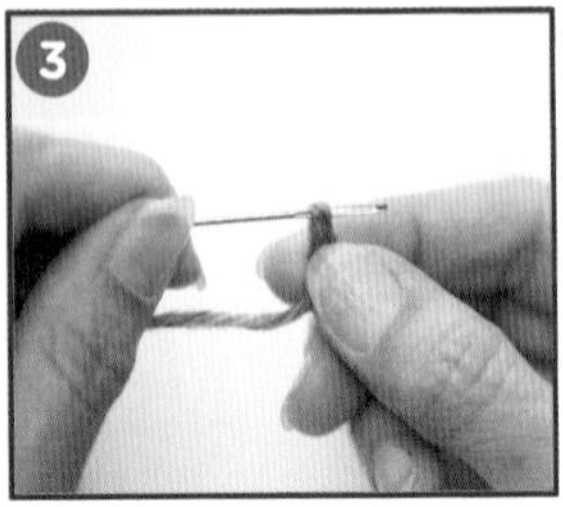

編み地につながっているほうの
糸の端2㎝くらいのところを、
とじ針を使って折ります。

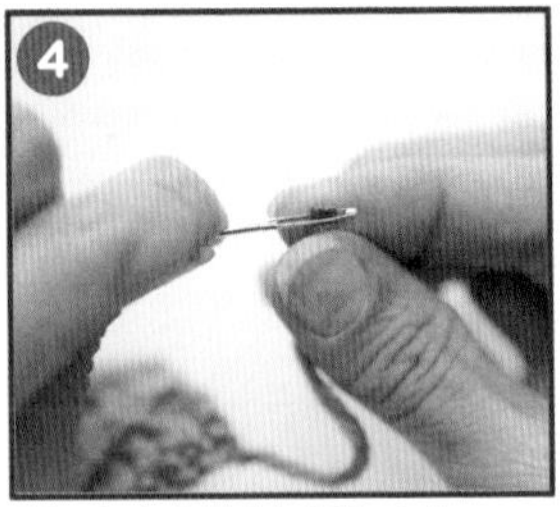

折ったまま針穴に通します。

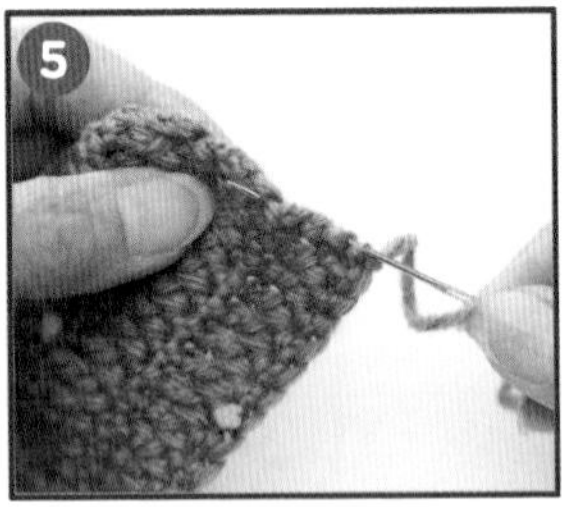

編み地の裏側の端に針を通します。

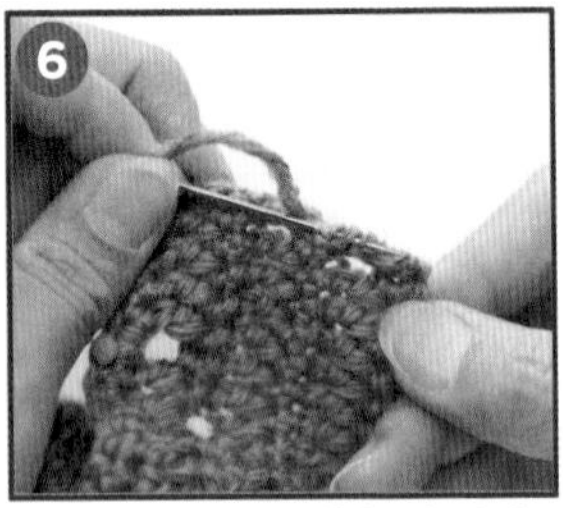

戻ってくるように針を入れます。

強くつぶすように
折るのがコツ!!

糸を切って完成!!

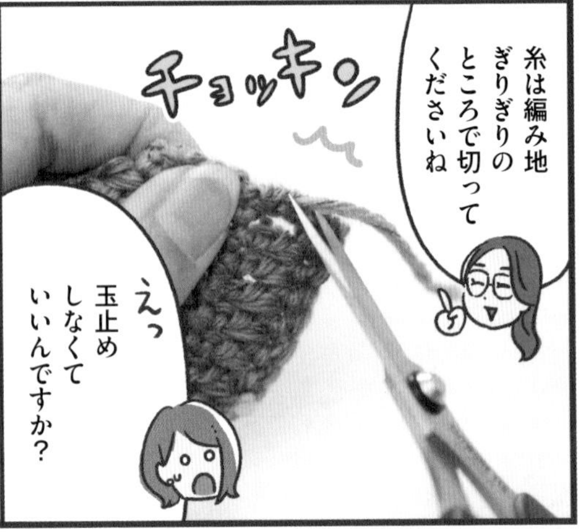

チョッキン
糸は編み地ぎりぎりのところで切ってくださいね
えっ
玉止めしなくていいんですか？

往復に針を入れたので繊維が絡まり合うから大丈夫なんですよ
へ〜!
がっちりHOLD!

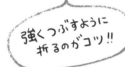

できました〜
3時間ぐらいかかっちゃった
完成!
表
裏
フー
はじめてにしては上出来ですよ!
では今日はありがとうございました
お腹減った〜
ゴソ
ゴソ
あっ
ちょっと待って!まだ仕上げが残っています
え!あと何が…あっ!ボタンですか?
いいえ
ボタン付けの前にアイロンをかけましょう
スチームアイロンは宙に浮かせて蒸気をたっぷりかけて…
シュー
わっ
すごい!ふわふわできれいになりました!
ふわっ
編み地のゆがみも目立たなくなった〜
でしょ♪
編み物の仕上げはアイロンと覚えておいてくださいね

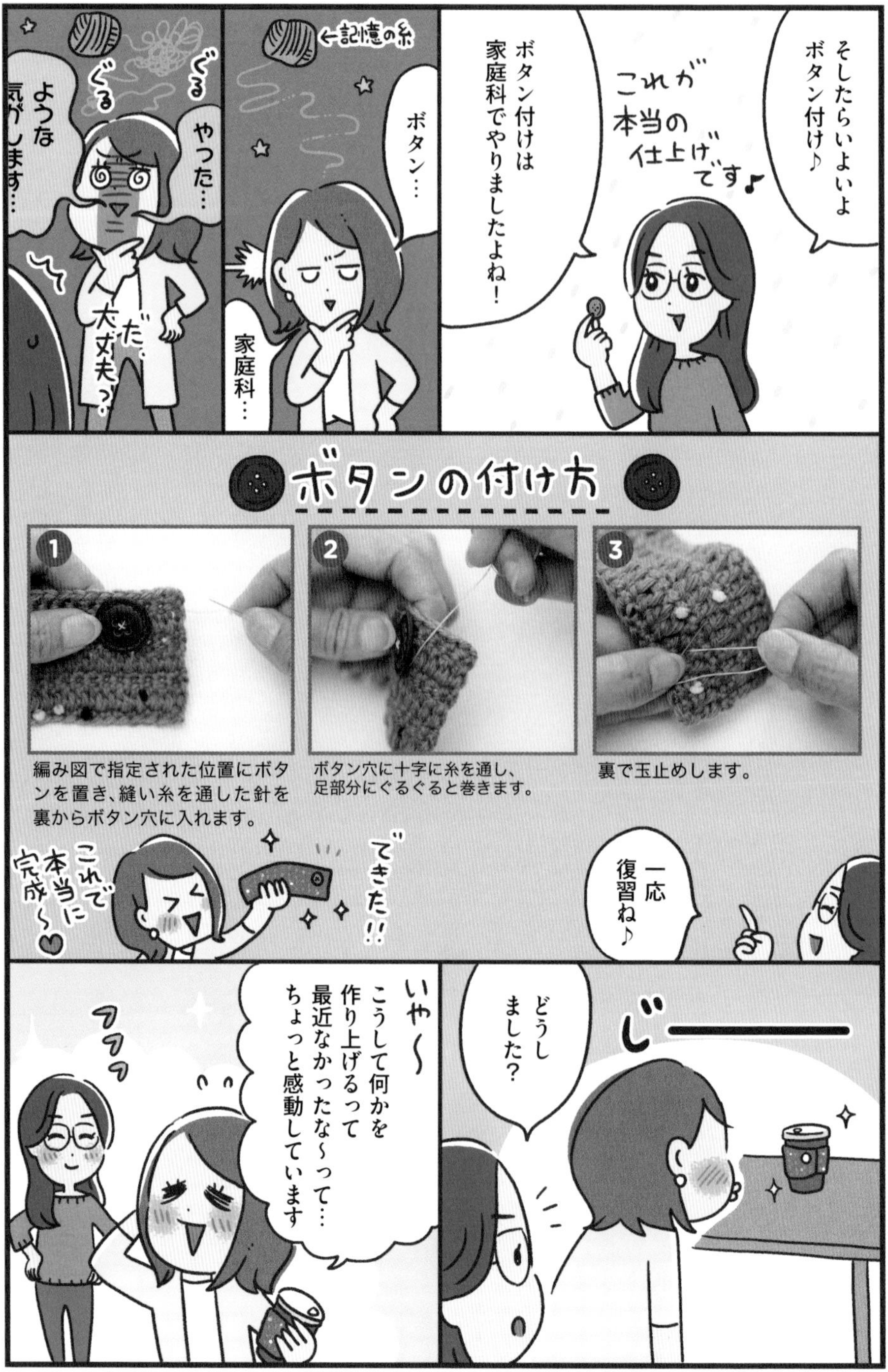
そしたらいよいよボタン付け♪
これが本当の仕上げです♪
ボタン付けは家庭科でやりましたよね！
ボタン…
←記憶の糸
家庭科…
ぐるぐる
やった…ような気がします…
だ、大丈夫？
ボタンの付け方
1
2
3
編み図で指定された位置にボタンを置き、縫い糸を通した針を裏からボタン穴に入れます。
ボタン穴に十字に糸を通し、足部分にぐるぐると巻きます。
裏で玉止めします。
一応復習ね♪
できた!!
これで本当に完成～♡
じーー
どうしました？
いや～こうして何かを作り上げるって最近なかったな～って…ちょっと感動しています
フフフ

ただいま〜
オフロありがと〜
おかえり！編み物教室どうだった？
ママおかえり〜
夫
娘(4歳)
かわいいのできたよ！
エッヘン
明日から会社持ってく♥
え〜！すごいじゃん！
シャララ〜ン
ね〜ふーちゃん！これ見て！
ママだってやればできるのよ〜♥
？
かわいいでしょ〜このローヒース・
あっ
これぶーたんの服!?
えっ
ぶーたん(ぬいぐるみ)
キラ
キラ
あ……うん！
そうだよ!!
わ〜いママありがと〜
ミチ
ミチ
そうなの!?
もうひとつ作ることを決意したカオリであった

＼ おさらい ／

基本のレシピ

コーヒースリーブ

ここで
レシピの見方も
知って
おきましょう

メーカー名　糸　カラーNo.（カラー名）

使用糸：DARUMA やわらかラムSeed #2（モスグレーベース） 11g

使用針：かぎ針　7/0号

ゲージ：17目×12段が10cm×10cm

できあがり寸法：6cm×27cm

編み方：糸は1本どりで編みます。
鎖編みで作り目をし、図の通り編みます。
最後にボタンを縫い付けます。

ゲージについてはP.101で解説しています

必要量

必要な毛糸玉の個数

製図

6（7段）	模様編み　7/0号 ↑
	27（46目）

「製図」といいます。作品のサイズや構造はここでチェック

6cm（7段）の意味。単位は省略されることが多いです

矢印は編み進める方向です

「編み図」です。読み方はP.45を確認してください

編み図

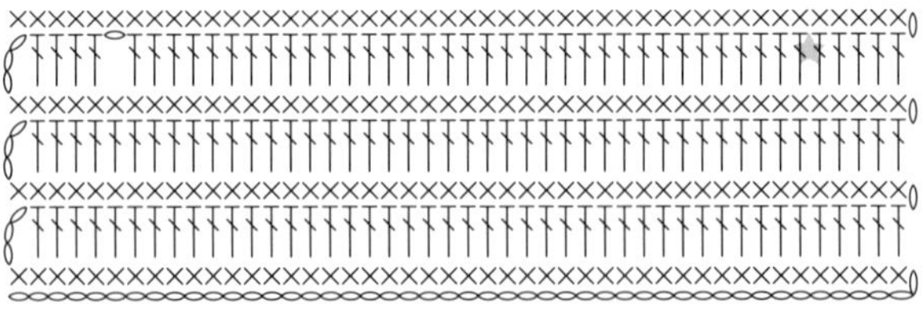

○ ＝鎖編み
× ＝細編み
Ŧ ＝長編み

★ ボタン付け位置

これで編み物本も
読めるようになりますね！

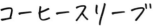

コーヒースリーブが
作れるようになったら
これも作れますよ

ステップアップ
レシピ

アクリルたわし（格子柄）

使用糸：ハマナカ ボニー　#473（紺）　10g
　　　　ハマナカ ボニー　#401（白）　5g

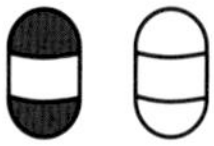

使用針：かぎ針　7.5/0号

ゲージ：13.5目×15段が10cm×10cm

できあがり寸法：12cm×12cm（取っ手含まず）

編み方：糸は1本どりで編みます。鎖編みで作り目をし、図の通り編みます。
最後に取っ手を編みます。

製図

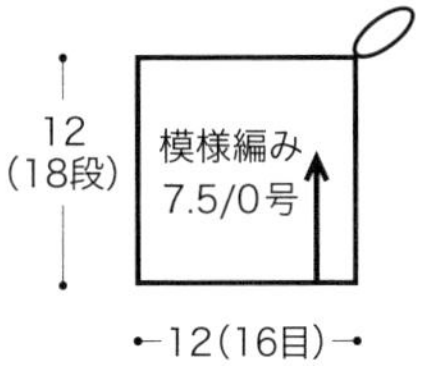
12
(18段)
模様編み
7.5/0号
12(16目)

× #473（紺）
× #401（白）

編み図

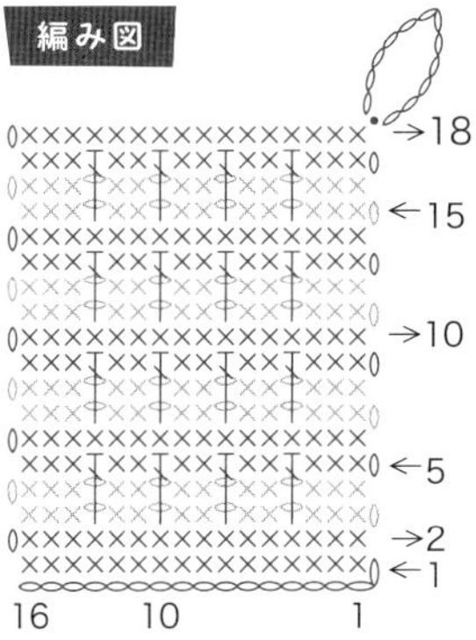
→18
←15
→10
←5
→2
←1
16
10
1

作り目16目

○＝鎖編み
×＝細編み
Ŧ＝長編み
●＝引き抜き編み

引き抜き編みは
●または⬬で
表されます

ポイント1　色を変える

2段めの最後の細編みの途中、紺の糸を手前から奥にかけてストップ。

針に次（ここでは白）の糸をかけて引き抜きます。

引き抜いたところ。

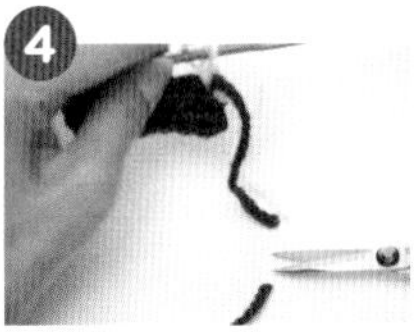

元の糸（ここでは紺）を8cm程度残して切り、白の糸で続きを編みます。

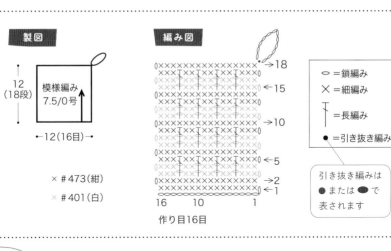

ポイント2 模様編みの方法

［5段め］

1

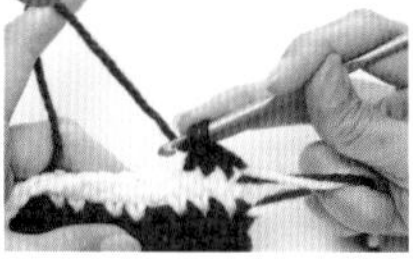

立ち上がりの鎖1目、細編み3目を編んだところ。

2

2段めの
細編みの頭に
針を入れ、
長編みの要領で
針に糸をかける。

3

糸をかけたまま針先を手前に引き出し、長編みの要領で2つのループをくぐります。

4

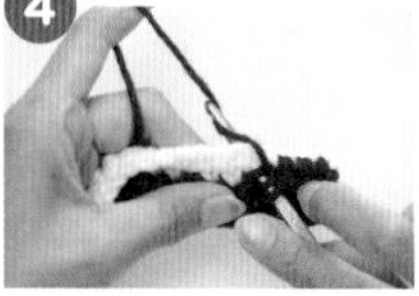

再び❷と同様に針を入れ、糸をかけます。

5

針に糸をかけ、長編みを編みます。

6

長編みが編めたところ。

7

編み図通り、編んでいきます。

アクリルたわしは
洗剤がなくても
食器がきれいに洗える
エコなたわしです！
多少ミスってもOKだし、
ガシガシ使えるから
初心者向け作品として
おすすめ

ポイント3 取っ手の編み方

1

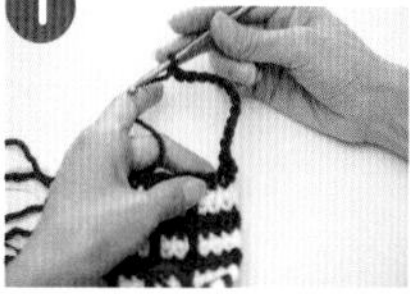

編み図通り、12目の鎖編みを編みます。

2

編み地本体の最後の目に引き抜き編みをします。

3

糸玉につながる糸を10㎝ほどのところでカットして糸始末をします。

もっと知りたい Q&A

Q 途中で針から糸が抜けて入れなおしたのですがなんか変！

A ループの向きが違います！

まず、よく気づいてくれました！　とても間違えやすいところなんですよ。針は、上の写真のＯＫの通りにループに入れてください。ループから針が抜けてしまうのはよくあること。落ち着いて間違えないように戻してくださいね。

\OK/

\NG/

Q 間違えたのでほどきます！

A どうぞ！

全部ほどく人もいれば、少しの間違いなら、無視してとにかく進めたい人もいます。こればっかりは性格ですね。どちらでも大丈夫ですよ。ほどいた糸にクセがついていたら、スチームアイロンをかけてふっくらさせてくださいね。

Q 左利きなんですけど…

A 右手で編むことをおすすめしています

左利きの方でも基本的には右手で編むことをおすすめしています。この本で紹介している作品もすべて右手で編む前提のものです。

Q 編み目がすごくきつくて針が目に入れられません！

A 針とループは、するすると動くくらいの隙間をあけましょう

編んでいる途中に糸を引っ張るとループの穴が縮んで、編みにくくなります。また、その状況で強引に編んでしまうと編み地もこわばり、大きさも小さくなる可能性が。ループの穴が小さくなりがちの人は、力を入れすぎずに、ゆるいかな？と思うくらいに編んでみましょう。

\OK/

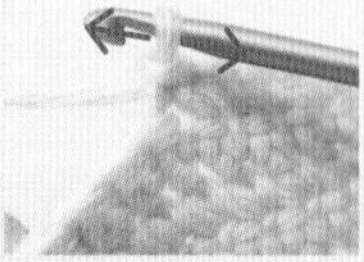

ループに余裕があり、針も動く。

\NG/

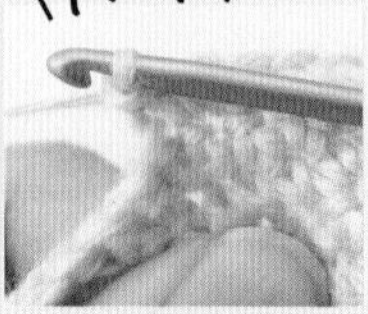

ループがきつくて針が動かないほど！

Q 「長編み」なのに編み目が小さくなってしまいました

A 糸の引き出しが少ないのかもしれません

長編みや中長編み（97ページ）は、最初に糸を引っかけてループから引き出す際に、ちょっと多いかな、と思うくらいに引き出すときれいに仕上がります。引き出す長さが足りないと、編み目がつぶれてしまうような印象に。写真で比べてみてください。

\OK/

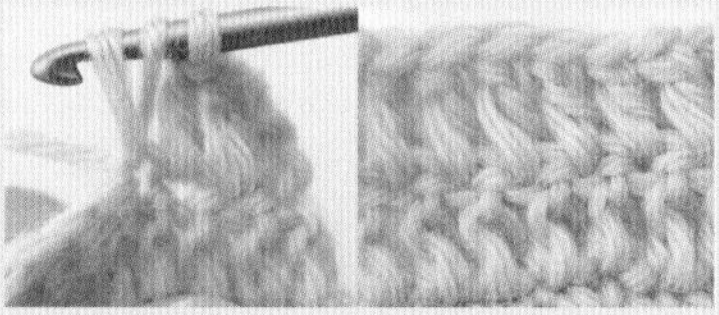

糸はこれくらいたっぷり引き出す。

\NG/

糸がほとんど引き出されていない。

かぎ針編みの編み方まとめ

この本で
紹介している
かぎ針編みの
編み方の一覧です。
自分の編み目と
比べてみましょう。

※写真の編み地と編み図の目数・段数は異なります。

細編み

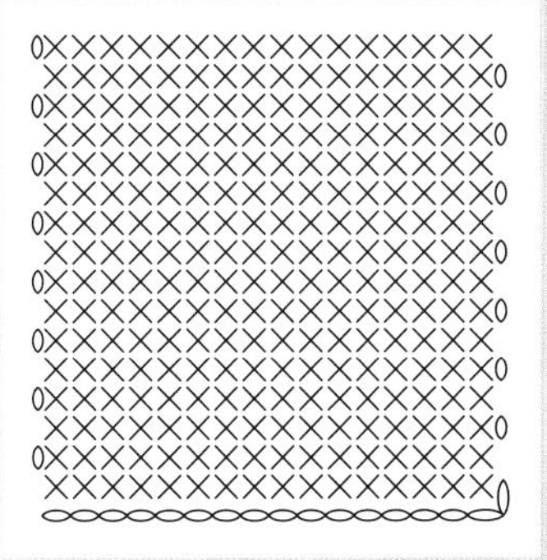

長編み

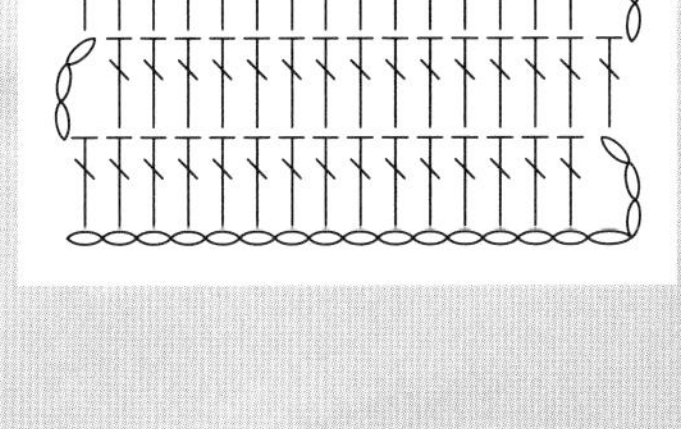

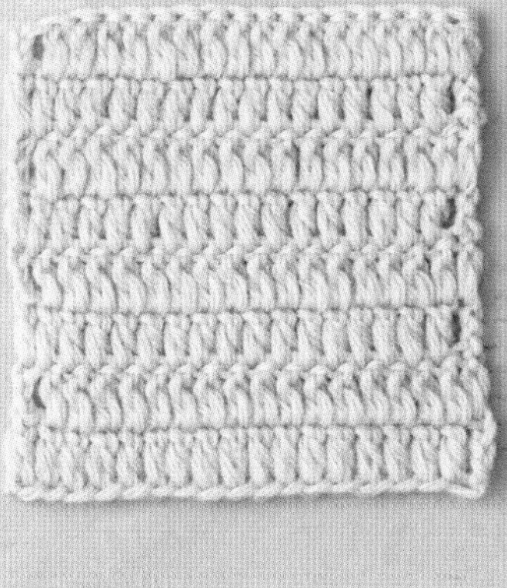

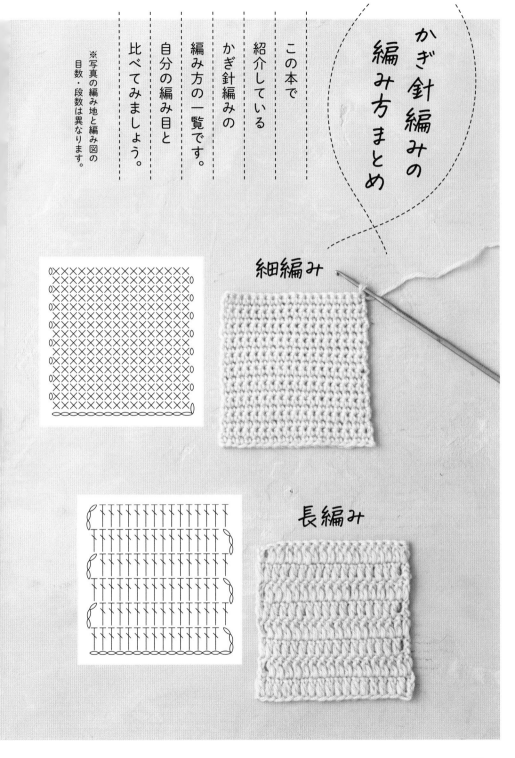

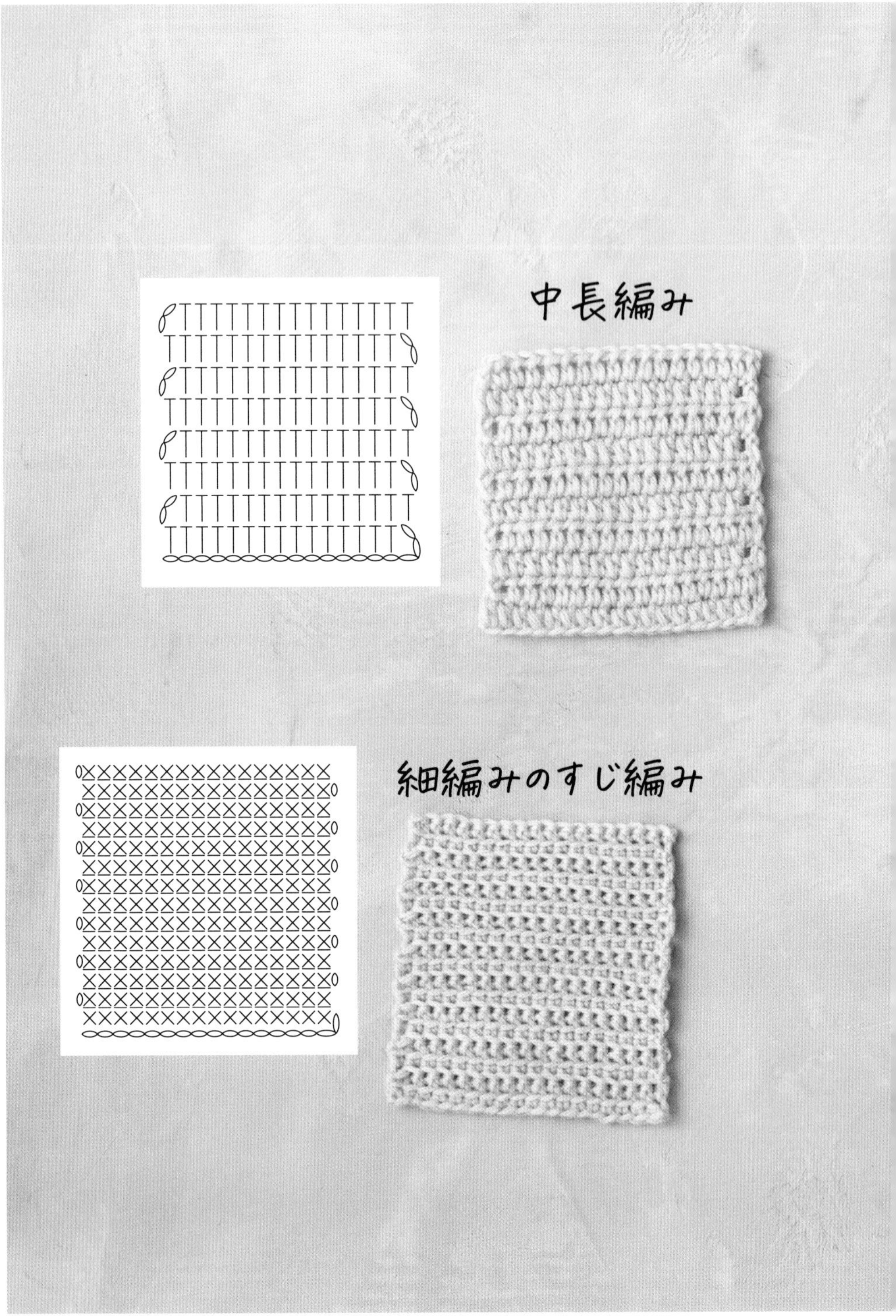
中長編み
細編みのすじ編み

Lesson. 2

コットンウールストライプ 3way ワンピース、V ネックニットソーベスト、デイリーウォッシュドデニムともに参考商品（sirone）
革のひも靴赤 ¥14000（関口善大靴工房）

かぎ針で輪に編む！

かぎ針作品で多く登場する
「輪」に編んでいく方法。
ここではモチーフを編みつないで
ポットマットを作ってみます。
細編み、長編み、鎖編みだけで
作れますよ！

▶ **動画でチェック！**
「ポットマット」
の編み方ダイジェスト

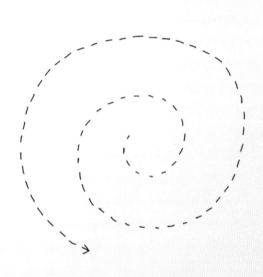

こんにちは〜
カララ〜ン
こんにちは！
あれから かぎ針には さわりましたか？
はい！ 娘に取られちゃったので 自分用と夫用に 2つも作りましたよ
ジャーン
糸を変えて編んでみましたよ
アラ 娘さん コーヒースリーブ 使うの？
ええ まあ…
ミチ・・・
娘の友人(?)が…
さあ 次はどうしましょ もう1作品 かぎ針で 編んでみます？
はい！ インスタで 気になったのがあって…
よく見ると 鎖編みや長編みで できているように 見えて…
素敵！ ポットマットですね！ カオリさんなら もう作れますよ
今度は 往復ではなく 輪に編んで つないでいきます
進め方は 違いますが 編み方自体は だいたい同じですよ
似たレシピを 持っているので 見てみましょう
輪に…

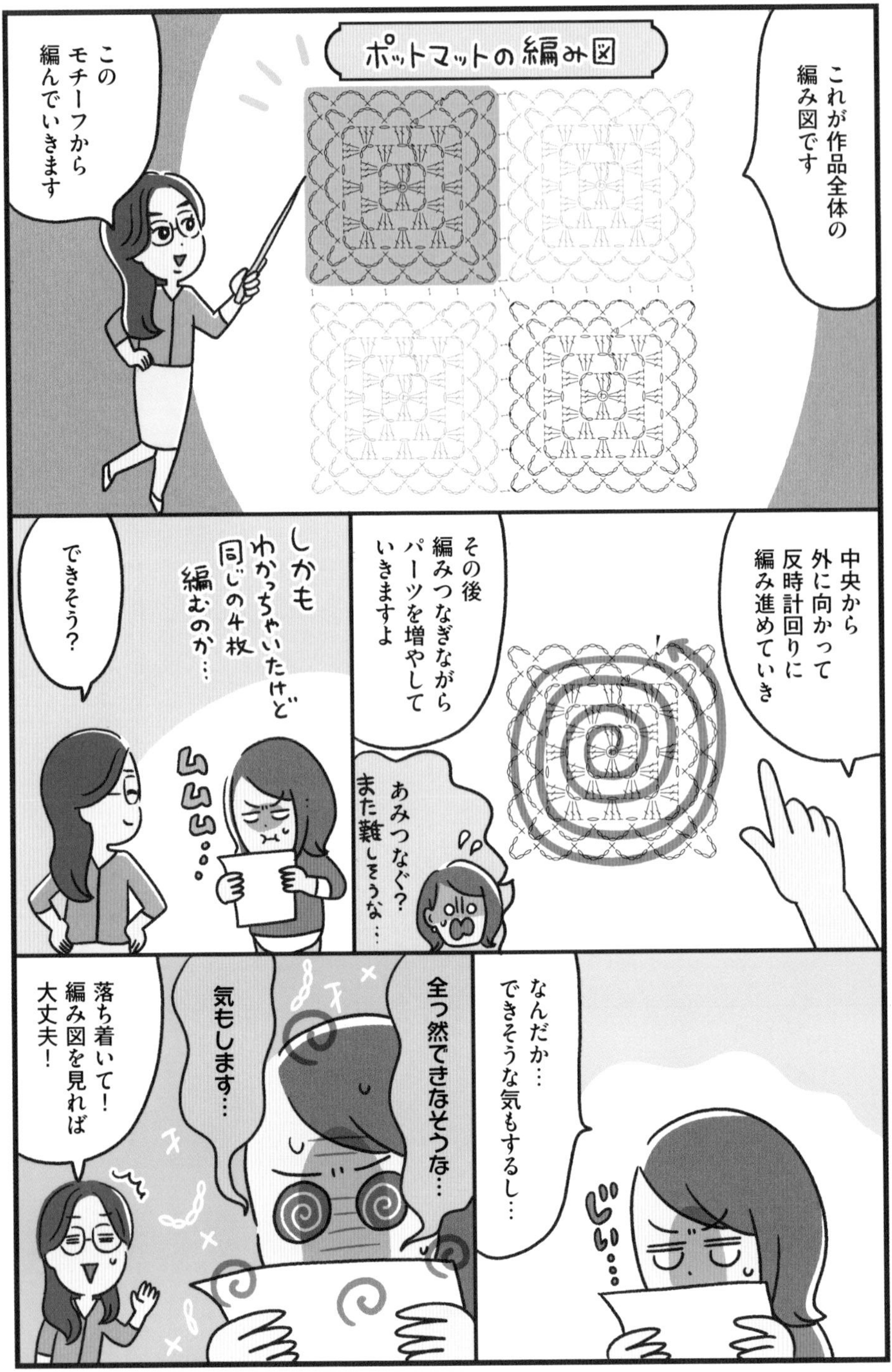
これが作品全体の編み図です
ポットマットの編み図
このモチーフから編んでいきます
中央から外に向かって反時計回りに編み進めていき
その後編みつなぎながらパーツを増やしていきますよ
あみつなぐ？また難しそうな…
しかもわかっちゃいたけど同じの4枚編むのか…
ムムム…
できそう？
なんだか…できそうな気もするし…
じぃ…
全っ然できなそうな…
気もします…
落ち着いて！編み図を見れば大丈夫！

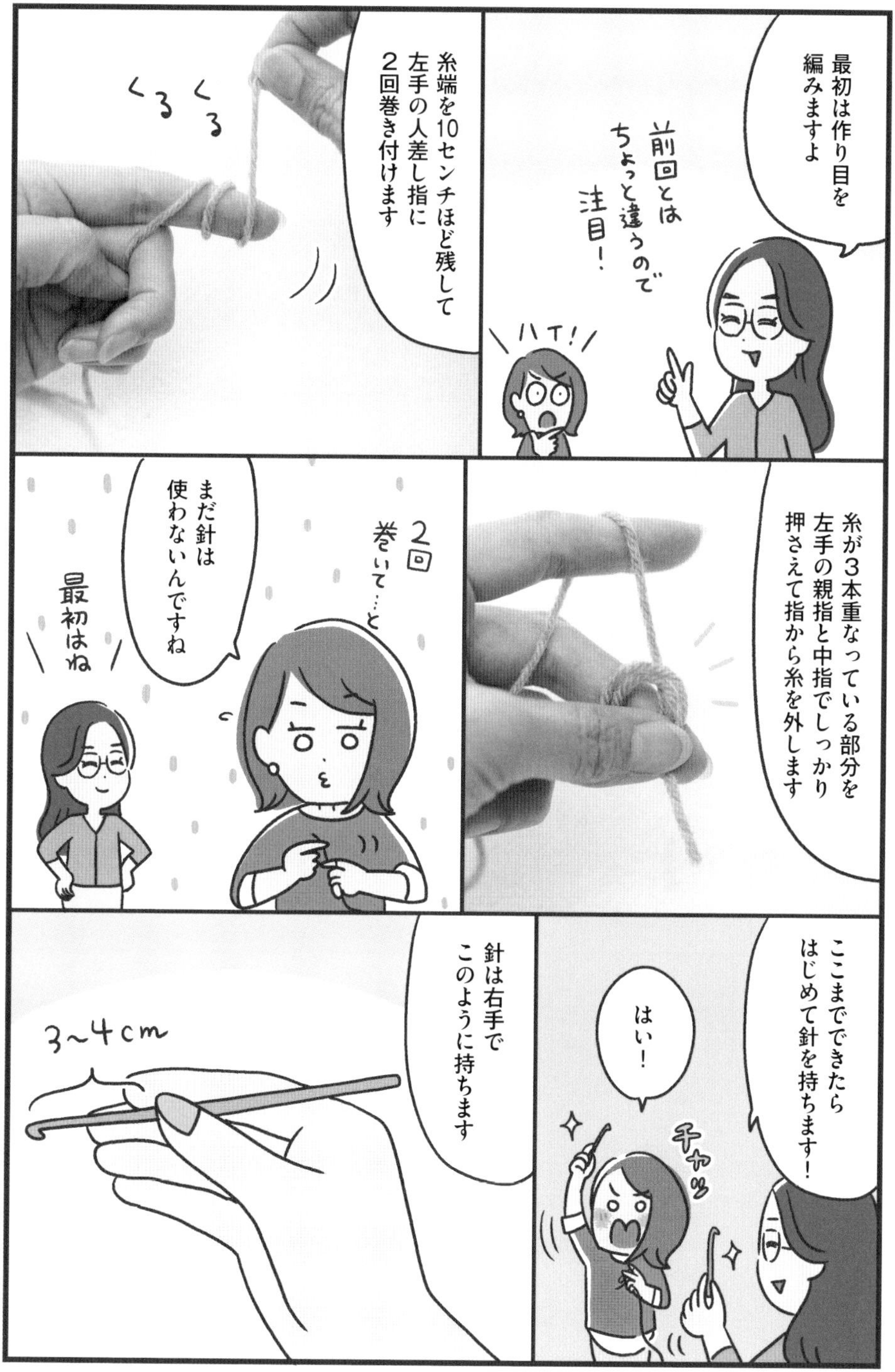
最初は作り目を編みますよ
前回とはちょっと違うので注目！
ハッ！
糸端を10センチほど残して左手の人差し指に2回巻き付けます
くるくる
糸が3本重なっている部分を左手の親指と中指でしっかり押さえて指から糸を外します
2回巻いて…と
まだ針は使わないんですね
最初はね
ここまでできたらはじめて針を持ちます！
はい！
チャッ
針は右手でこのように持ちます
3~4cm

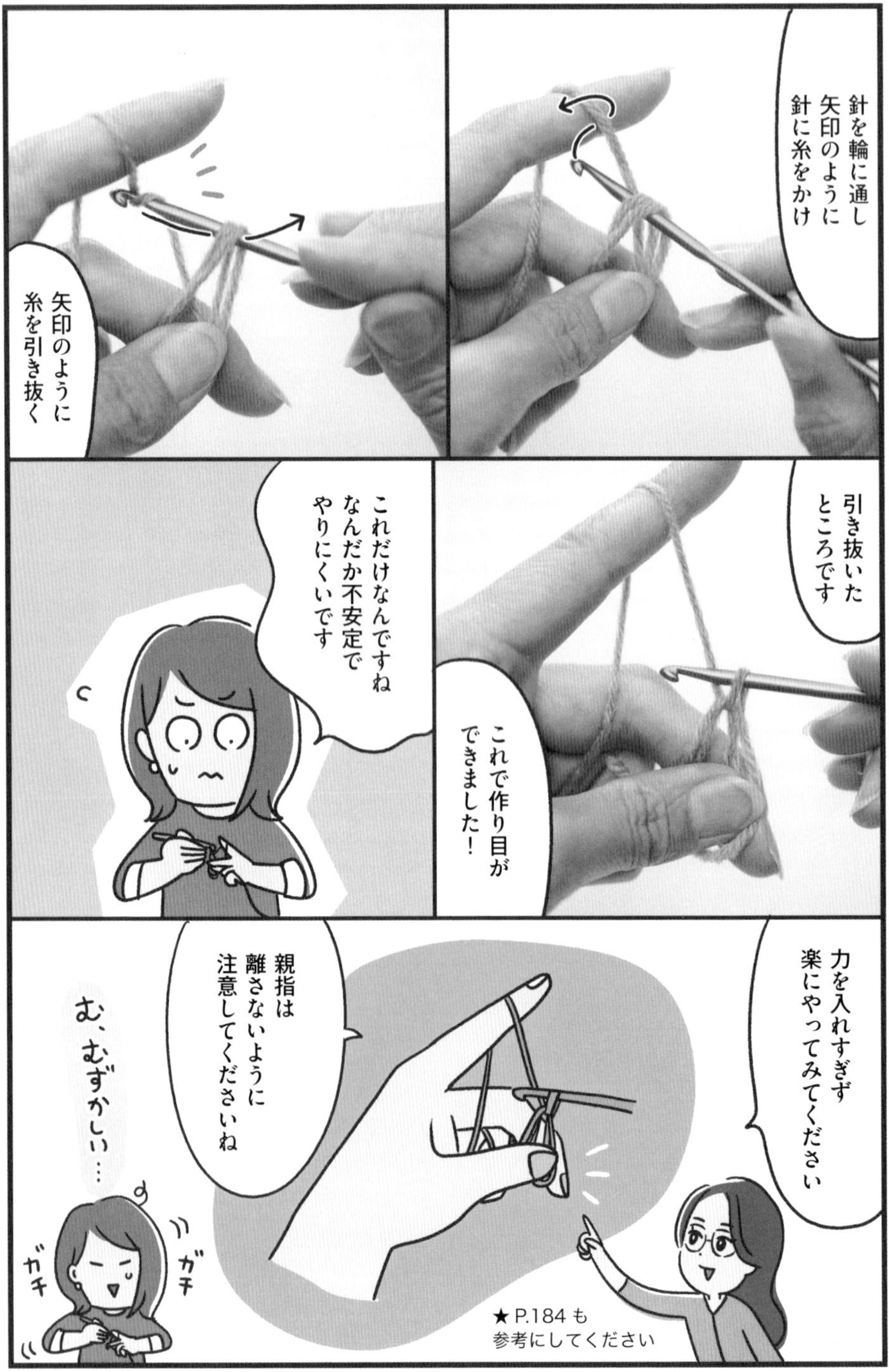

針を輪に通し
矢印のように
針に糸をかけ
矢印のように
糸を引き抜く
引き抜いた
ところです
これで作り目が
できました！
これだけなんですね
なんだか不安定で
やりにくいです
力を入れすぎず
楽にやってみてください
親指は
離さないように
注意してくださいね
む、むずかしい…
ガチ
ガチ
★P.184も
参考にしてください

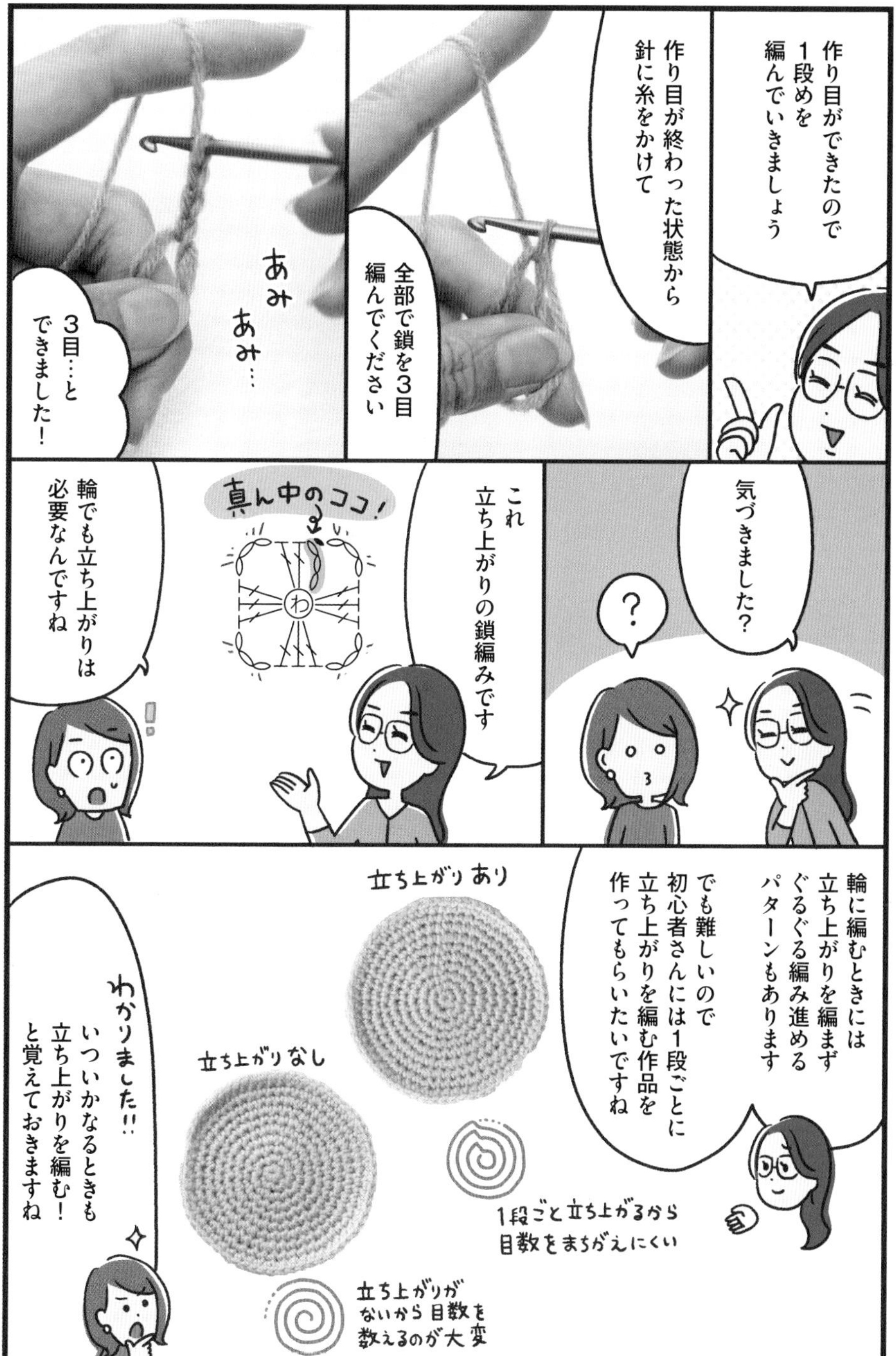
作り目ができたので1段めを編んでいきましょう
作り目が終わった状態から針に糸をかけて
全部で鎖を3目編んでください
あみあみ…
3目…とできました！
気づきました？
？
これ立ち上がりの鎖編みです
真ん中のココ！
わ
輪でも立ち上がりは必要なんですね
輪に編むときには立ち上がりを編まずぐるぐる編み進めるパターンもあります
でも難しいので初心者さんには1段ごとに立ち上がりを編む作品を作ってもらいたいですね
立ち上がりあり
1段ごと立ち上がるから目数をまちがえにくい
立ち上がりなし
立ち上がりがないから目数を数えるのが大変
わかりました!!
いついかなるときも立ち上がりを編む！と覚えておきますね

ココ！
では長編み2目を編みますよ！
今回は最初に作った輪に編みつけます
長編みの動作はマスターしましたね
はい!!
針に糸をかけて
作り目の輪に針を入れます
あとは長編みの編み方です
2目編んでください
2目…
できました！
編み図と見比べてください
立ち上がり3目、長編み、長編み、という順になっていますね
ここまでできた
うん
うん

次は編み図はどうなっていますか？
わ
えーっと鎖編み3目です！
そうです！鎖3目を編んでください
輪はこのままでいいんでしょうか
ずいぶん大きいけど
むしろ引っ張ったりせずそのままで！
それはそうと…そろそろ指がつりそうです
あっ
中指と親指はもう離しても大丈夫！
ゴメン〜
鎖編み3目…と
編めました！
続いて編み図通り長編み3目、鎖編み3目を繰り返しましょう
あみ
あみ
あみ…
OK！1段めが編めたら輪の糸を引き締めますよ

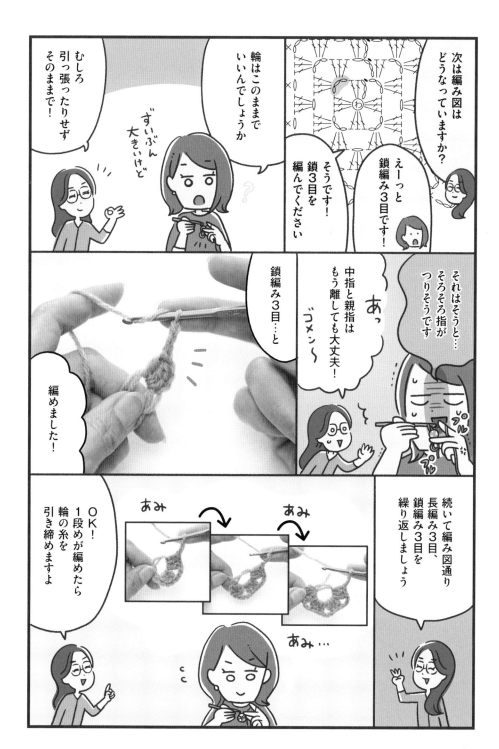

輪の引き締め方

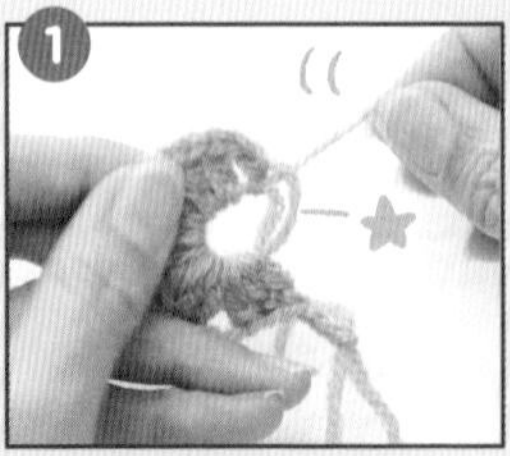

① 編み始めに残しておいた糸端を少しだけ引っ張ると輪の２本の糸のうちどちらかが動きます（★）。

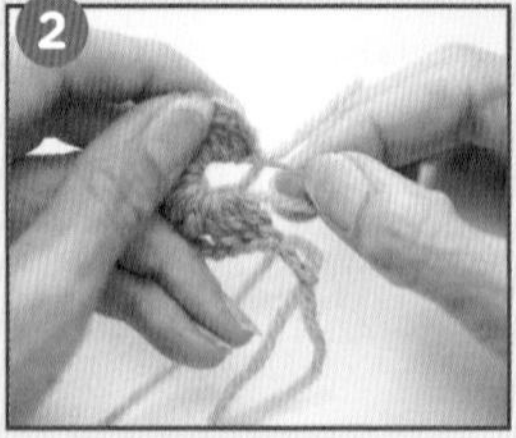

② 動いたほうの糸を糸が動いた方向に引っ張ります。

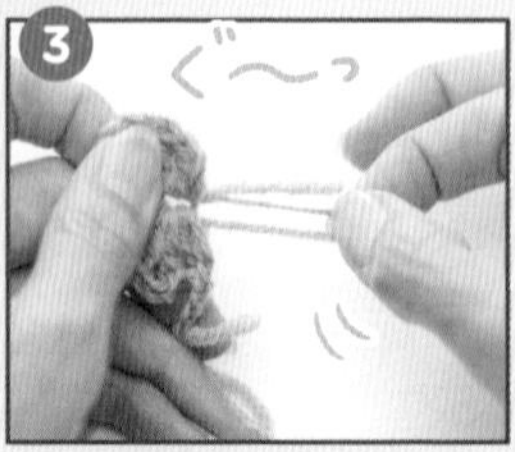
ぐ〜っ

③ 引っ張れるだけ引っ張ってOK！　最後に糸端を引っ張ります。

先生〜 これいったん 針を外しても 大丈夫ですか？
やりにくいです…
ブラ ブラ
すみません！ 引き締める前に 外してください
糸端を 引っ張ったら 輪が引き 締まった！
キュッ
きれいですよ
では1段めの最後 引き抜き編みを しましょう
ループに針を 戻してください
●＝引き抜き編み
わ
このゴマ みたいなの…
ループに 針を戻して…
ん？

先生
何か違和感が…
よく
気づき
ましたね!
ループに針を戻すときに
向きを間違えています
NG
間違った向き
OK
正しくはこう
わー
あぶない!
間違えるところでした
これ自分で
見分けつくかな…
〝糸玉につながっている糸が手前〟と
覚えてください
手前
はい!!
では続けますよ
1
拡大!
③
②
①
この段の立ち上がりの
鎖３目めに針を通し、
2
針を入れたところ
糸をかけて、
3
糸をかけ
そのまま引き抜く
引き抜きます。
うーん…
どこに針を入れるか
わからない…

立ち上がりの鎖の3目めなんですけど…わかりますか？
う〜ん…わかるようなわからないような
まじまじ
引き抜き編みは輪に編んでいくときには必ずといっていいほど出てくるので…
徐々にわかるようになってくださいね
ここです
また2段めの時に教えますね
はい！お願いします！
1段めができました！
じゃん♪
フー
ここまでできた♪
OK♪
では2段めにいきましょう
編み図通り立ち上がりの3目を編んで
はい!!
…あれ？輪で編むときは編み地を返さなくてもいいんですね
そうなんです！ずっと表《おもて》を見て編んでいくのです
いいところに気がつきましたね♪
おお〜！
それはわかりやすい〜!!

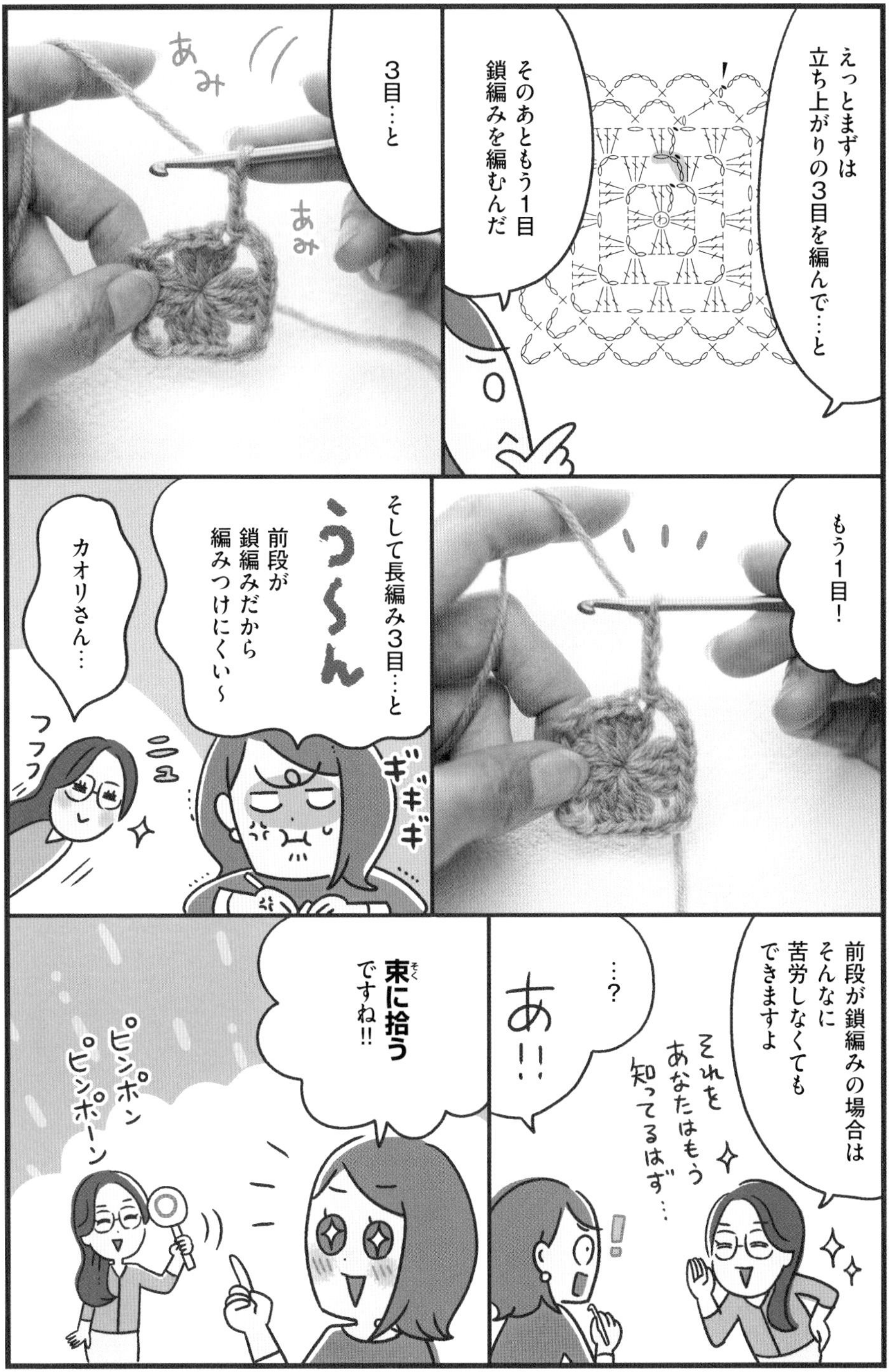
えっとまずは
立ち上がりの3目を編んで…と
そのあともう1目
鎖編みを編むんだ
3目…と
あみ
あみ
もう1目!
そして長編み3目…と
う〜ん
前段が
鎖編みだから
編みつけにくい〜
ギギギ
ニュ
カオリさん…
フフフ
前段が鎖編みの場合は
そんなに
苦労しなくても
できますよ
それを
あなたはもう
知ってるはず…
…?
あ!!
束《そく》に拾う
ですね!!
ピンポン
ピンポーン

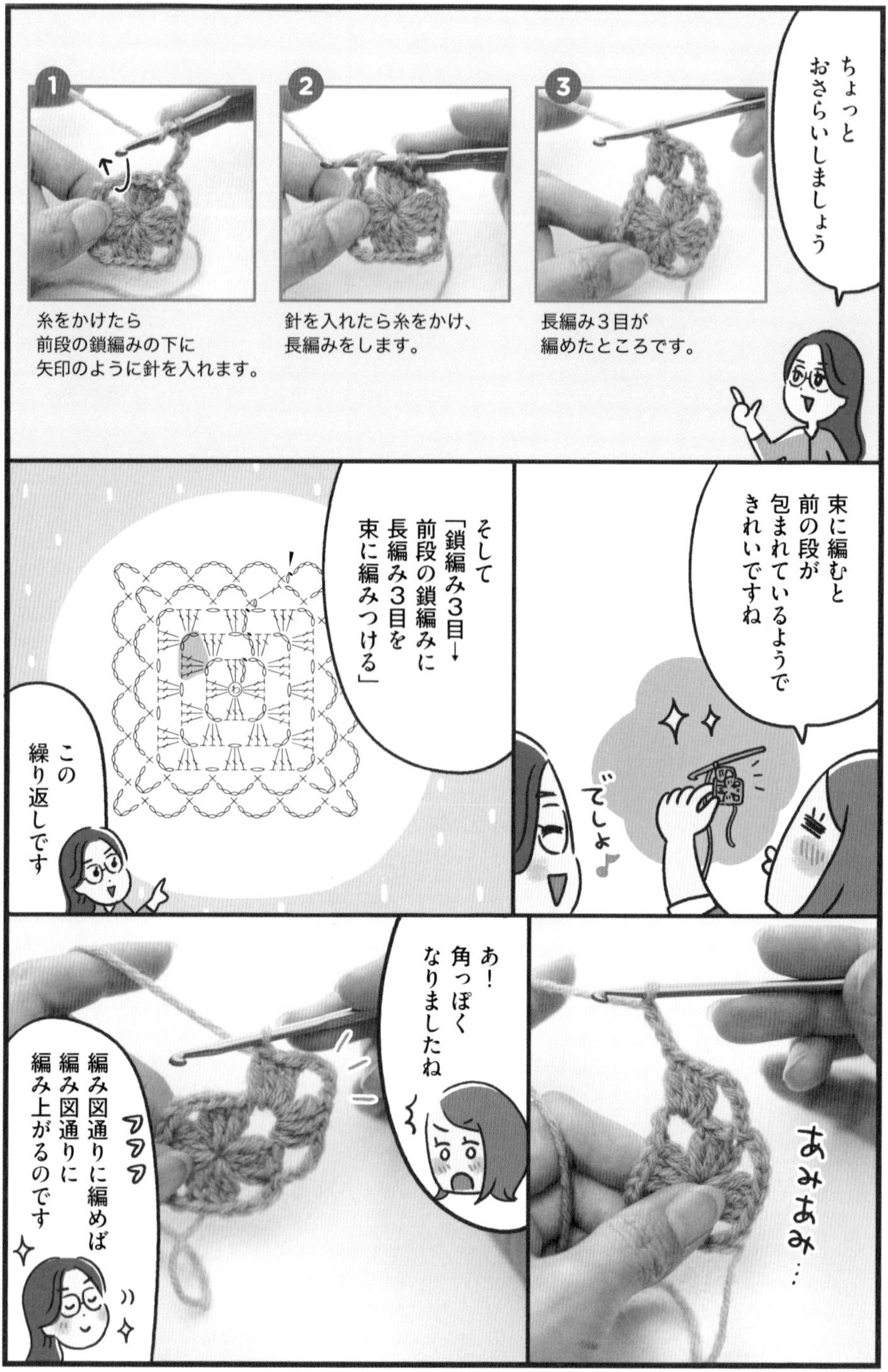
ちょっとおさらいしましょう
1
糸をかけたら
前段の鎖編みの下に
矢印のように針を入れます。
2
針を入れたら糸をかけ、
長編みをします。
3
長編み３目が
編めたところです。
束に編むと前の段が包まれているようできれいですね
でしょ♪
そして「鎖編み3目→前段の鎖編みに長編み3目を束に編みつける」
わ
この繰り返しです
あみあみ…
あ！角っぽくなりましたね
編み図通りに編めば編み図通りに編み上がるのです
フフフ

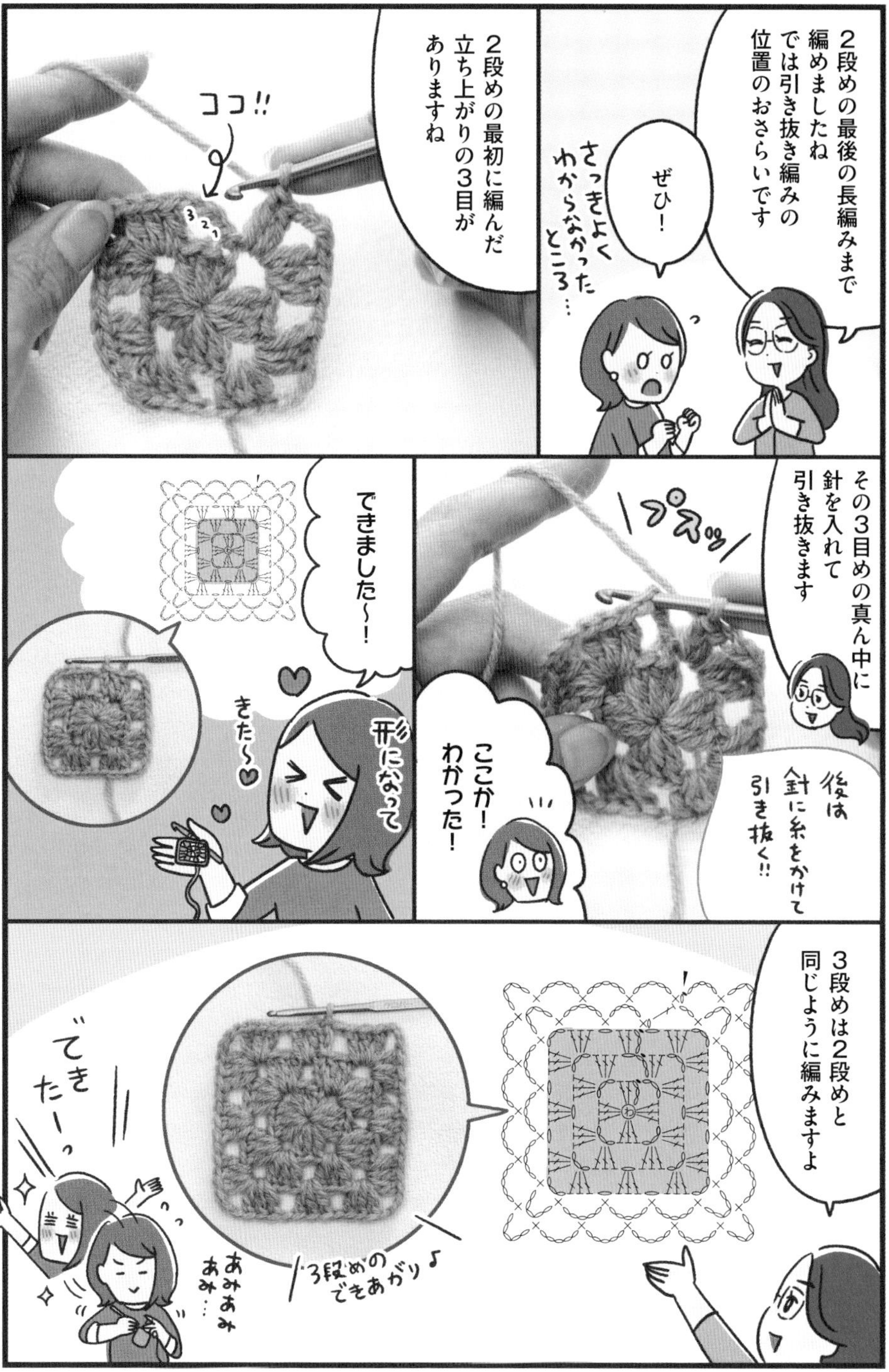
2段めの最後の長編みまで編めましたね では引き抜き編みの位置のおさらいです
ぜひ!
さっきよくわからなかったところ…
2段めの最初に編んだ立ち上がりの3目がありますね
ココ!!
その3目めの真ん中に針を入れて引き抜きます
プスッ
後は針に糸をかけて引き抜く!!
ここか! わかった!
できました〜!
形になってきた〜♡
3段めは2段めと同じように編みますよ
できたーっ
あみあみあみ…
3段めのできあがり♪

4段めはレースっぽくなっていますね
でもよく見ると知っている記号ばっかり
まずは立ち上がりの鎖編み1目その足元に細編み1目鎖編み5目を編んでみましょう

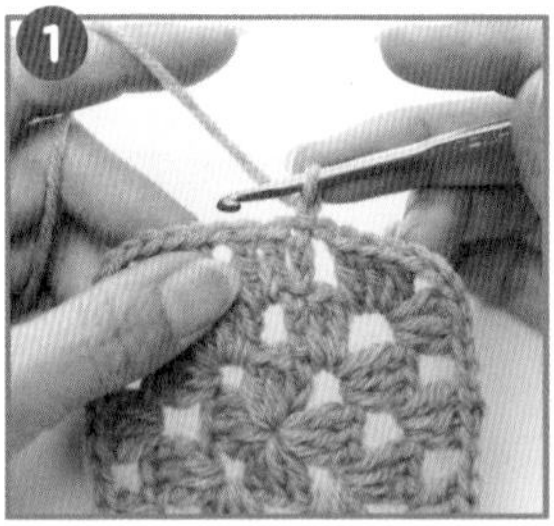
1
立ち上がりの鎖編み1目を編んで、

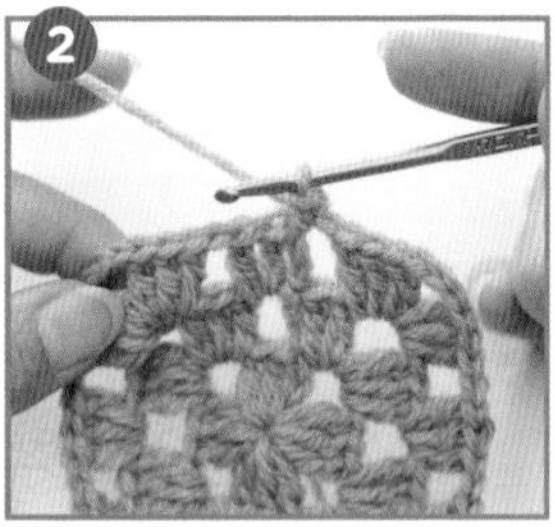
2
足元に細編み1目を束に拾って編みます。

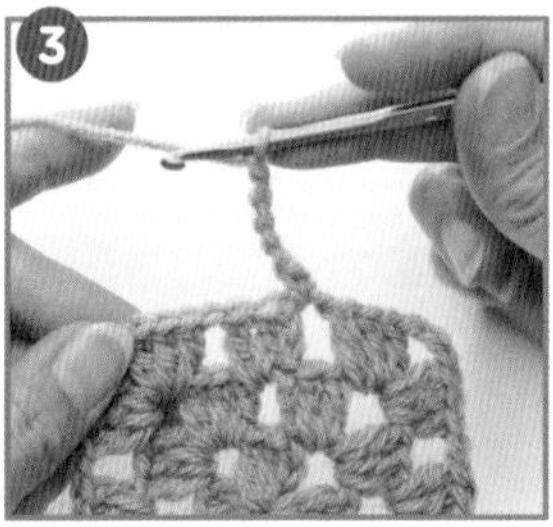
3
鎖編みを5目編みます。

4
前段の鎖編みに細編みを束に拾い、編みつけます。

前段の鎖編み部分を束に拾って編んでくださいね

わっ結構カンタンかも!
サク
サク

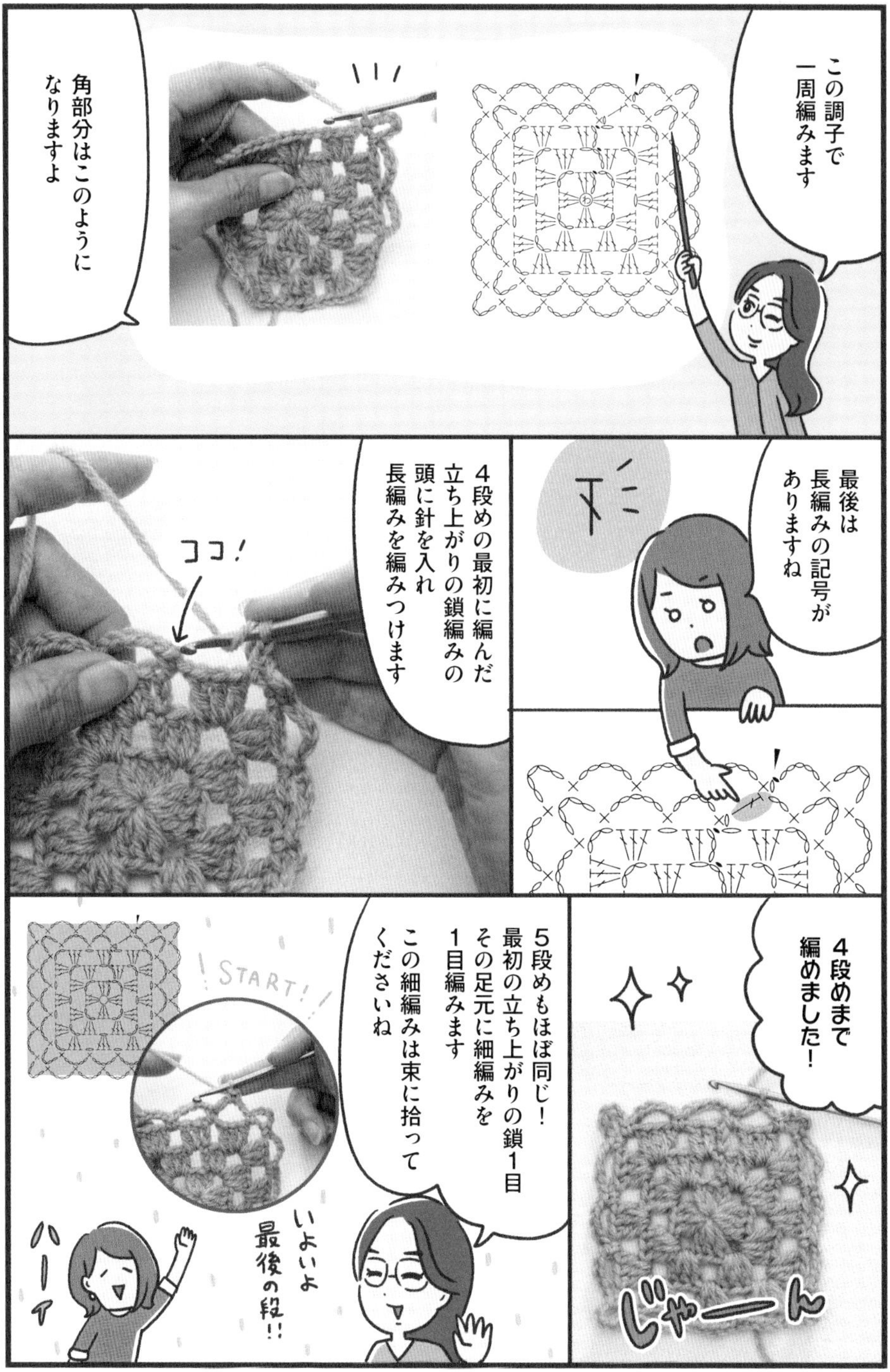

この調子で一周編みます
角部分はこのようになりますよ
最後は長編みの記号がありますね
4段めの最初に編んだ立ち上がりの鎖編みの頭に針を入れ長編みを編みつけます
ココ!
4段めまで編めました!
じゃーん
5段めもほぼ同じ!最初の立ち上がりの鎖1目その足元に細編みを1目編みます
この細編みは束に拾ってくださいね
START!
いよいよ最後の段!!
ハーイ

これは「糸を切る」記号です
5段めが最後まで編めたらとじ針の出番です
とじ針での処理方法

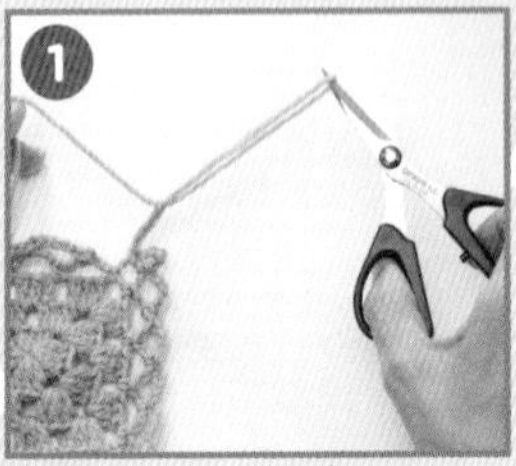
1

糸端を約10㎝引き出して切ります。

2

とじ針に糸を通します。

3

5段めの1目めの細編みの頭に針を入れます。

4

糸を引きます。

5

直前に編んだ鎖編みに針を入れます。

6

5段めが編めました。糸始末をしたら、糸は編み地ぎりぎりのところでカットします。

これでモチーフが1枚完成！

模様が複雑だと思ったけど
鎖編み、細編み、長編みだけでできちゃいました！
じーん
1枚ですでにカワイイ～
この3種類の編み方をマスターすればたくさんの作品ができるんですよ
でしょ
エッヘン
優秀～

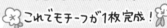

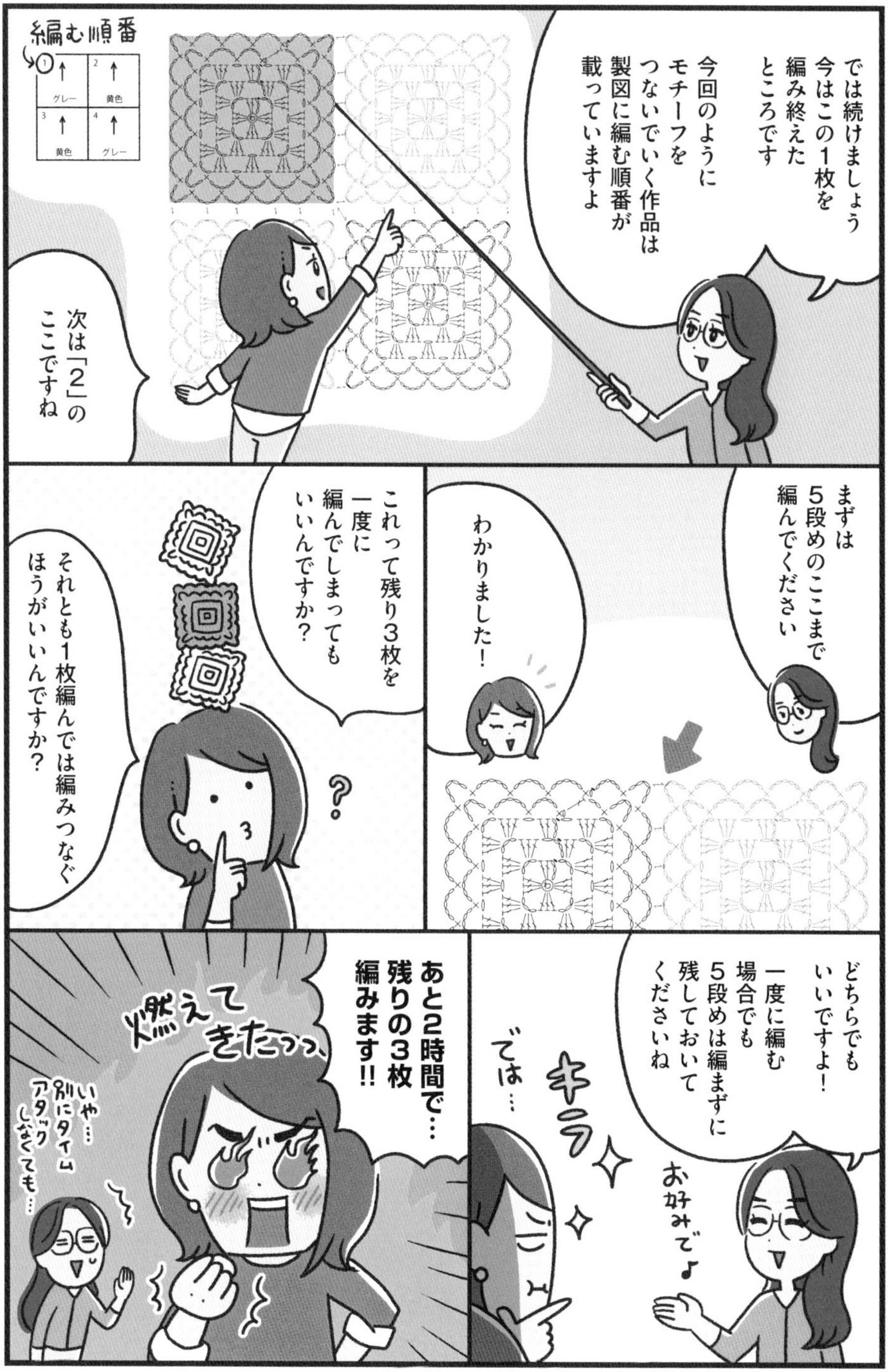

では続けましょう 今はこの1枚を 編み終えた ところです
今回のように モチーフを つないでいく作品は 製図に編む順番が 載っていますよ
編む順番
1 グレー
2 黄色
3 黄色
4 グレー
次は「2」の ここですね
まずは 5段めのここまで 編んでください
わかりました!
これって残り3枚を 一度に 編んでしまっても いいんですか?
それとも1枚編んでは編みつなぐ ほうがいいんですか?
どちらでも いいですよ! 一度に編む 場合でも 5段めは編まずに 残しておいて くださいね
お好みで♪
キラ
では…
あと2時間で… 残りの3枚 編みます!!
燃えてきたっっ
いや… 別にタイム アタック しなくても…

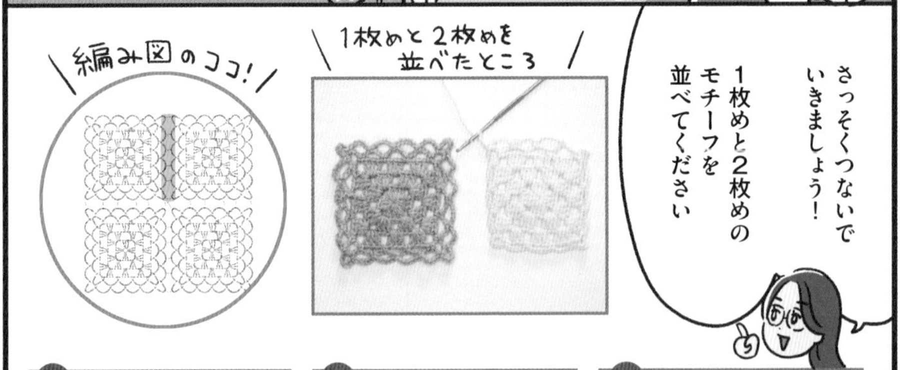

1枚めの角の空間に針を入れます。

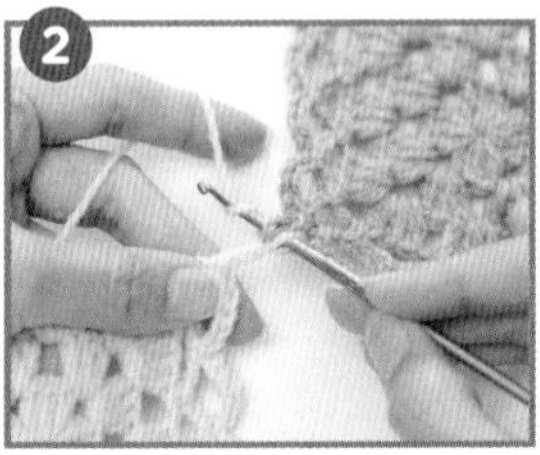

針に糸をかけ、引き抜き編みをします。

鎖編みを2目編み、細編みを1目編みます(束に拾う)。

2枚めのモチーフの5段めを編み図通り編みますが、

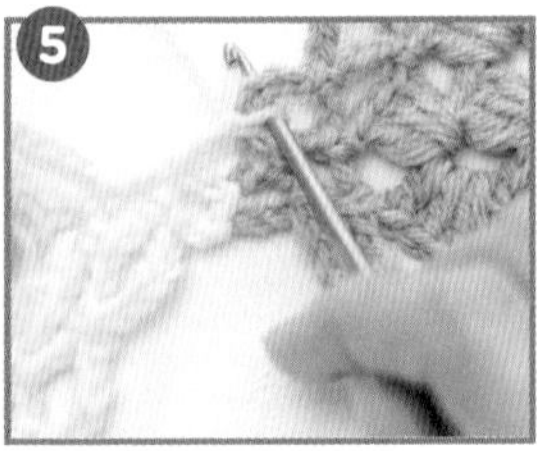

このマークのところは1枚めに束に拾って引き抜き編みで編みつなぎます。

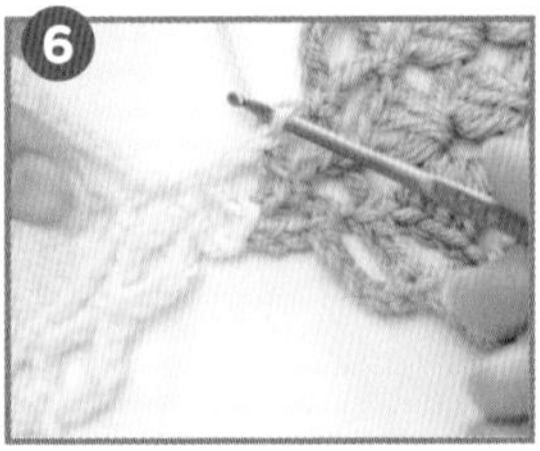

引き続き2枚めの5段めを編み図通りに編んでいきます。

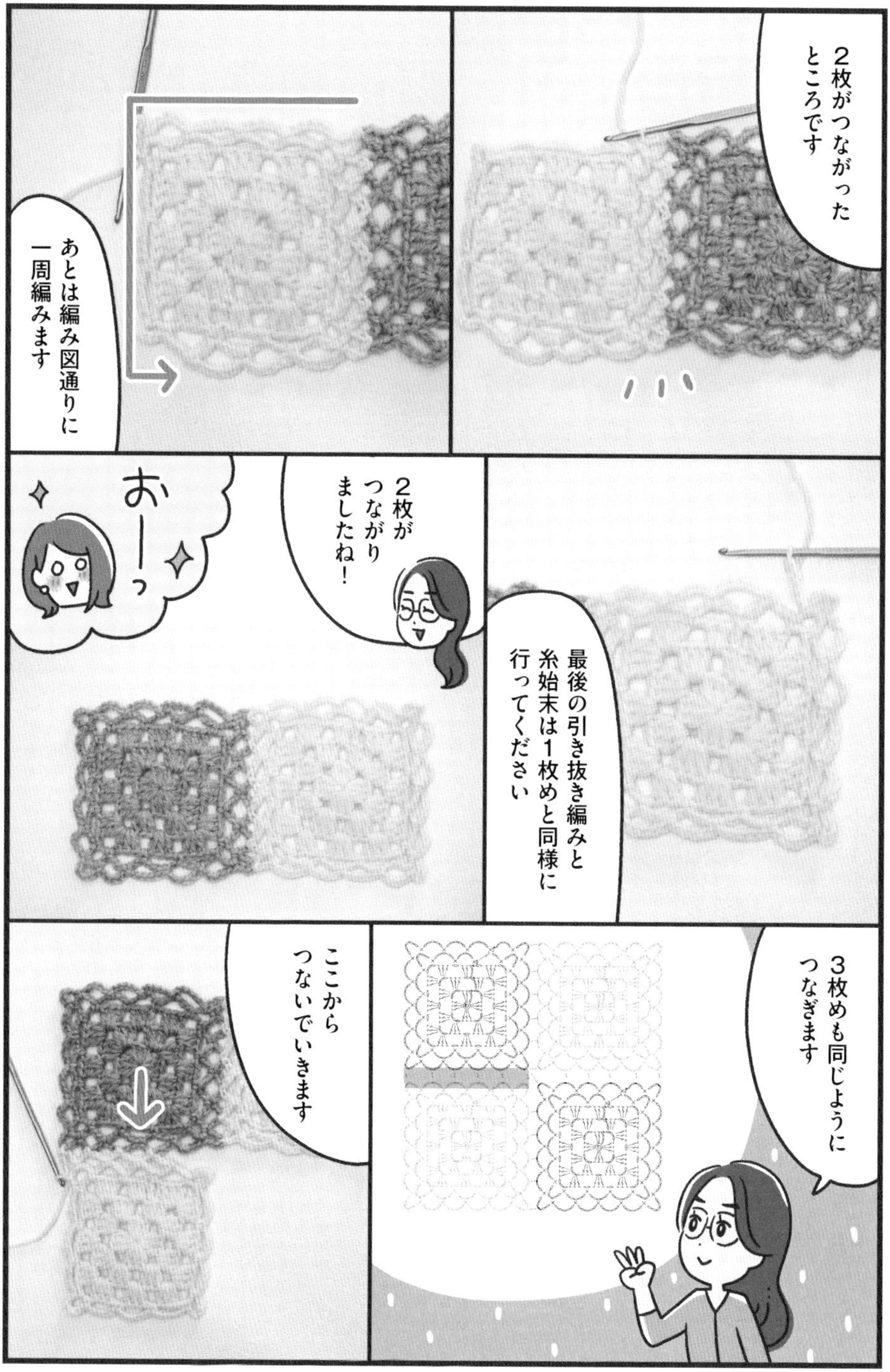
2枚がつながったところです
あとは編み図通りに一周編みます
最後の引き抜き編みと糸始末は1枚めと同様に行ってください
2枚がつながりましたね！
おーっ
3枚めも同じようにつなぎます
ここからつないでいきます

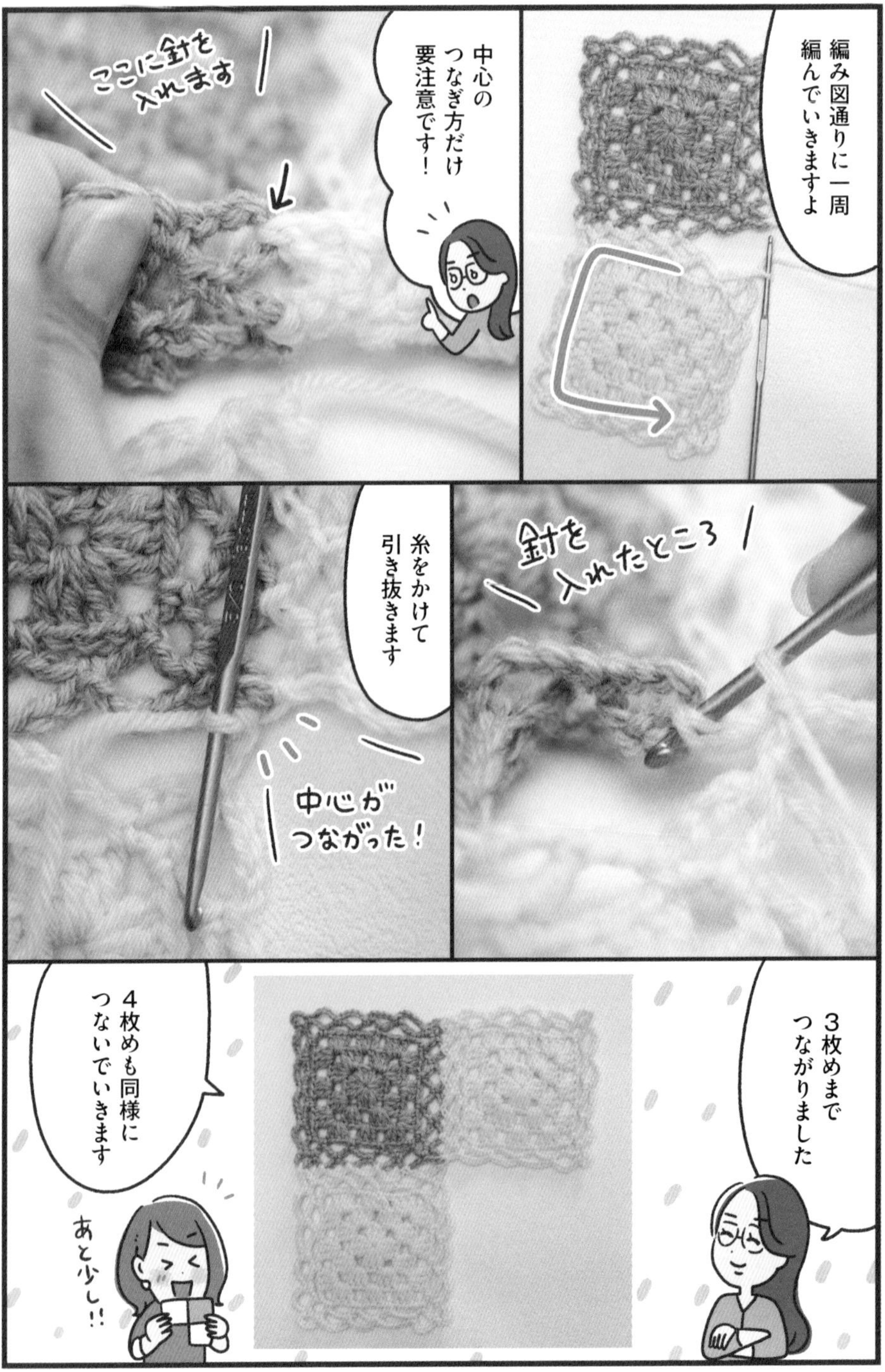
編み図通りに一周編んでいきますよ
中心のつなぎ方だけ要注意です！
ここに針を入れます
針を入れたところ
糸をかけて引き抜きます
中心がつながった！
3枚めまでつながりました
4枚めも同様につないでいきます
あと少し!!

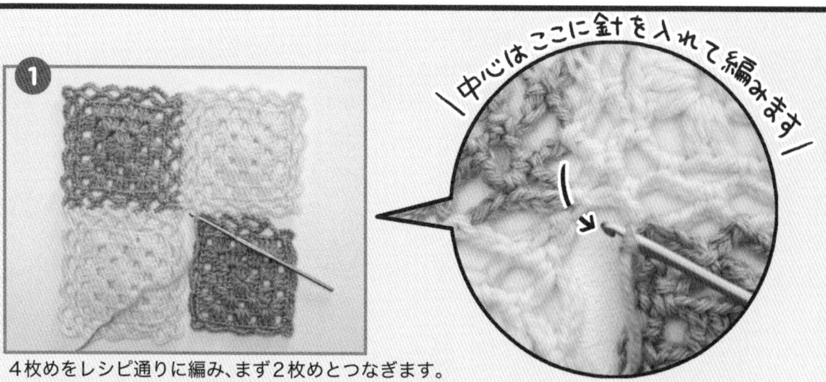
1
中心はここに針を入れて編みます

4枚めをレシピ通りに編み、まず2枚めとつなぎます。

2

中心まで編めたところ。

3

レシピ通り編み進め、
4枚がつながりました！

できた〜!!!
糸始末は1枚めと同様にしてくださいね
ところで先生…
コン…
ずっと気になっていたのですがあの方は…？
ああ！生徒さんですよ！もう3年になるかな
カオリさん集中してて気づかなかったのね

ナカムラさん！
紹介しますね
こんにちは～
こちらカオリさん！先月から通ってくれていて
こんにちは！
ええっ！
それご自身で作られたんですか？
す、すご…！
まじ
これってどうやって…
まじ
ああこれは…
あっ
もうこんな時間!? すすみません帰ります！
バビュン
わわわ
あわ
アイロンは家でやります～…
にぎやかな方ですね
そうなの…でも熱心なのよ
ところで先生ここがわからなくて…
ええここは…

お好きな
2色を選んで
くださいね

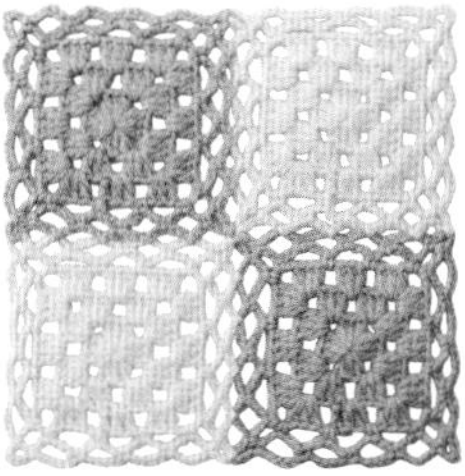

おさらい

基本のレシピ

ポットマット

使用糸：ハマナカ　アメリー　#25（黄色）　10g
　　　　ハマナカ　アメリー　#22（グレー）　10g

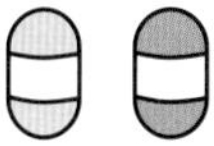

使用針：かぎ針　6/0号

ゲージ：モチーフ11cm×11cm

できあがり寸法：22cm×22cm

編み方：糸は1本どりで編みます。
わの作り目で編み始め、図の通り編みます。
モチーフ2枚めからは編みながらつなぎます。

編み図

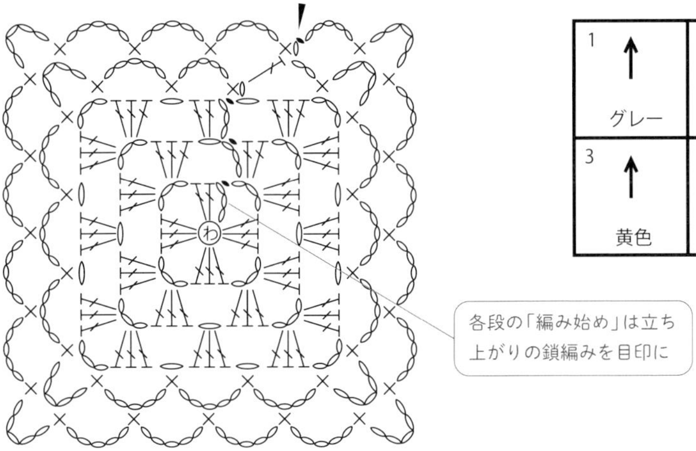
わ
各段の「編み始め」は立ち上がりの鎖編みを目印に

製図

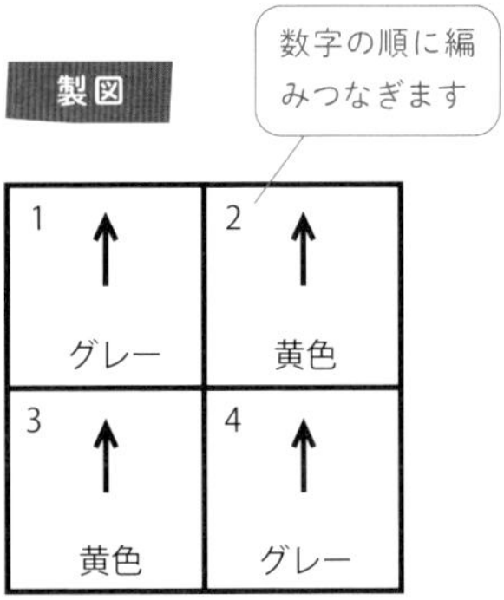
数字の順に編みつなぎます
1
グレー
2
黄色
3
黄色
4
グレー

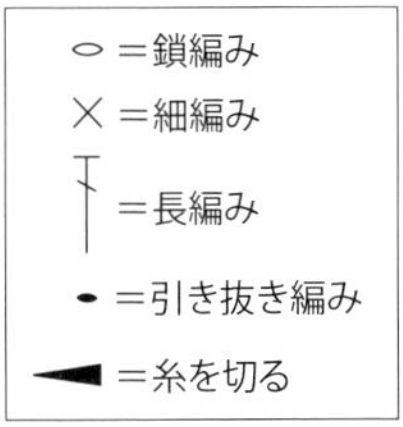
＝鎖編み
＝細編み
＝長編み
＝引き抜き編み
＝糸を切る

1色で編んで
フラワーベースの下に
敷いてもよさそう♪

編み図

右ページの製図の
数字の順に編みつ
ないでいきます

※「糸を切る」記号は省略しています。
右ページの編み図を参照してください。

P.64の
アクリルたわし同様、
すぐに作れてすぐに
使える作品です♪

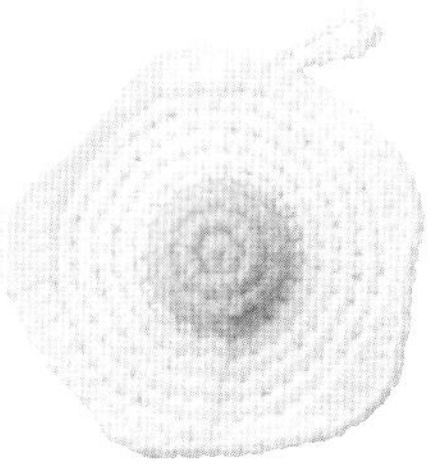

ステップアップ
レシピ

アクリルたわし（目玉焼き）

使用糸：ハマナカ　ボニー　＃432（黄色）　2g
　　　　ハマナカ　ボニー　＃401（白）　12g

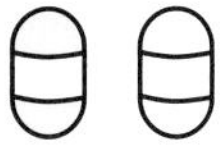

使用針：かぎ針　7.5/0号

できあがり寸法：直径13.5cm（取っ手含まず）

編み方：糸は1本どりで編みます。わの作り目で編み始め、図の通り編みます。
最終段の途中で取っ手部分を編みます。

編み図

- ○＝鎖編み
- ×＝細編み
- V＝細編み2目編み入れる
- T＝中長編み
- V＝中長編み2目編み入れる
- T＝長編み
- V＝長編み2目編み入れる
- ●＝引き抜き編み
- ◀＝糸を切る

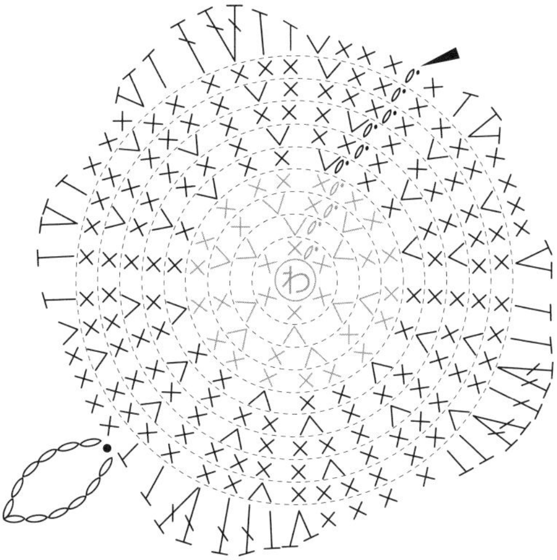
わ

段数と、各段で編む目数、各段の色がわかる表です

段数	目数	色
10	59	白
9	48	
8	42	
7	36	
6	30	
5	24	
3、4	18	黄
2	12	
1	6	

ポイント1

立体的に編む

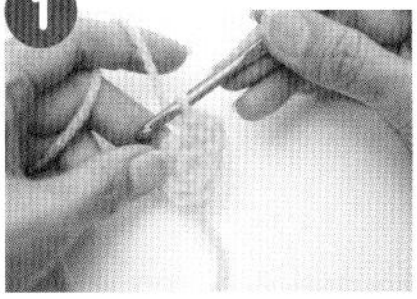

1 編み図通りに輪に編んでいきます。

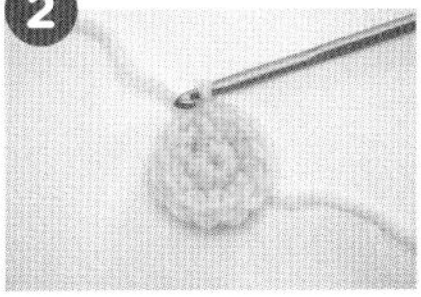

2 途中までは平面です。

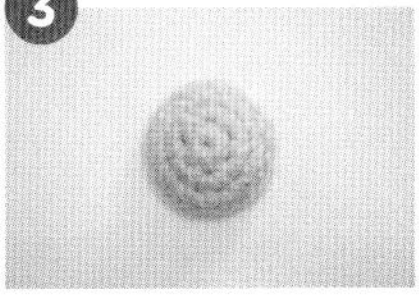

3 4段めまで編めたら糸始末をしておきます。

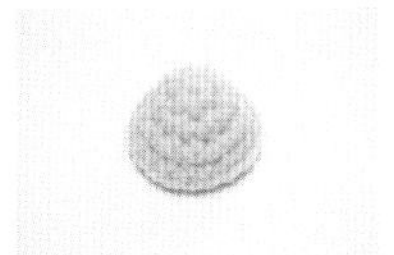

横から見たら…

ポイント2 糸を変える

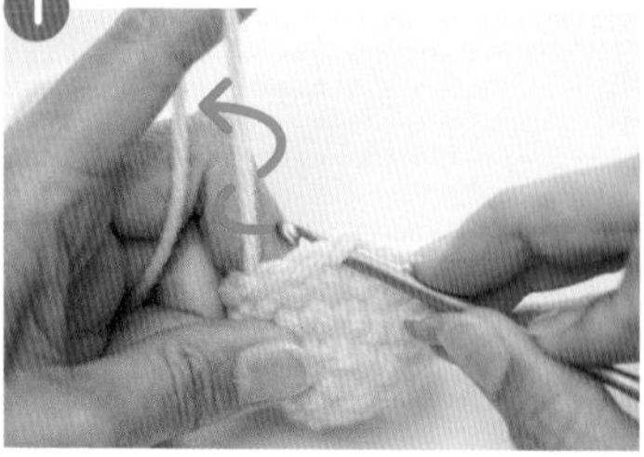

5段めから白になります。左手に白い糸を持ちます。4段めまでの編み地に針を通し、矢印の通り糸をかけます。

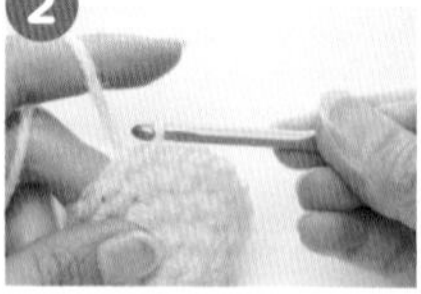

そのまま編み地の手前に引き出します。

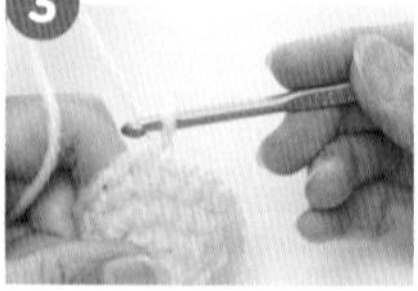

立ち上がりの鎖編みを1目編み、編み図の通りに編み進めます。

ポイント3 中長編みの方法

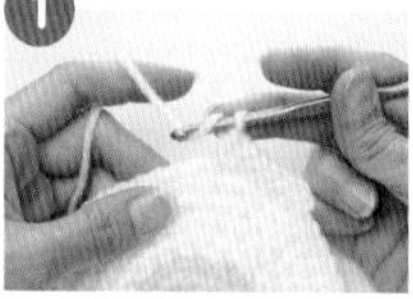

針に糸をかけ、編み地に針先を入れます。

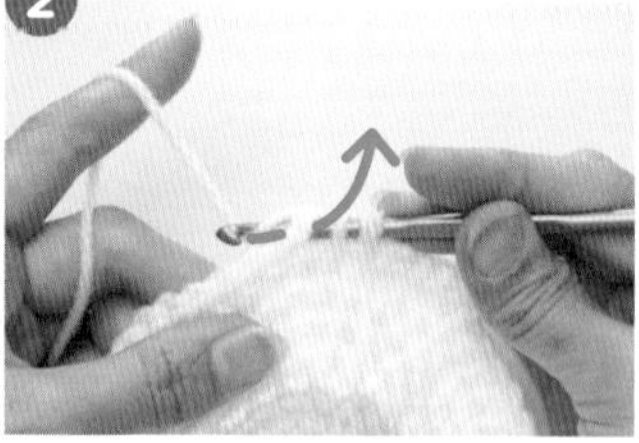

さらに糸をかけ、矢印の通り引き抜きます。

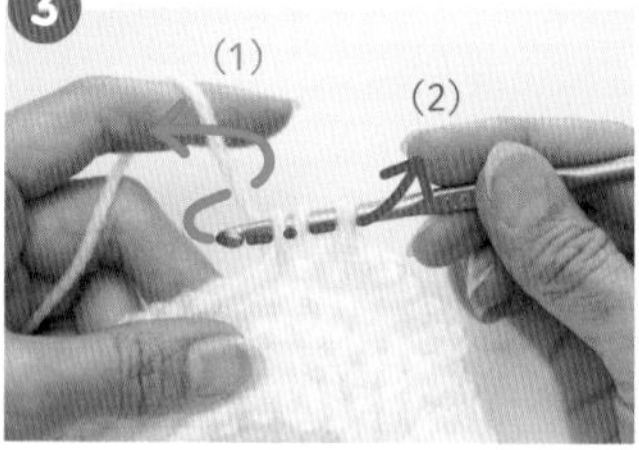

針先に糸をかけ、針にかかる3つのループをくぐり引き抜きます。

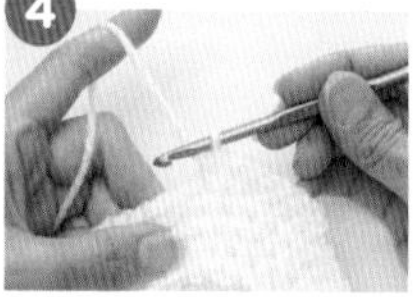

中長編みができました。

きれいに糸を変えるには？

黄色の段を編み終わったらとじ針で糸始末します。そうすると次の段を別の糸で編むときに色がはみ出さずにきれいに仕上がります

黄色がはみ出ていない！

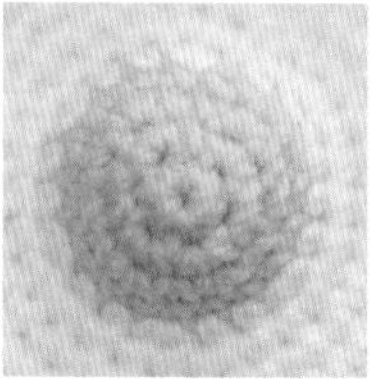

○

NG！

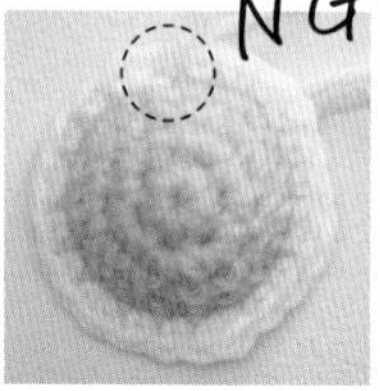

×

引き抜き編みの途中で糸を変えると黄色の糸が次の段にはみ出してしまう！

細編みだけで編める
ハットは初心者さんでも
チャレンジできます。
和紙でできた糸を
使用して夏でも
涼やかに

ステップアップレシピ

ハット

使用糸：DARUMA SASAWASHI　#1（ナチュラル）　108g＋ひも分3g

使用針：かぎ針　6/0号

ゲージ：細編み　15目×15段が10cm×10cm

できあがり寸法：頭回り56cm

編み方：糸は1本どりで編みます。
わの作り目で編み始め、図の通り編みます。
ひもの場合は鎖編み250目編みます。

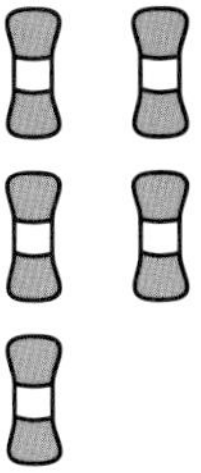

★ひも

ひもは2周巻いて蝶結びする。

編み図

155（250目）

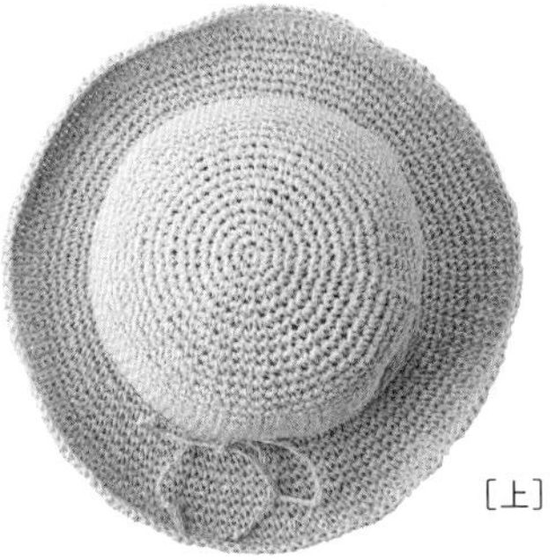

［上］

［横］

★リボン

リボンはクラウンの大きさに
合わせて切り、縫う。

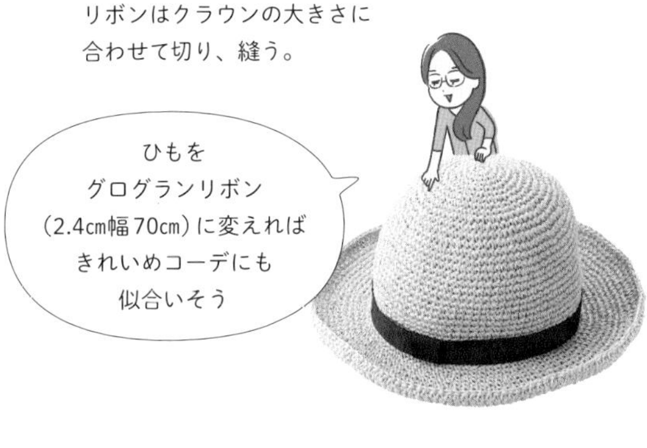
ひもを
グログランリボン
（2.4cm幅70cm）に変えれば
きれいめコーデにも
似合いそう

作り方

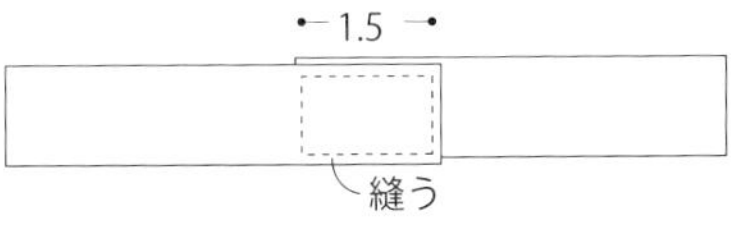
1.5
縫う

縫ったところを隠すように巻いて
裏側で縫う。

★クラウン（頭にかぶる部分）＆ブリム（帽子のツバ）

	段数	目数
ブリム	42、43	144
	41	138
	40	132
	39	126
	38	120
	37	114
	36	108
	35	102
	34	96
	33	90
クラウン	14～32	84
	13	78
	12	72
	11	66
	10	60
	9	54
	8	48
	7	42
	6	36
	5	30
	4	24
	3	18
	2	12
	1	6

製図

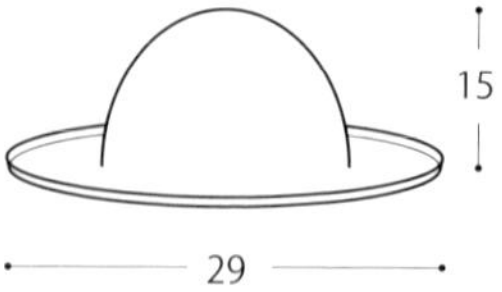

同じ編み方が
続く場合、このように
図が省略されます。

編み図

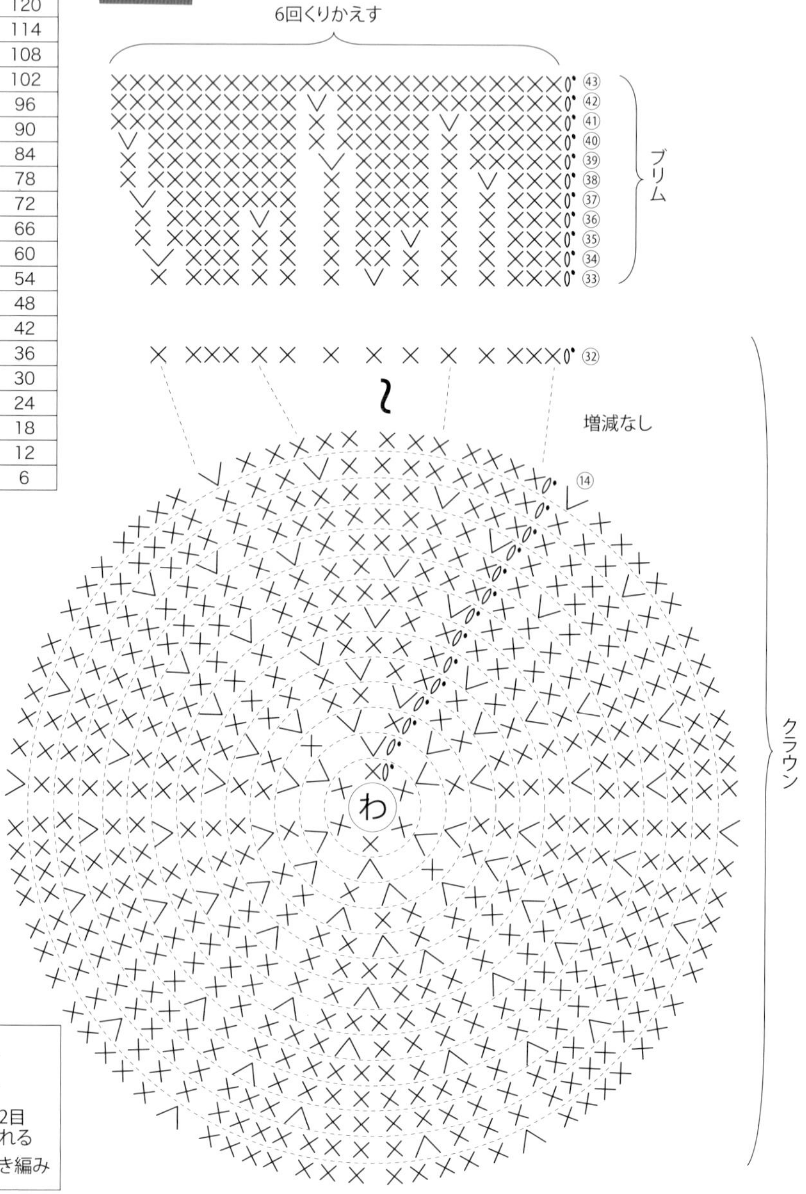

○＝鎖編み
×＝細編み
∨＝細編み2目編み入れる
●＝引き抜き編み

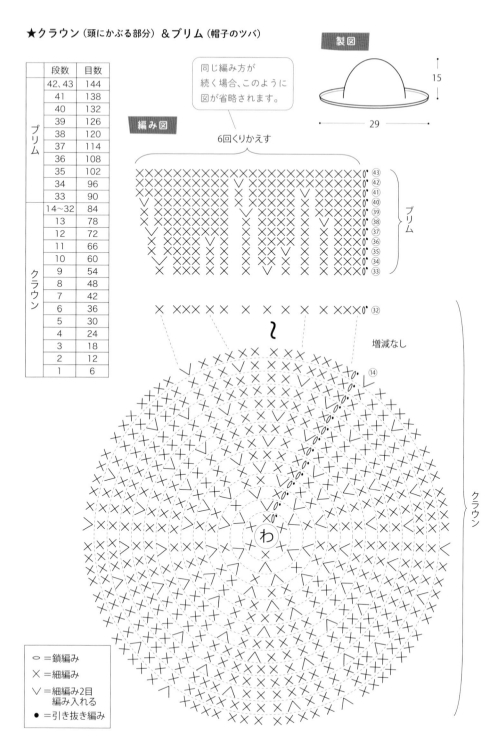

もっと知りたい Q&A

Q 編みかけで中断するときの保管方法を知りたい！

A ループを大きくしてほどけないようにして

ループを引っ張って大きくしておけば、たいていの場合、ほどけません。心配ならば段数リングを引っかけておいてもよいですね。

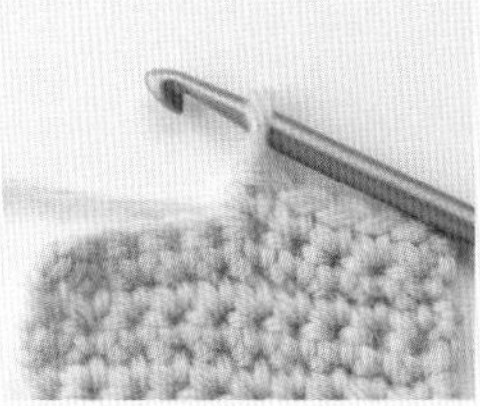

Q できあがった作品は洗えるんですか？

A どんどん使って洗ってください

せっかく作った作品は、手洗いして大事に使ってください。水の温度など細かな洗い方は素材により異なります。毛糸のラベルやネットの商品ページで確認できますよ。

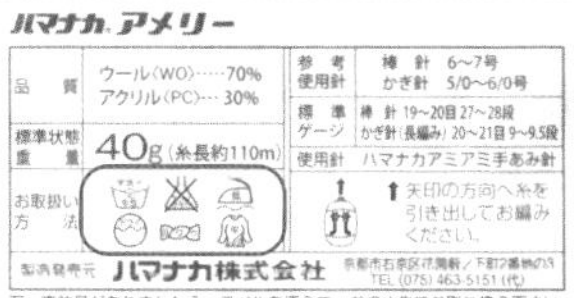
ハマナカ アメリー
品質 ウール（WO）……70% アクリル（PC）…30%
標準状態重量 40g（糸長約110m）
参考使用針 棒針 6〜7号 かぎ針 5/0〜6/0号
標準ゲージ 棒針 19〜20目 27〜28段 かぎ針（長編み）20〜21目 9〜9.5段
使用針 ハマナカアミアミ手あみ針
お取扱い方法
矢印の方向へ糸を引き出してお編みください。
製造発売元 ハマナカ株式会社
TEL (075) 463-5151（代）
万一事故品がありましたら、ラベルを添えて、お求め先でお取り換え下さい。

Q なんだかきれいに仕上がらない…

A 鎖編みや細編みをたくさん練習して！

力の入れ方にばらつきがあると、それが編み目にも表れてしまいます。きれいに仕上げるコツは、均一の力で編むこと。鎖編みや細編みをひたすら練習すると、自分なりの力の加減がわかってきますよ。また、作品を作る前に、ゲージ（左ページ）を編んでみましょう。

Q ゲージって何ですか？

A 10センチ四方の編み目に収まる目数・段数を示すものです

レシピに「細編み　15目×10段」とあったら、「指定の糸と針で編んだときに、10㎝×10㎝の編み地の中に細編みが15目×10段収まる強さに編んでください」という意味です。

作品を作る前には必ずゲージを編んで、自分の手の強さ・弱さを確認してから本番に進むのが基本です。指定糸でない場合でも目数・段数の計算をして見本の大きさに近づけるなどもできますが、この本ではゲージを編むことを特に強制していません。それよりもまず作品を形にすることを楽しんでもらいたいからです。

でも、98ページのハットや158ページの帽子など、大きさが違ったら使用できなくなるものについては、必ずゲージを作ってから編み始めてくださいね。

10cm×10cmの中にある
長編みの目数・段数は…？

10cm
10cm

レシピには必ずゲージが
記載されています

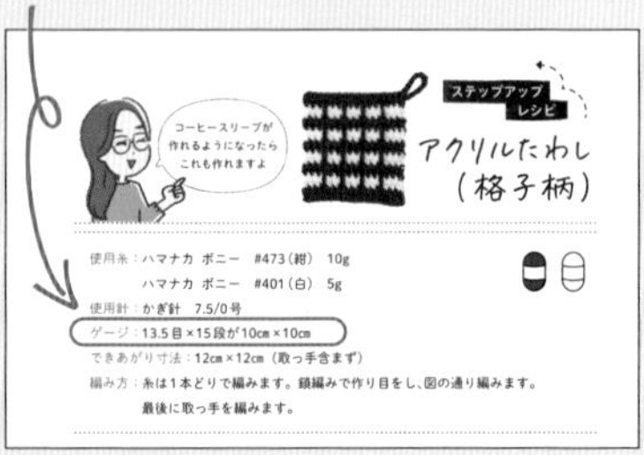
ステップアップ
レシピ
コーヒースリーブが作れるようになったらこれも作れますよ
アクリルたわし（格子柄）
使用糸：ハマナカ ボニー #473（紺） 10g
ハマナカ ボニー #401（白） 5g
使用針：かぎ針 7.5/0号
ゲージ：13.5目×15段が10㎝×10㎝
できあがり寸法：12㎝×12㎝（取っ手含まず）
編み方：糸は1本どりで編みます。鎖編みで作り目をし、図の通り編みます。
最後に取っ手を編みます。

特に大きさにこだわりがない作品なら、編まなくてもいいってことですね
ゲージは作品を編むときには常に近くに置いておき、見て、触って、なるべく均一な力で編めるようにしてくださいね

Lesson. 3

シャギードルマンニットソー アイボリー、ウールローブコート　ともに参考商品（sirone）

棒針で
基本の編み方

「表編み」と「裏編み」。
棒針編みは基本的に、
この2種類だけで作品が作れます。
中でもハンドウォーマーは
表編みだけでできる
初心者さんにうれしい作品です。

▶動画でチェック！
「ハンドウォーマー」
の編み方ダイジェスト

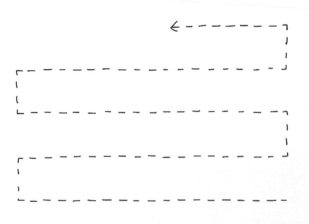

まんが「ハンドウォーマーの編み方」

fumi
…というわけで これが娘が欲しがっている ミトンです わたしには難しいですよね…？
そんなこと ないけど… これ棒針編みですよ〜
あっ これ棒針編み なんですね
どうりで編み目に 見覚えがない
棒針編み… やってみたいって 言ってもいいかなぁ
初心者のくせに…
いや… あなたにはまだ早い！ って言われちゃうかな
チラ
そわ
チラ
そわ
フフ…。
カオリさん 棒針編みに チャレンジして みますか？
や… やってみたい ですーっ!!
OK♪ 頑張り ましょーっ♡
棒針編みデビューに まずこの ハンドウォーマーを 作ってみませんか？ スマホもさわれるし 便利ですよ〜
これなら初心者でも できるんですね!!
やりたい!!

※号数によっては4本セットで販売されています

…ん?
…ってあれ? リリコ?
社外で会うの新鮮ですね～
へへへ
メキメキ上達してるって先生から聞きましたよ～
本当に! 間があかないように家でもいろいろ作っているのがいいと思いますよ!
エヘエヘ
うっっえ～
今度は何を編むんですか?
ハンドウォーマーを! まずは練習がてら自分用に作ってあとでかわいい糸で娘にも作ろうかなって
へえ これ簡単そうなのに糸を変えたら大人っぽくもできそう…
私も編んでみようかな
いいですね! いろいろな糸で編んで比べてみましょう!
では始めましょう!
よろしくお願いしま～す

ハンドウォーマーの編み図
編み始める前に棒針の編み図を見ておきましょう
なんだかとってもシンプルですね…これで作れるんですか？
28段めを編みながら伏せる
→28
→20
→10
←1
ガーターとじ
ガーターとじ
22
20
10
1
矢印は編む方向
もちろん！この図も下から上に向かって編んでいきます
表から見た図であるのはかぎ針と同じです
かぎ針と違うのは**1段めは作り目**ということです
…棒針にも作り目ってあるんですね
まとにかくやってみましょう
手を動かすのが一番!!

棒針編みの作り目の作り方

※わかりやすいように実際の作品とは糸の色をかえて解説しています

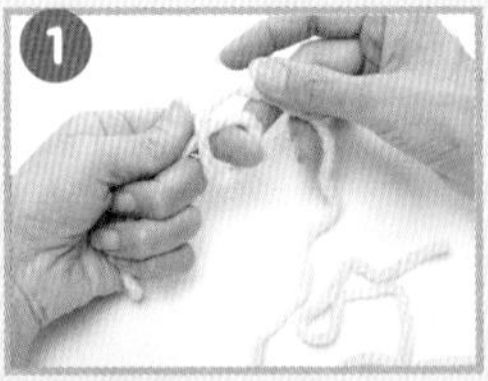
1

糸を編み地の幅の3.5倍引き出して左手の中指の先で輪にします。

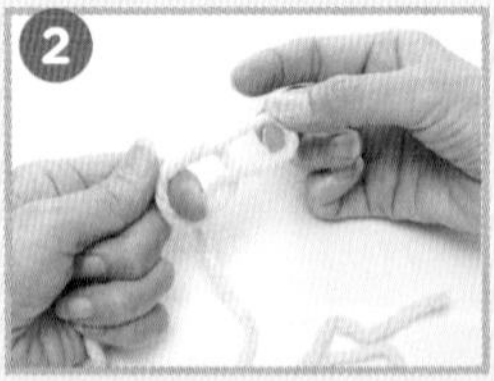
2

輪に糸を通します。

3

引き締めます。

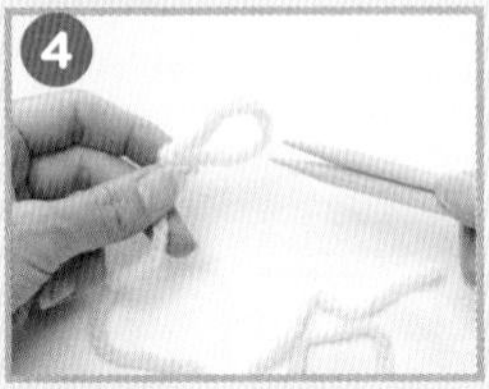
4

針を２本そろえて輪に入れます。

5
1目できた！

糸を引き、輪を引き締めます。これで１目できました。

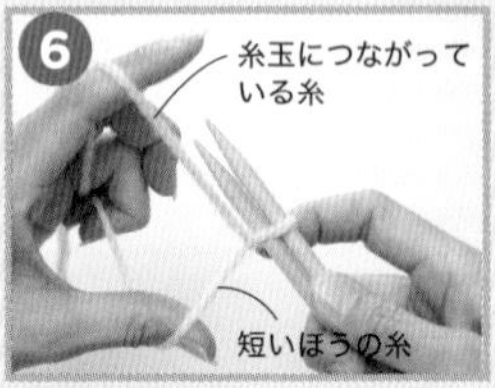
6
糸玉につながっている糸
短いほうの糸

糸は左手の親指と人差し指にかけます。糸端は左手の小指で押さえます。

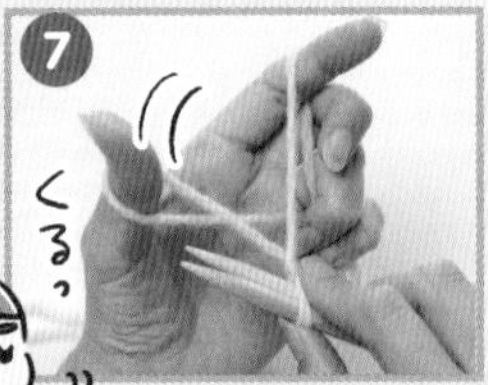
7
くるっ

くるっと

左の手首を上に返します。

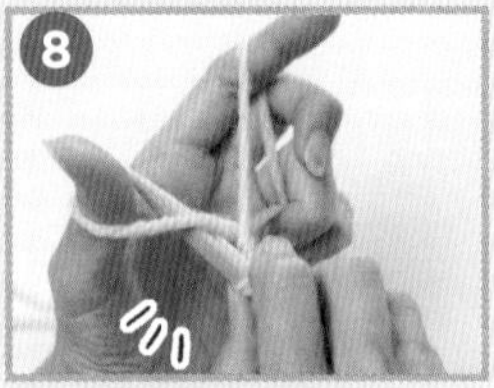
8

針を写真の位置に下から入れます。

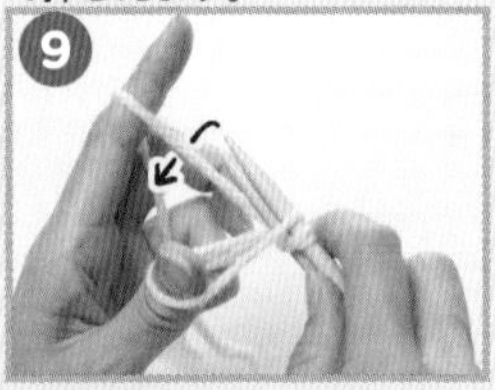
9

そのまま奥の糸にも針をひっかけます。

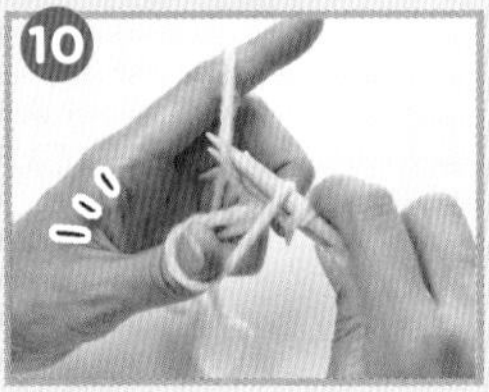
10

針がかかったところ。

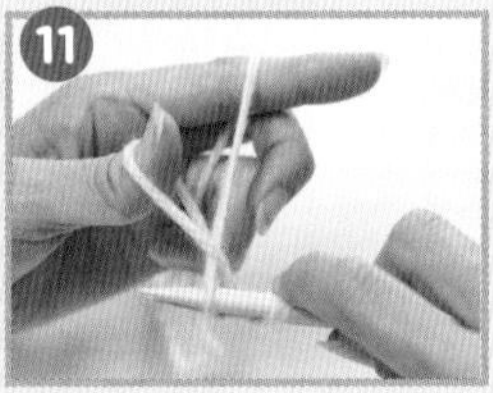
11

親指にかかっている糸の間をくぐります。

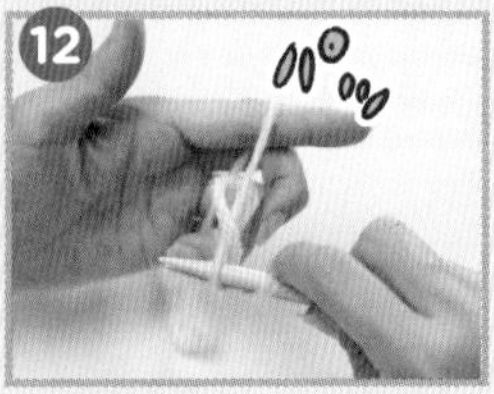
12

親指の糸をいったん外し、輪を引き締めます。

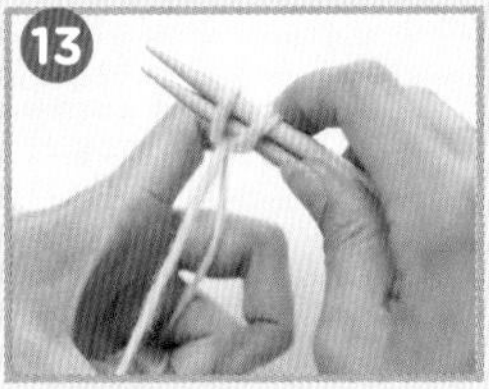
13

作り目が2目できました。同様にして全部で22目作ります。

★P.185も参考にしてください

慣れるまで練習してくださいね

作り目は この**指で作る作り目**が基本
ほかのやり方も あるんだけど その場合は本に 詳しく載ってます
先生…
今回は この作り目ができれば よしとします！
あの…
糸が足りません！
これ以上 目が作れない…
み みみ …
あ～それは ほどくしか ないですね…
編み地の幅の 3・5倍は必要 なんですよ
要注意!!
今回は横幅 20センチなので 70センチ！
私はざっくり 1mくらい とってまーす
70センチ
くそーっ 作り直しだーっ
あみあみ
できました！
←この糸は 切らずに残す
きっちり22目！
3回数えたから 間違いないはず!!
作り目も1段と 数えるのでこれで 1段めが完成です！
28
20
10
1
22 20 10 1
そういう意味 だったんですね！
なんか お得感!!
それでは針を 1本抜いてください
はい
スポッ

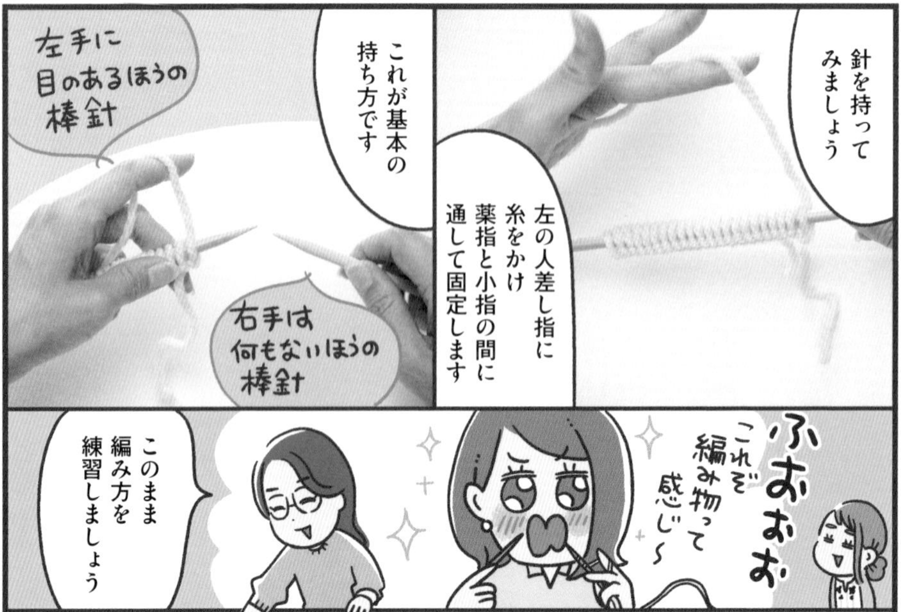

針を持ってみましょう
左の人差し指に糸をかけ薬指と小指の間に通して固定します
これが基本の持ち方です
左手に目のあるほうの棒針
右手は何もないほうの棒針
ふおおお
これぞ編み物って感じ〜
このまま編み方を練習しましょう

表編み

★P.186も参考にしてください

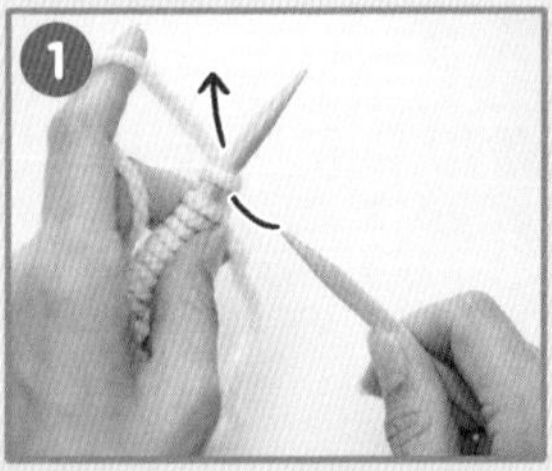

矢印のように右の針を左の右端にあるループに入れます。

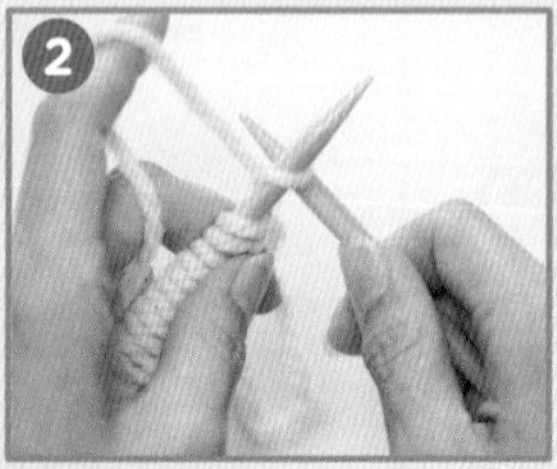

針を入れたところ。

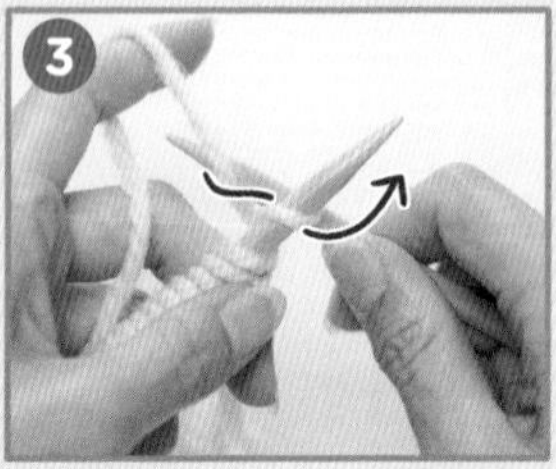

左手の人差し指にかけた糸を針にかけ、輪に通して引き抜きます。

これを**表編み**といいます
「表目を編む」という言い方もします

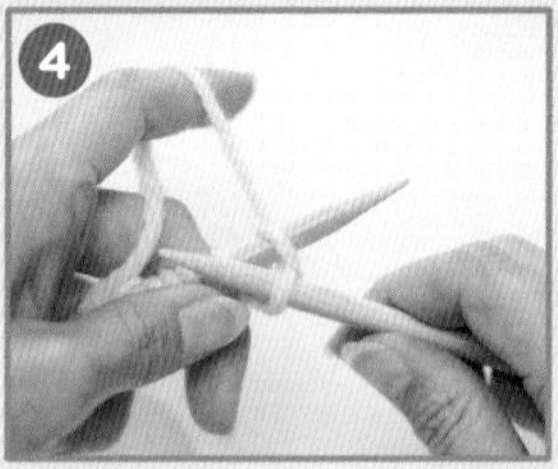

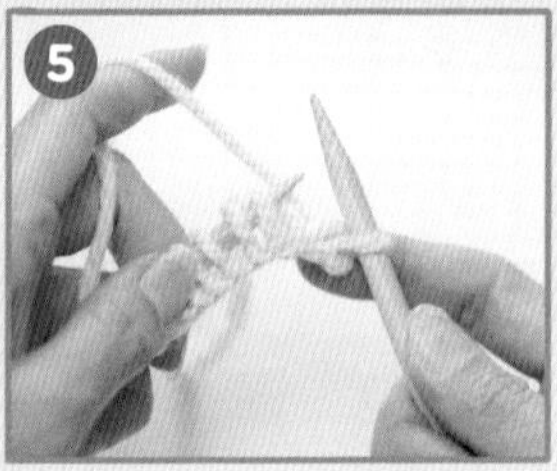

左の針からループをひとつ外します。

表編み1目ができた!

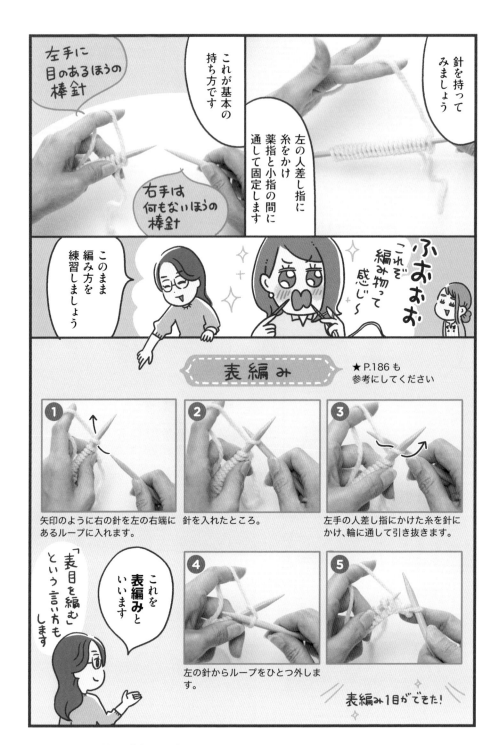

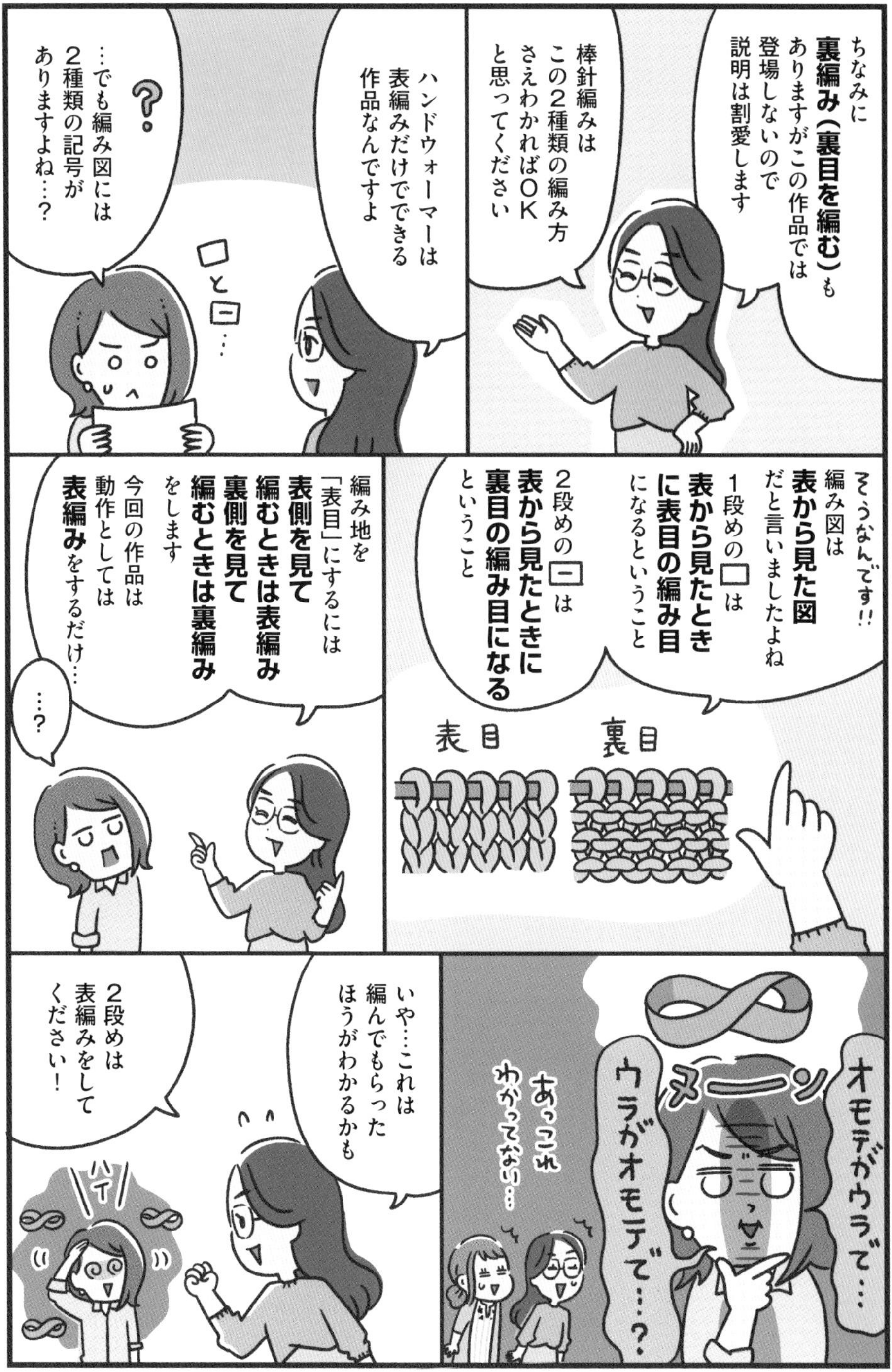
ちなみに裏編み（裏目を編む）もありますがこの作品では登場しないので説明は割愛します
棒針編みはこの2種類の編み方さえわかればOKと思ってください
ハンドウォーマーは表編みだけでできる作品なんですよ
□と□…
？
…でも編み図には2種類の記号がありますよね…？
そうなんです!!編み図は表から見た図だと言いましたよね
1段めの□は表から見たときに表目の編み目になるということ
2段めの□は表から見たときに裏目の編み目になるということ
表目
裏目
編み地を「表目」にするには表側を見て編むときは表編み裏側を見て編むときは裏編みをします
今回の作品は動作としては表編みをするだけ…
…？
オモテがウラで…
ウラがオモテで…？
ヌーーン
あっこれわかってない…
いや…これは編んでもらったほうがわかるかも
2段めは表編みをしてください！
ハイ

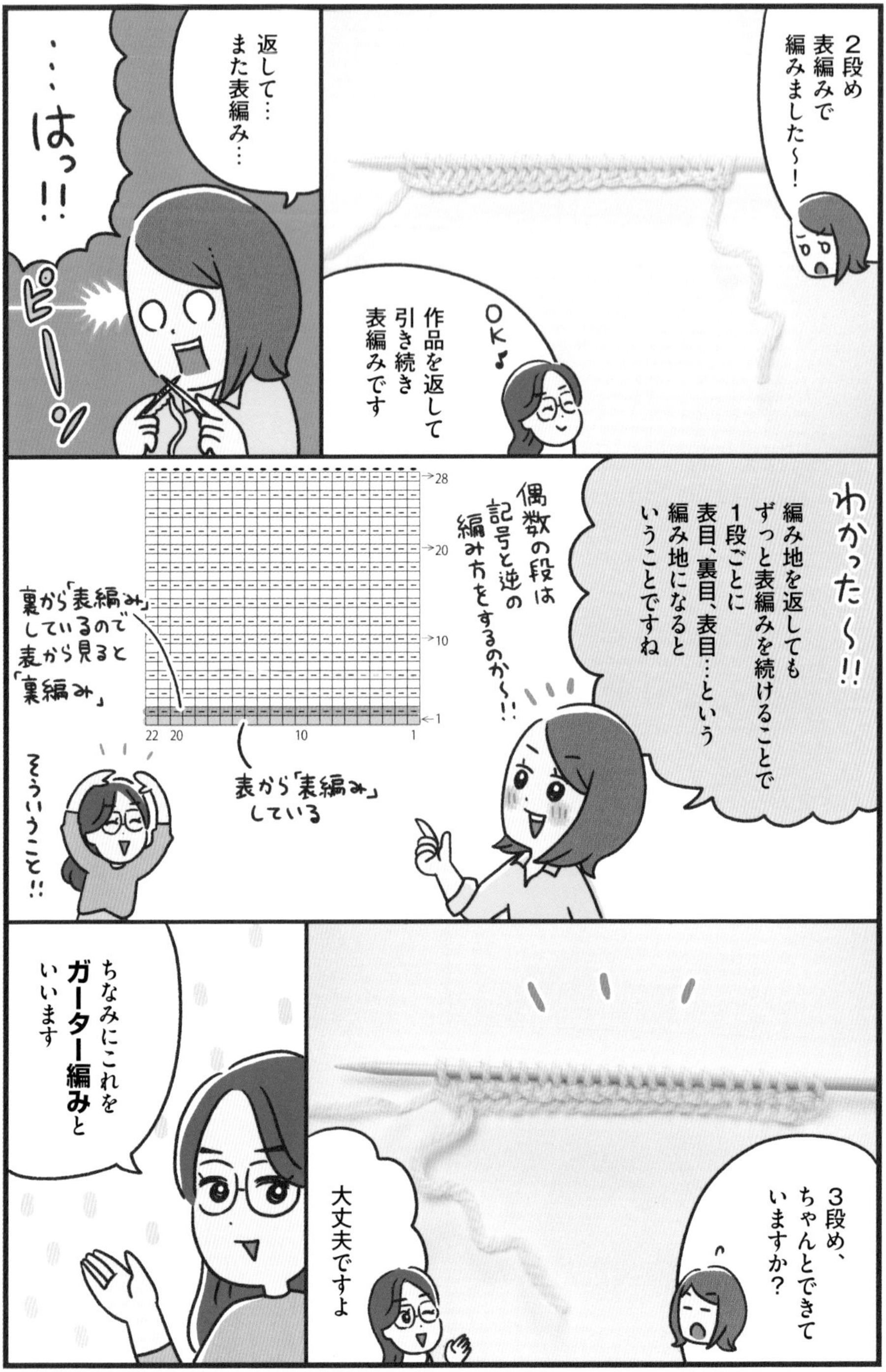

2段め表編みで編みました～！
OK♪
作品を返して引き続き表編みです
返して…また表編み…
…はっ!!
ピーン
わかった～!!
編み地を返してもずっと表編みを続けることで1段ごとに表目、裏目、表目…という編み地になるということですね
偶数の段は記号と逆の編み方をするのか～!!
28
20
10
1
22 20 10 1
裏から「表編み」しているので表から見ると「裏編み」
表から「表編み」している
そういうこと!!
3段め、ちゃんとできていますか？
大丈夫ですよ
ちなみにこれを**ガーター編み**といいます

もく
もく
間
はっ
夢中で編んでたら結構進んでた!
ビローン
すごい集中力!
…とかいいつつリリコはもう2枚め!!
スゴイ!!
一応経験者なんで…
へへへ
いいですね～
こうやって集中できることも編み物の魅力です
ですね～
あの…私はいったい何段めまで編めたのでしょうか
ガーター編みの段数の数え方はこの通り
1
2
3
4
5
6
7
あら!
もう27段まで編めていますね!
次で最終段です
もう
そんなに!?
続いて最終段の編み方です
編み図には「28段めを編みながら伏せる」とありますね
やってみましょう

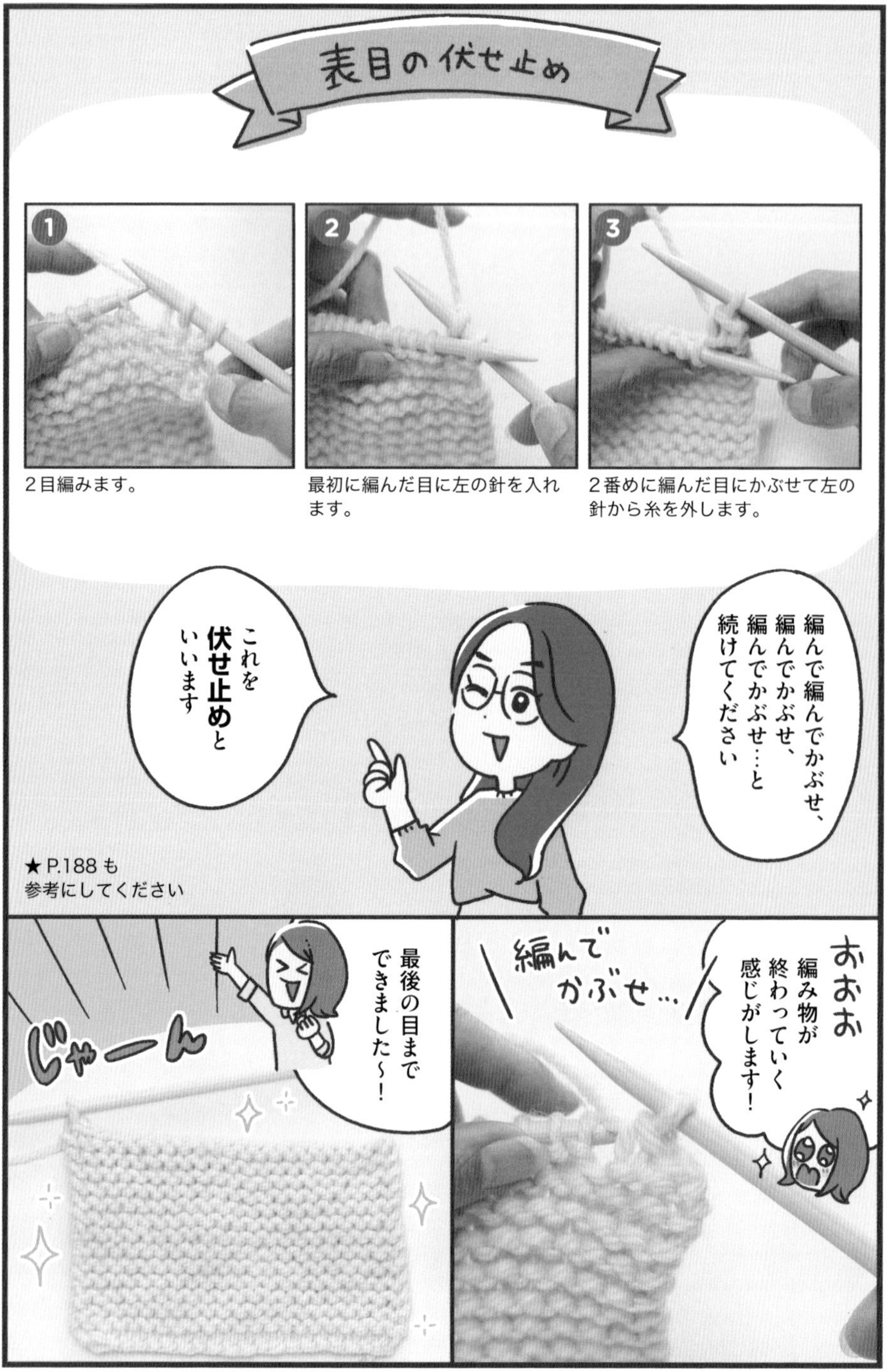
表目の伏せ止め
1
2目編みます。
2
最初に編んだ目に左の針を入れます。
3
2番めに編んだ目にかぶせて左の針から糸を外します。
編んで編んでかぶせ、編んでかぶせ、編んでかぶせ…と続けてください
これを**伏せ止め**といいます
★P.188も参考にしてください
編んでかぶせ…
おおお
編み物が終わっていく感じがします！
最後の目までできました～！
じゃーん

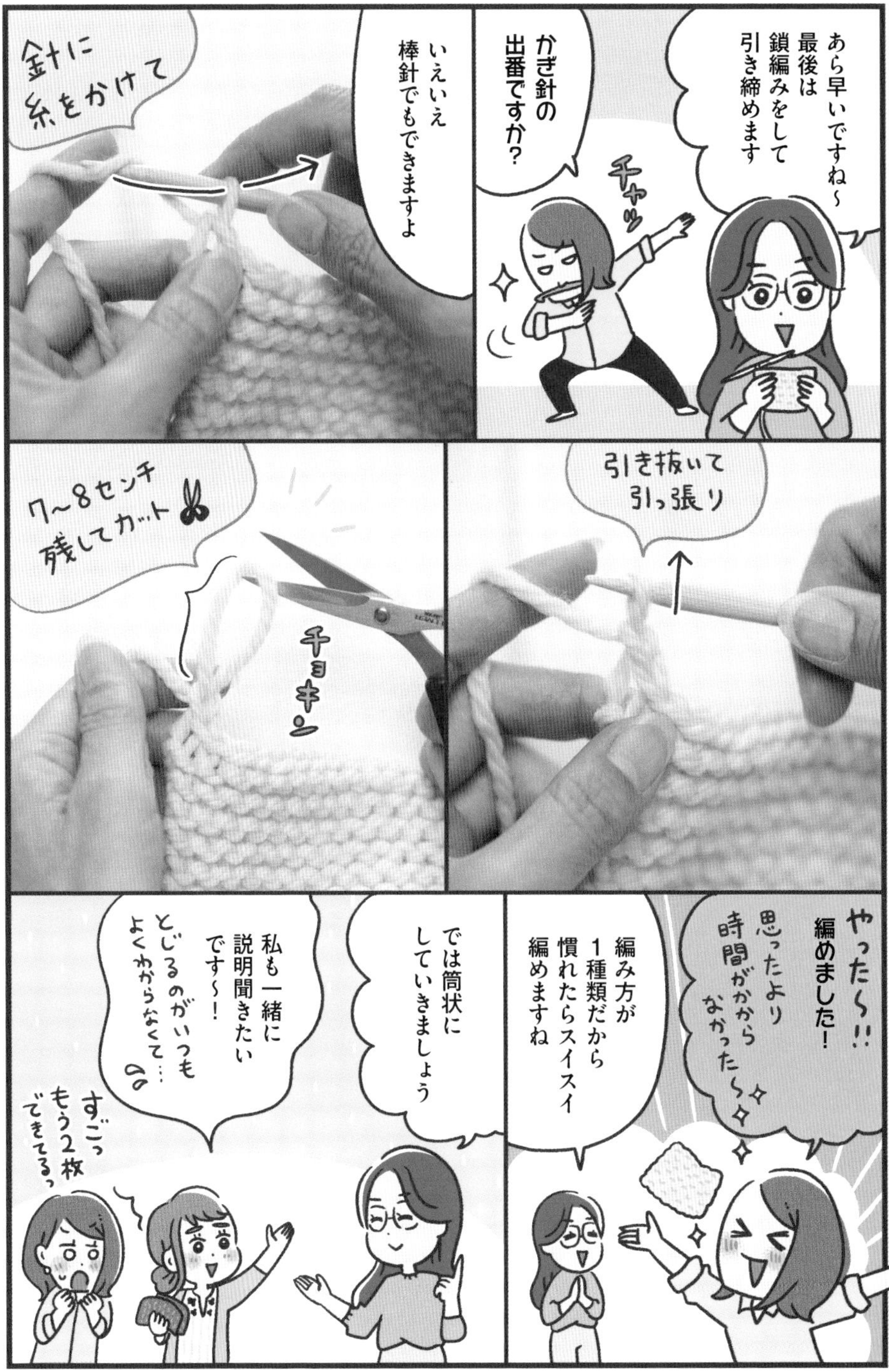
あら早いですね～
最後は鎖編みをして引き締めます
かぎ針の出番ですか?
チャッ
いえいえ 棒針でもできますよ
針に糸をかけて
引き抜いて引っ張り
7～8センチ残してカット
チョキッ
やった～!! 編めました!
思ったより時間がかからなかった～
編み方が1種類だから慣れたらスイスイ編めますね
では筒状にしていきましょう
私も一緒に説明聞きたいです～! とじるのがいつもよくわからなくて…
すごっ もう2枚できてるっ

ガーターとじ

＼裏地を見て作業します／

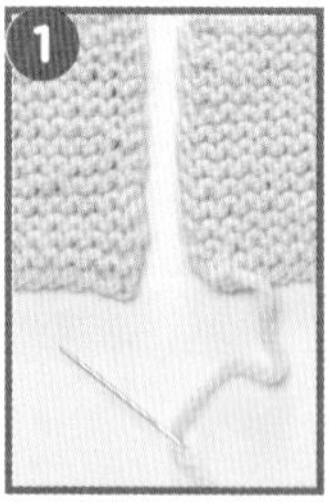

とじ針に編み始めに残した糸を通します。

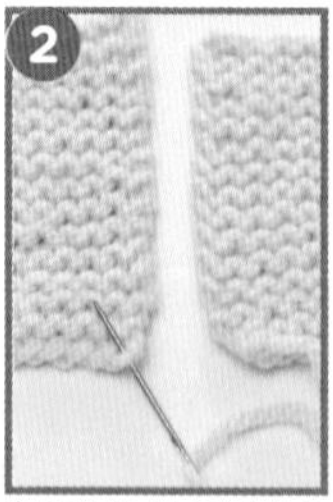

左の編み地の写真の位置に針を入れます。

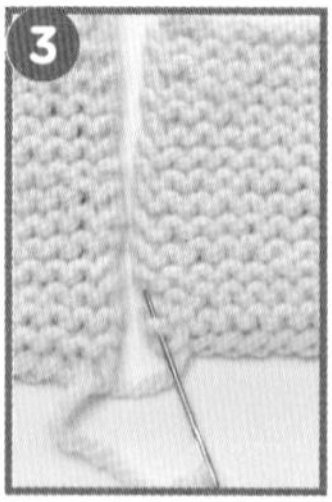

続いて右の編み地の2段めに針を入れていきます。

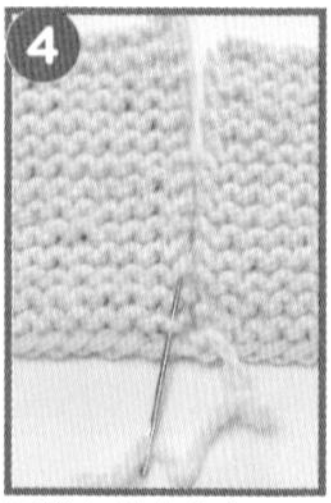

同様に針を入れていきます。

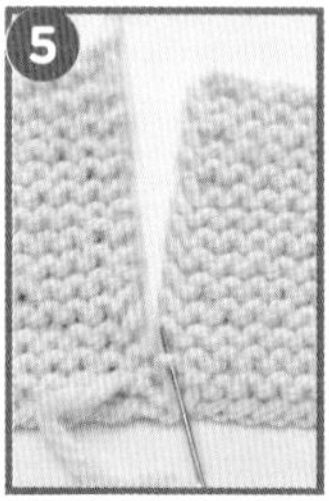

同様に針を入れていきます。

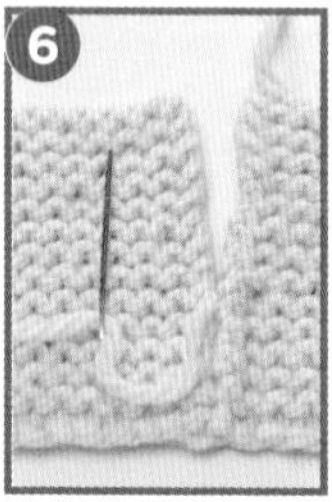

10段めまでとじたら、いったん糸始末をします。

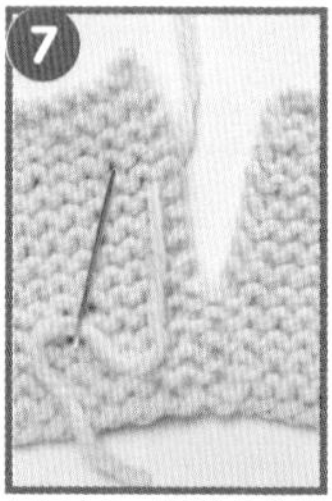

針に12cmほどの糸を通して編み地に通します。

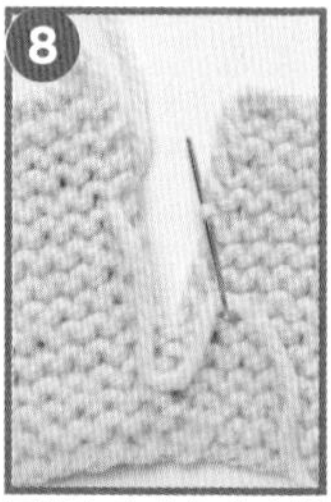

同様に左右に糸を通してとじていきます。

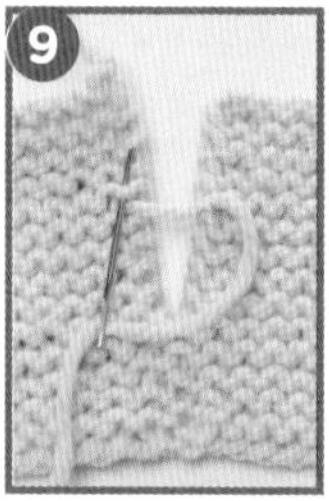

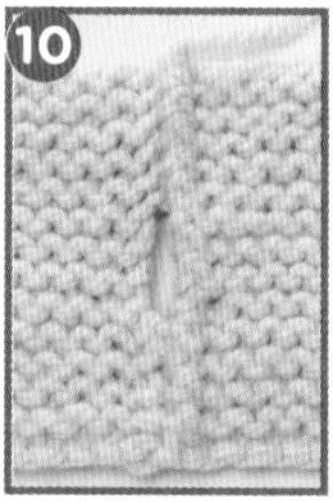

糸始末をします。

／できました！／

※見やすいよう、筒状ではなく平面の編み地で説明しています。

親指を通す部分をあけて上下2カ所をとじています

編み図に**ガーターとじ**と書いてあるところですね

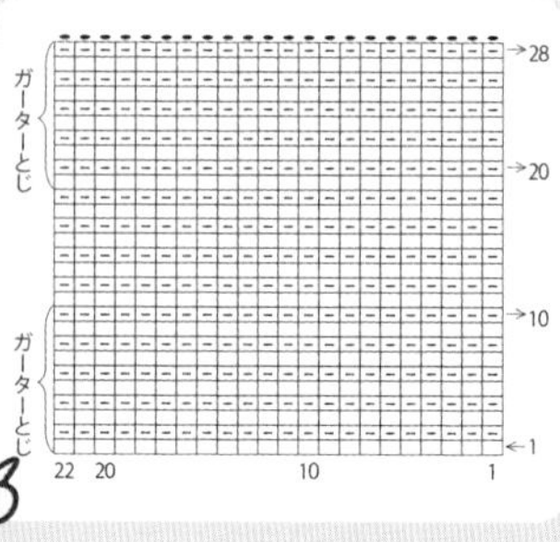
ガーターとじ
ガーターとじ
28
20
10
1
22
20
10
1

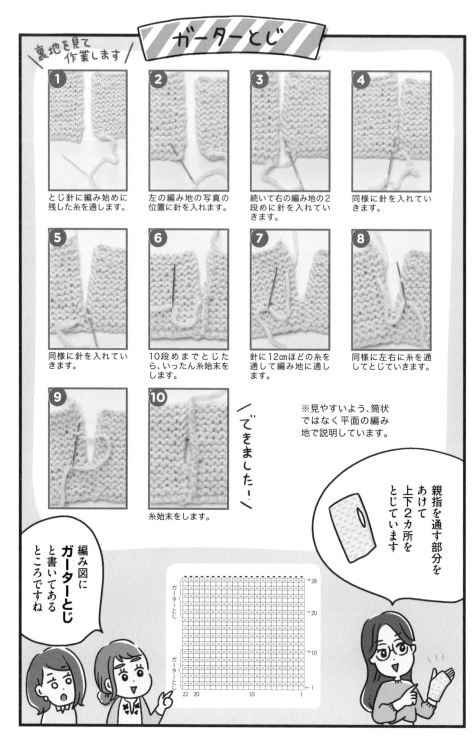

完成〜!!
うれしい〜
でももうひとつ作らないと
あと娘の分も!
娘の分は本人に糸を選んでもらおっと
子どもサイズのレシピも渡しておきますね
細めのふわふわの糸で作ったらかわいいと思います
ありがとうございます〜
私も完成しました!
コートの袖からチラッと見えるのがおしゃれですよね
それにスマホにさわれるのが便利〜
さっそくインスタにアップしよ
早く寒くならないかなぁ
カラ〜ン
こんにちは〜
カシャシャシャシャシャ
連写する意味ある…!!
こんにちはナカムラさん!!
これかわいくないですか?
ええそうですね

実は私も…
キラ
先日先生から
レシピを
いただいて
作りましたよ
おーっ
さすが〜!!
オシャレ〜!!
糸が違うと
こんなに印象が
変わるんだーっ
はっ
また
こんな時間!!
お迎えの
時間なので
帰ります!
ありがとう
ございました!!
カオリさん
また会社
でーっ
チャッ
できあがったら
アイロンを
忘れずにね
ナカムラさんと
カオリさん
面識あったんですね〜
今日で
2回目です
なれなれし…
グフフン!
親しみやすい方ですね
今
なれなれしいって
言いかけたな…
さっ今日は
これを
進めよう

大人サイズ
です

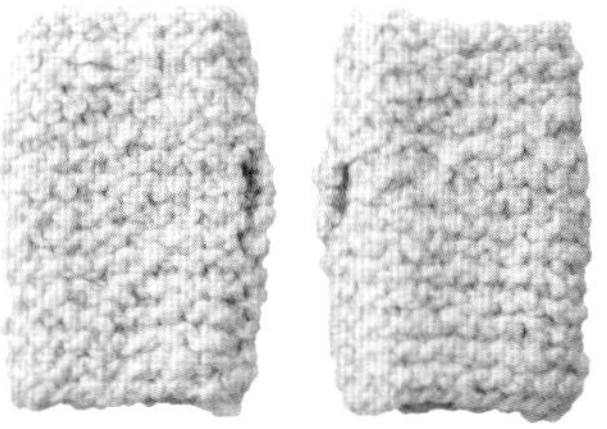

＼ おさらい ／

基本のレシピ

ハンドウォーマー

使用糸：AVRIL チャイナツイスト　#12（ピンクベージュ）　60g

使用針：2本棒針　8㎜

ゲージ：ガーター編み　10.5目×18段が10㎝×10㎝

できあがり寸法：手のひら回り21㎝×長さ15㎝

編み方：糸は1本どりで編みます。
指で作る作り目をし、ガーター編みします。
親指の穴を除いてガーターとじします。

製図

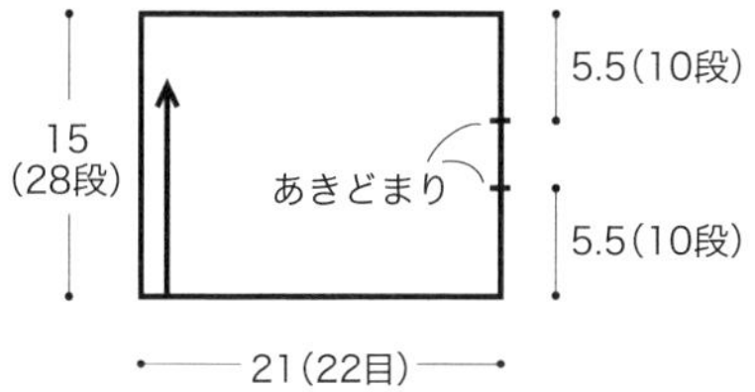
ガーター編み
8㎜
15
(28段)
あきどまり
5.5(10段)
5.5(10段)
21(22目)

外表に合わせて
ガーターとじする

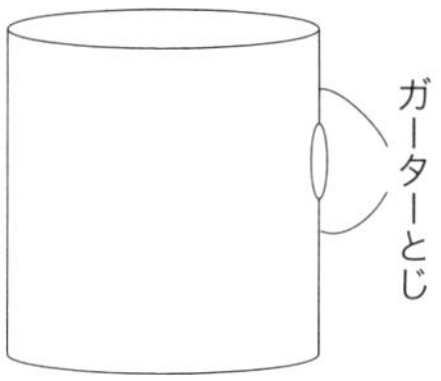
ガーターとじ

編み図

28段めを編みながら伏せる

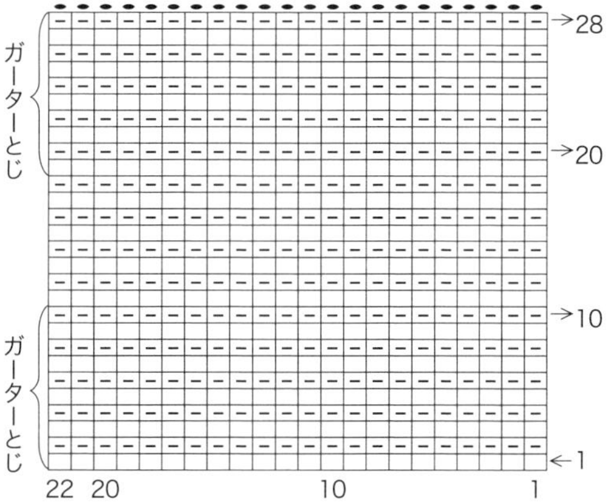
ガーターとじ
ガーターとじ
→28
→20
→10
←1
22
20
10
1

□ = 〔|〕 = 表目
〔—〕 = 裏目

表編みの記号は〔|〕ですが□と略すことが多いです

外表《そとおもて》とは編み地の
裏側と裏側を
合わせることです

うさぎさん
じゃないけど…
やった〜！

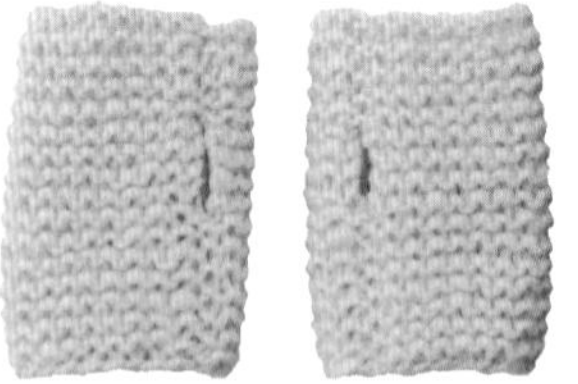

おまけレシピ

ハンドウォーマー（子どもサイズ）

使用糸：AVRIL ウールリリヤーン #174（フラミンゴ） 14g

使用針：2本棒針 12号

ゲージ：ガーター編み 16目×29段が10cm×10cm

できあがり寸法：手のひら回り15cm×長さ11cm

作り方：大人サイズと同様。

製図

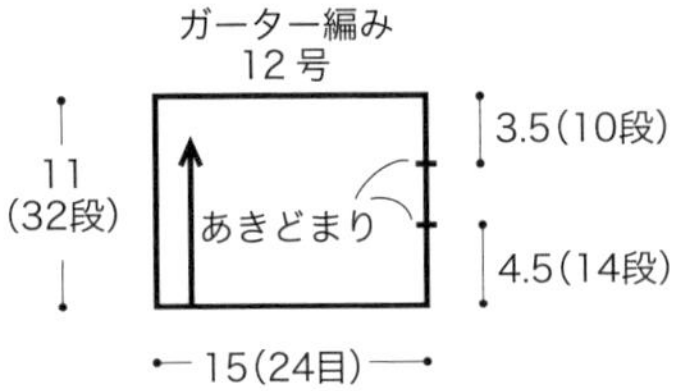
ガーター編み
12号
11
(32段)
あきどまり
3.5(10段)
4.5(14段)
15(24目)

子どもサイズは
細い糸で作っているため
大人サイズに比べて
目数や段数が
多くなっています

外表に合わせて
ガーターとじする

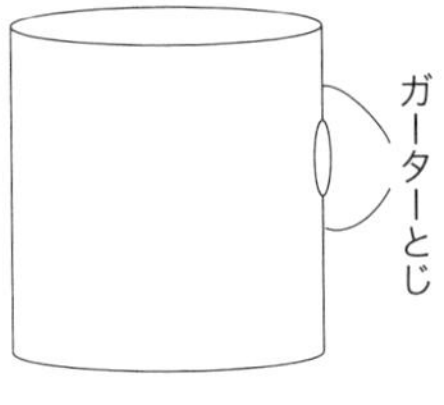
ガーターとじ

□ = | = 表目

— = 裏目

編み図

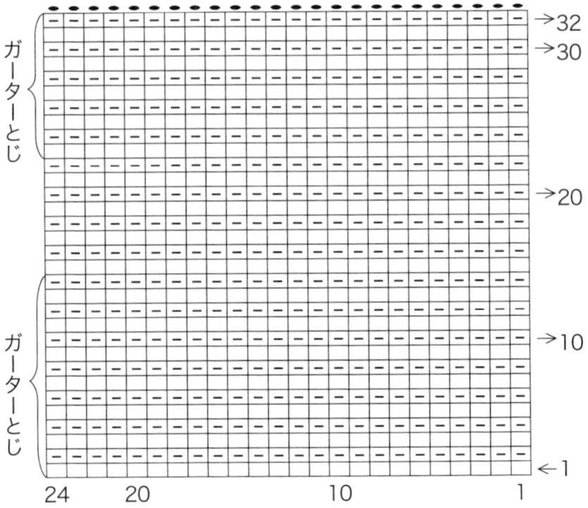
32段めを編みながら伏せる
ガーターとじ
ガーターとじ
→32
→30
→20
→10
←1
24
20
10
1

あみあみ

「かのこ編み」は
表目と裏目が
互い違いになるよう編みます。
ポコポコとした
編み目が特徴です

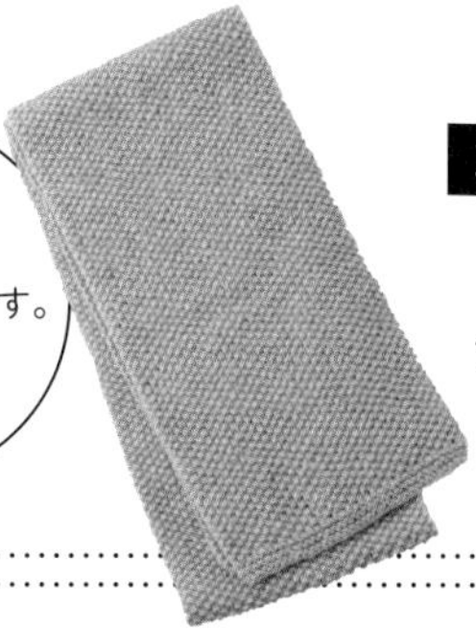

ステップアップ
レシピ

かのこ編みマフラー

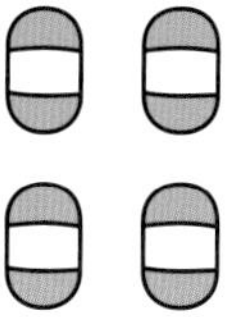

使用糸：DARUMA 空気をまぜて糸にしたウールアルパカ
#5（ブルーグレー） 97g

使用針：2 本棒針 6号

ゲージ：かのこ編み 22目×34段が10cm×10cm
できあがり寸法：幅17cm×長さ150cm

編み方：糸は1本どりで編みます。
指で作る作り目をし、ガーター編みを6段編みます。
1目1段のかのこ編みを500段編みます。ガーター編みを6段編みます。
512段めを表編みしながら伏せ止めします。

ポイント かのこ編み

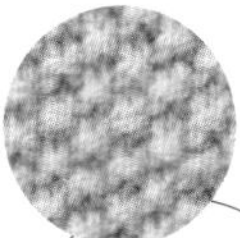

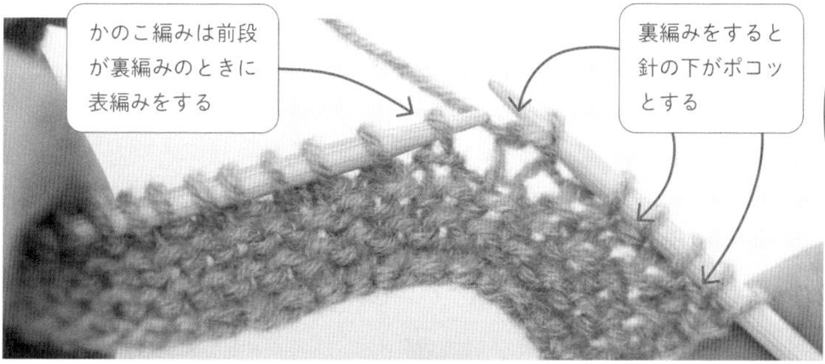

かのこ編みは前段が裏編みのときに表編みをする
裏編みをすると針の下がポコッとする

かのこ編みも
ガーター編みも
表裏ともに
編み地は同じ
見た目です

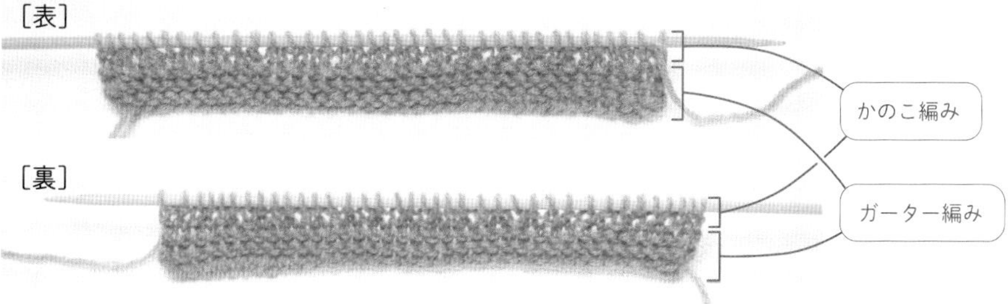

［表］
［裏］
かのこ編み
ガーター編み

編み図

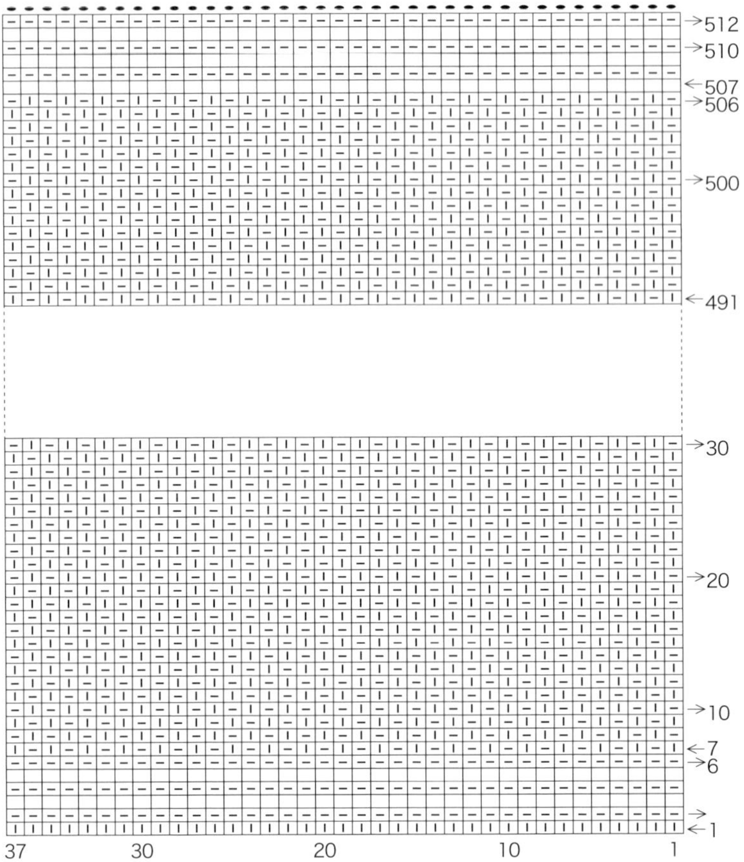
512
510
507
506
500
491
30
20
10
7
6
1
37
30
20
10
1

□ = | = 表目

— = 裏目

製図

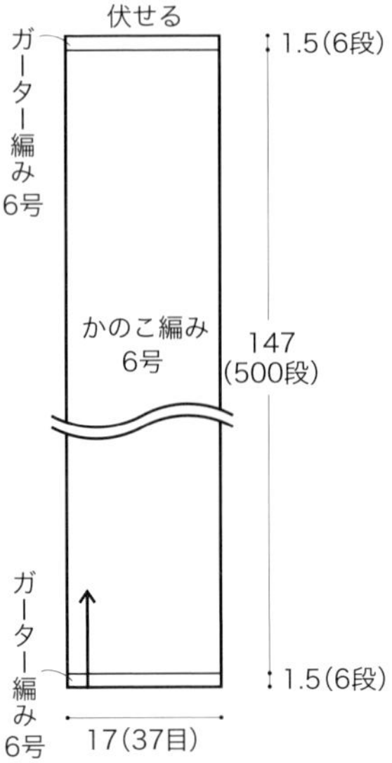
伏せる
ガーター編み 6号
1.5(6段)
かのこ編み 6号
147 (500段)
ガーター編み 6号
1.5(6段)
17(37目)

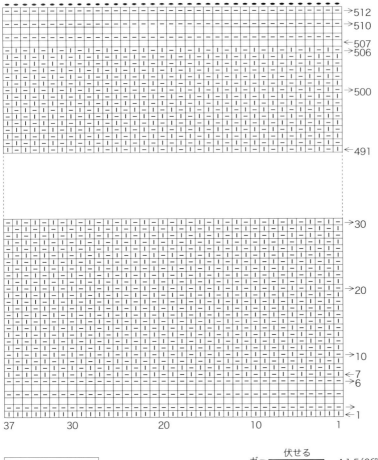

もっと知りたいQ&A

Q 「目」と「段」の数え方を教えて！

A 下図を見てください。棒針編みでは作り目を1段めとして数えること、かぎ針編みでは長編みの立ち上がりの鎖編みを1目としてカウントする（細編みの立ち上がりはカウントしない）ことに注意してください

<棒針編み>

メリヤス編み

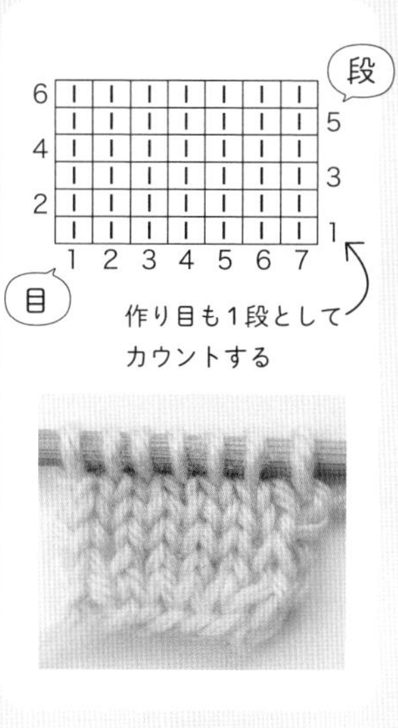

<かぎ針編み>

長編み

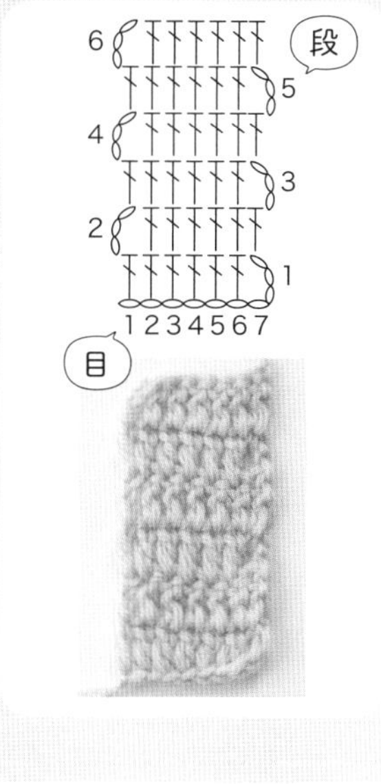

細編み

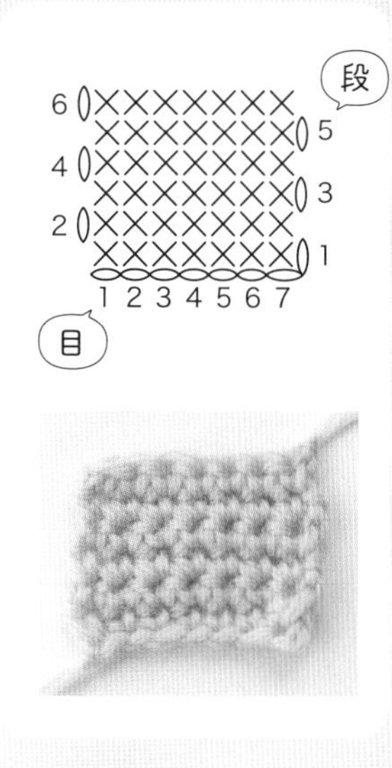

Q 中断してから再開するとき、編む方向がわからなくなります

A 棒針なら糸玉につながる針を右手に持ちます

段の途中で中断したときの話ですね。かぎ針編みは編んだ後に段差ができるので間違えにくいですが、棒針編みは段差が少ないのでわかりにくいですよね。特に棒針編みは段の途中で中断することはなるべく避け、1段編みきってから中断しましょう。やむをえず中断してしまったときは、糸玉につながっているほうの針を右手に持ってください。

＜棒針編み＞

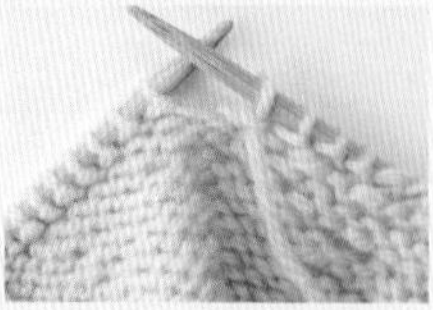

糸が出ているほうの針を右手に持って編む。

＜かぎ針編み＞

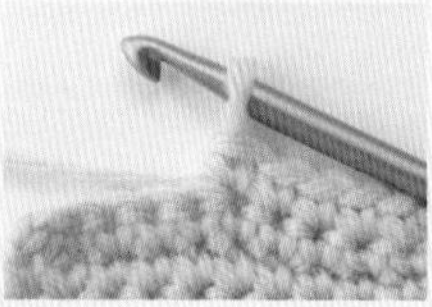

段の低いほうへ編み進んでいく。

Q 今、表側を編んでいるのか裏側を編んでいるのかわからなくなりました

A 編み地の左下に編み始めの糸があるほうが表

棒針編みもかぎ針編みも、編んでいるときに左下に編み始めの糸があれば表側。右下にあるときは裏側となります。ただし、棒針編みでは、「指で作る作り目」の場合に限ります（この本で紹介している作品はすべて「指で作る作り目」です）。わかりやすいように、段数リングを表側につけておいてもよいですね。

［表］

［裏］

棒針編みの編み方まとめ

この本で紹介している
棒針編みの
編み方の一覧です。
すべて、表目と裏目、
2種の編み方の
組み合わせでできます。

※写真の編み地と編み図の
目数・段数は異なります。

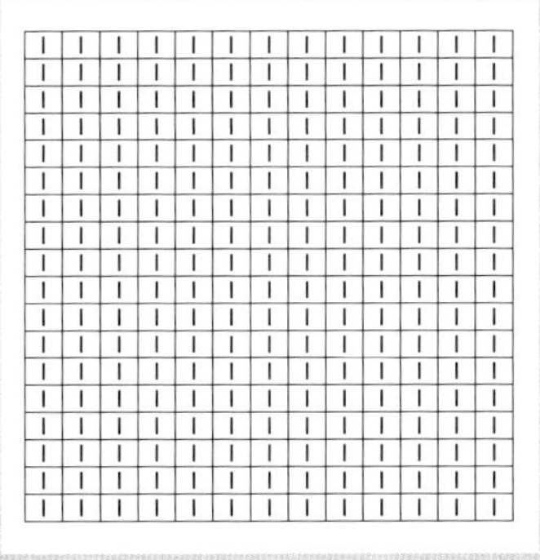

メリヤス編み

表側は表目、
裏側は裏目を編む方法です。

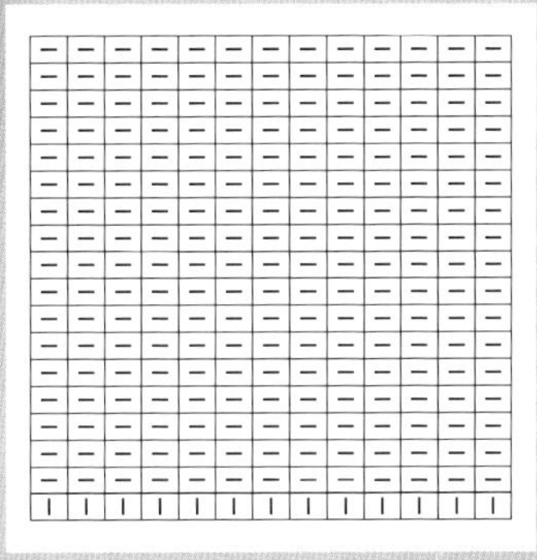

裏メリヤス編み

表側は裏目、
裏側は表目を編む方法です。

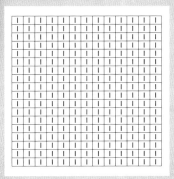

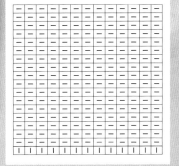

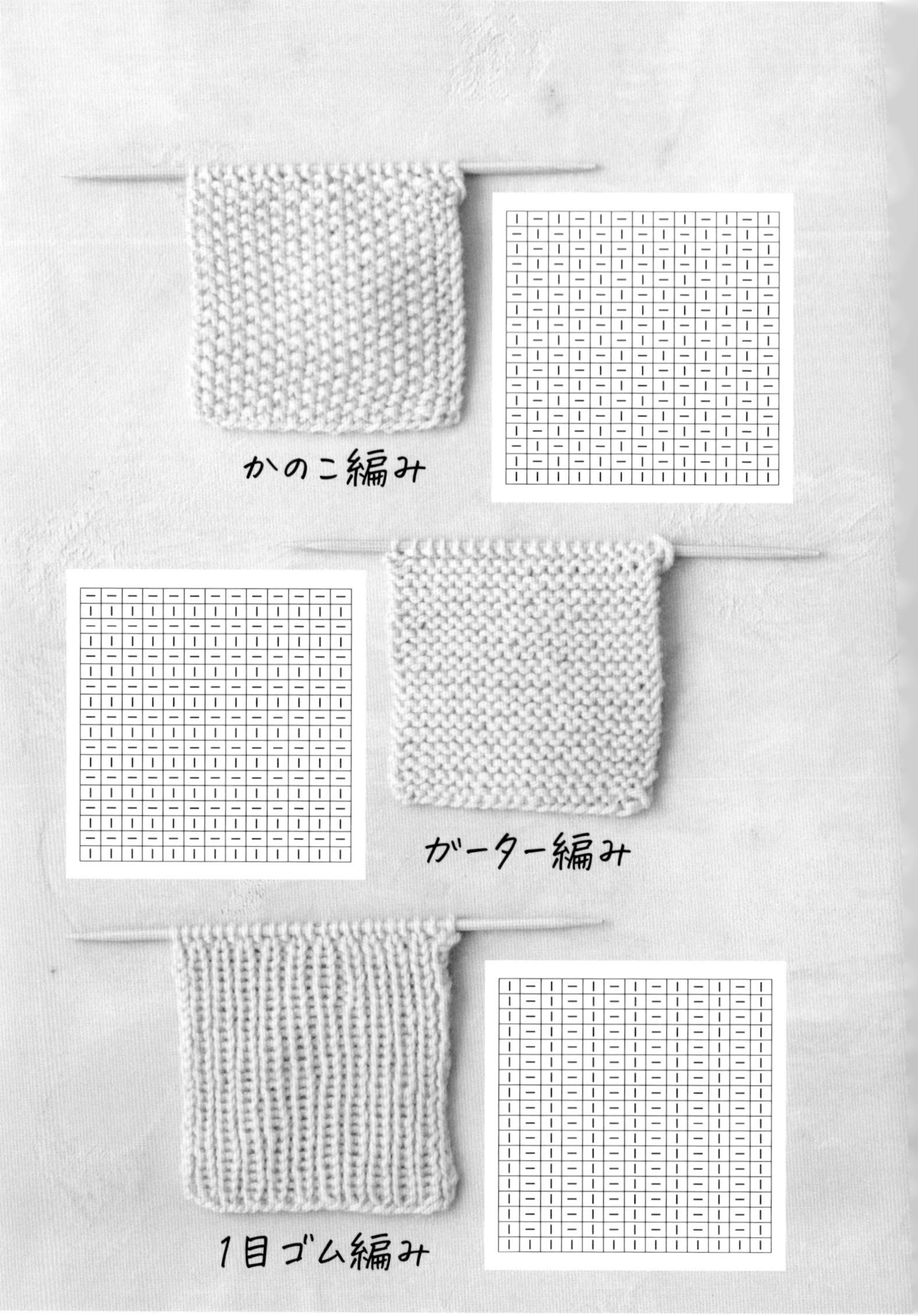
かのこ編み
ガーター編み
1目ゴム編み

Lesson. 4

ティアードショルダーバックボタンフレアシャツ、サスペンダー付きマキシタックスカート ともに参考商品（sirone）
革のひも靴こげ茶￥17000（関口善大靴工房）

棒針で交差編み

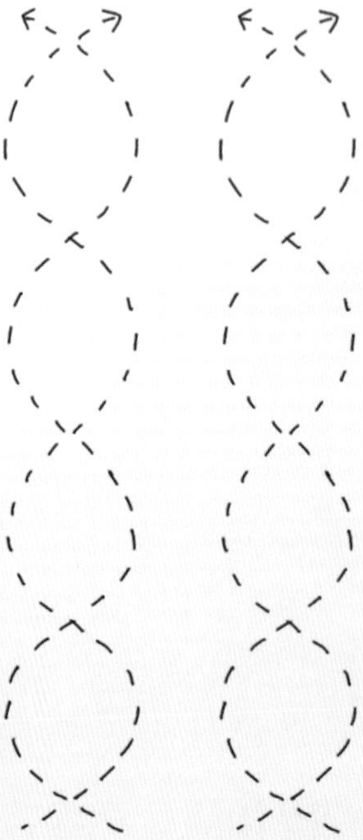

一見難しそうに見える交差編み。
でもこれも表編みと裏編み、
二つの編み方の組み合わせで
できてしまいます！
ぜひチャレンジしてみてください。

▶ 動画でチェック！
「フード付きマフラー」
の編み方ダイジェスト

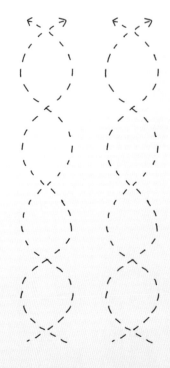

ショッピングモール
new arrival
ガヤ
ガヤ
わっこれ
かわいい!!
いいじゃん
似合いそうだよ
へへへ
もうすぐ
ボーナスだし
買っちゃおうかな
くるっ
……
¥24600-
・・・
そっと戻す
…これ
カオリちゃんなら
もう作れるん
じゃない?
ふーちゃんにも
かわいい
ハンドウォーマー
作ってあげたじゃない
ねぇ!
ねーっ
材料そろえて
おいでーっ
□△書店
スイーツ
食べてるね~!
レベルが全く違うと
思うけどな~
う~~ん
手作り
冬小物
CASHIER
お預り
しまーす
まぁ一応ね…
秋の新刊
新刊フェア
こっちも一応ね…
一応…
手芸のUZAYAWA
ソワ
ソワ
Book

申し訳ございません
この糸は今ちょうど切らしていて
代わりにこちらはどうでしょう!
オーストラリアの羊毛です
太さが同じで天然素材100%なのでこちらのほうが着け心地はいいと思いますよ
天然素材いいですね…
って1玉600円!
これ8玉必要ですよね
いいお値段…!!
手作り冬小物
あとこのレシピならなわ編み針と
10号の棒針も必要ですね…お持ちですか?
えっ持ってないです…
手作り冬小物
ん〜〜…
ええい!
もう全部まとめて買っちゃいます!
ドサッ
ありがとうございま〜す
チーン
¥6,000-
ありがとうございました〜
1000
1000
1000
あれを買うより安い
あれを買うより安い…
ブツブツ
手芸の UZA YAWA

…というわけで6千円!!
ドドーン
絶対に仕上げます!!
おーっ
さすがにいい糸ですね 手芸店で相談しながら購入したのはいい判断です
先生から最初に教えていただいたことですから!
なわ編み針までばっちりそろえていますよ!!
そんなことまで覚えていてくれて…うれしい
ホロリ…
なわ編み針はまだまだ使いませんけど…
えっそうなんですか
よし! 年始の義実家(雪国)訪問までには完成させたいので
急ぎでご指導お願いしまーす!!
!?
…あと1カ月ちょっとですね…
ゴクリ…
…む、むぼうでしょうか
えーと…まぁとにかくやってみましょう!!
は〜い!

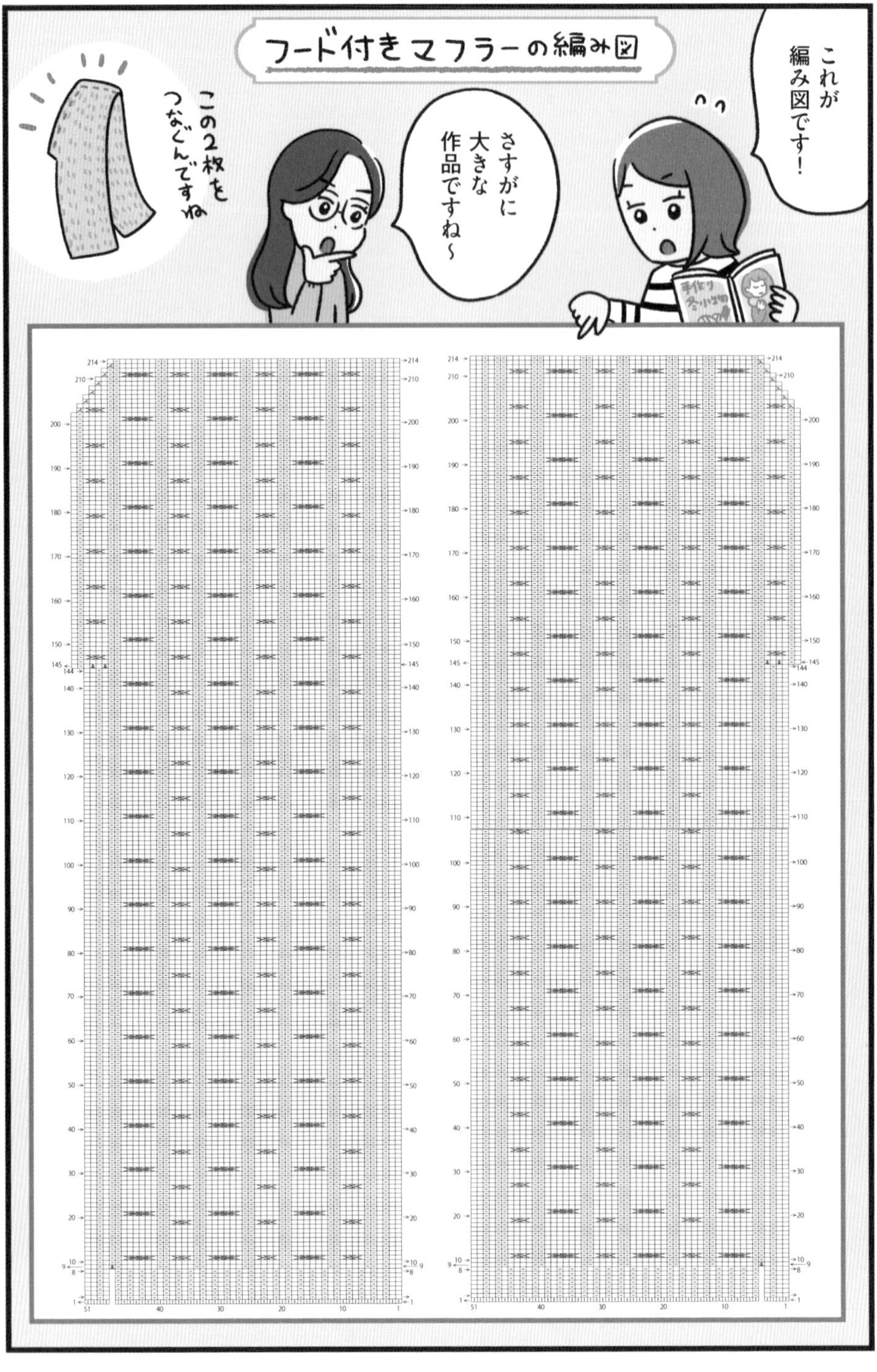
フード付きマフラーの編み図
これが編み図です！
さすがに大きな作品ですね～
この2枚をつなぐんですね

では左の編み地から編んでいきましょうか
編み始めはハンドウォーマーと同じですよ
さあ最初に何をしますか？
えーと…
作り目を作ります！
そう！51目作ってください
できました！
覚えてたー!!
そしたら針を1本抜いて次は2段めです
編み図の矢印の方向に編んでいきますよ
20
10
9
8
1
51
40
30
20
10
1
編む方向
1段め(＝作り目)を編んだところ

えーっと
2段めは裏を見て
編んでいくけど…
表から見て
表目→表目→
裏目→表目…に
見えるように
編んでいくんですね
ただし
偶数段だから
編み方としては
裏、裏、表、裏か…
そうです！
わかって
きましたか？
たしかに
説明するのは
難しいですけど…
体で理解できた
気がします
裏目を編む方法は
ハンドウォーマーでは
教えていません
でしたね
裏編み
★P.186も
参考にして
ください
1
左手の人差し指に糸をかけたまま、編み地をやや手前に倒します。右の針は左のループに手前から針を入れ、糸をかけます。
2
矢印のように引き抜きます。
左手の人差し指は
表目のときは針の後ろ
裏目のときは針の手前
ですね
はい
適度に力を抜いて
糸を張りすぎないよう
やわらかく
編んでいってくださいね
裏目→裏目→表目
の順で編みました
こういうこと
でしょうか
裏目
裏目
表目
そうです！
今は編み地を
裏側から
見ていると
覚えておいて
くださいね

2段めが終わりました！
裏
ちなみに表から見ると…
表
……
このように表目と裏目を交互に編む方法を**ゴム編み**といいます
今回は1目ずつ交互に編む**1目ゴム編み**ですが2目ずつ編む**2目ゴム編み**などもあります
編み地がゴムのように収縮するのでセーターの裾や袖口などに編まれることが多いです
う〜んゴム感ないなあ…
編んでいくうちにわかってきますよ！
さぁ続けましょう

5段めくらいまで編んだところ
あ！なんとなくわかってきました！
表目が凸 裏目が凹になっていますね
横から見ると…
ビョーン
それに編み地を広げるとなんとなく伸縮するのを感じます！
でしょ！
8段めまで編めました
フー
表
裏
20 10 9 8 1
51 40 30 20 10 1
きれいなゴム編み♪目数が多いので大変でしたよね
今日はここで終わりましょう
えっ
この調子では間に合わないのでは!?
せっせめてここのやり方だけ教えてもらえませんか!?
そしたら家でできますし…
…カオリさん…ご家庭は大丈夫ですか？
ギクッ

え〜と
大丈夫かと
言われると…
年末進行が…
ドタ
バタ
大丈夫ではない…
かな…
やっぱり…
こうしましょう！
カオリさんが
買った棒針は
4本針でしたので
あと2本は
あいていますよね
家で8段めまでを
もうひとつ
作ってくるのは
どうでしょう
そ、それだーっ!!
あとは家でやります!!
もうーっ!!
ワハハ
何言ってんの〜!!
RADIO
もくもくもく…
ってやかましいわーっ
アハハハ
深夜ラジオ
た…
たのしい
表目と裏目しかないから
ラジオ聴きながらでも
できちゃう！
深夜の編み物
はかどる〜〜〜！
うおぉ
ニッティング
ハイ!!
カオリちゃん
夜更かしも
ほどほどにね…

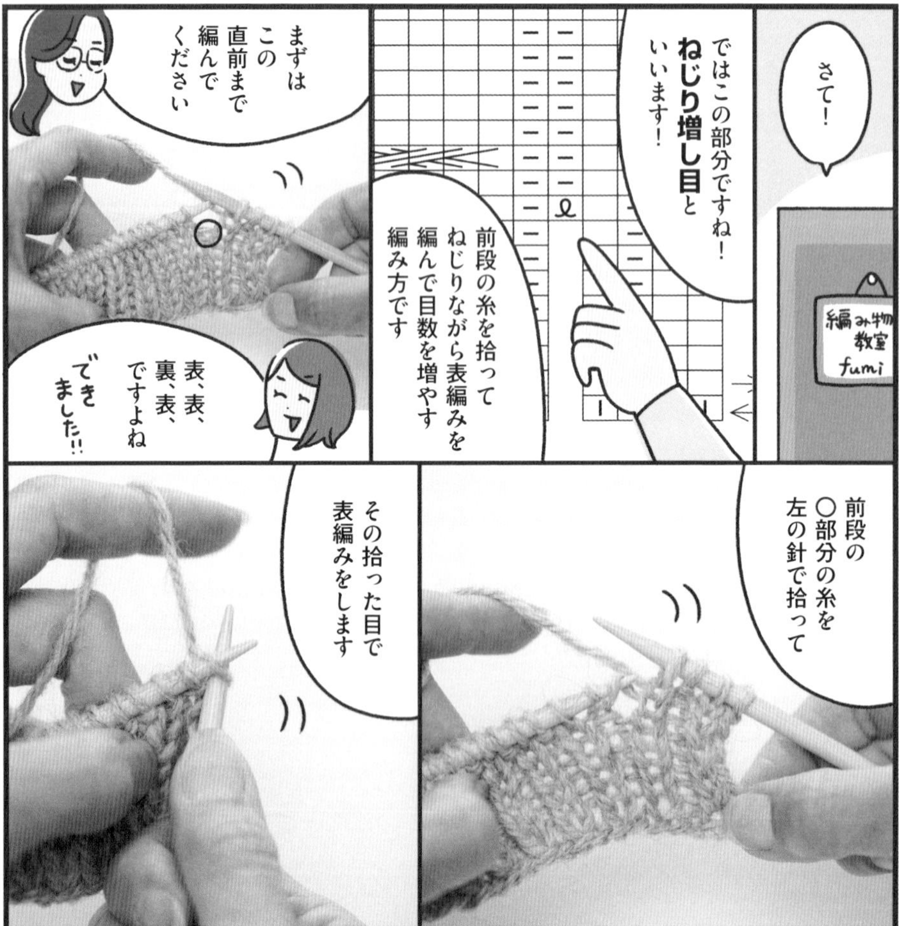
さて!
編み物教室
fumi
ではこの部分ですね! ねじり増し目と いいます!
前段の糸を拾って ねじりながら表編みを 編んで目数を増やす 編み方です
まずは この 直前まで 編んで ください
表、表、 裏、表、 ですよね
できました!!
前段の ○部分の糸を 左の針で拾って
その拾った目で 表編みをします
これで ねじり増し目が できました!
さあ! どんどん 進めましょう
時間が ナイナイ!!
10段めまでは 自分で できそうです!

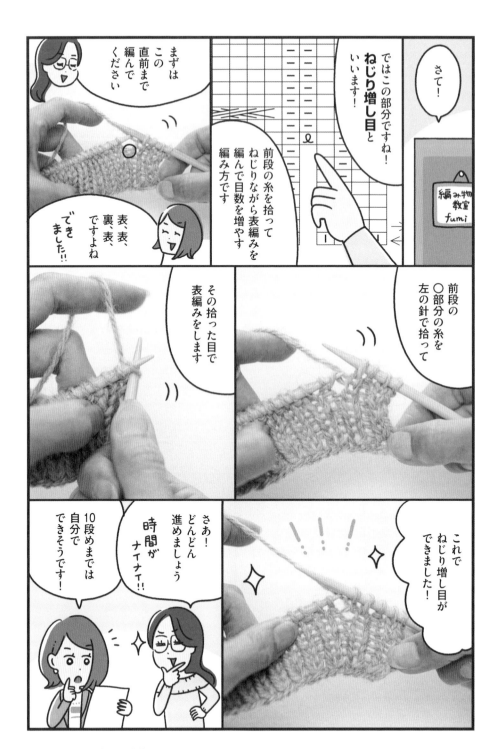

10段めまで編めました
表目のふくらみと裏目のへこみが際立ちましたね
表
表編みでふっくらしている
裏編みでへこんでいる
裏
表と逆の凹凸
さあ次はいよいよ**交差編み**です
交差編み! いよいよですね!
はい! まず11段めの6目まで編んでくださいね
表、表、裏、表、裏、裏、と できました!
表
表
裏
表
裏
裏

次はこの部分！左上3目交差といいます
どうやって？
元々赤の数字の順で並んでいるものを青の数字の順で編んでいきます
そこでなわ編み針の出番です
シャキン
ついに！
④から編むのに①②③がじゃまなのでなわ編み針に通して編み地の奥によけて休ませておきます
⑥⑤④ ③②①
よけたら④⑤⑥を順に表目で編みます
⑥⑤④
④⑤⑥が編めたらなわ編み針についている①②③を表目で編むんです
③②①
ふむ…
なわ編み針の①②③ちょっと編みにくい！
そういうものなんです力を入れずに編んでくださいね
fight!

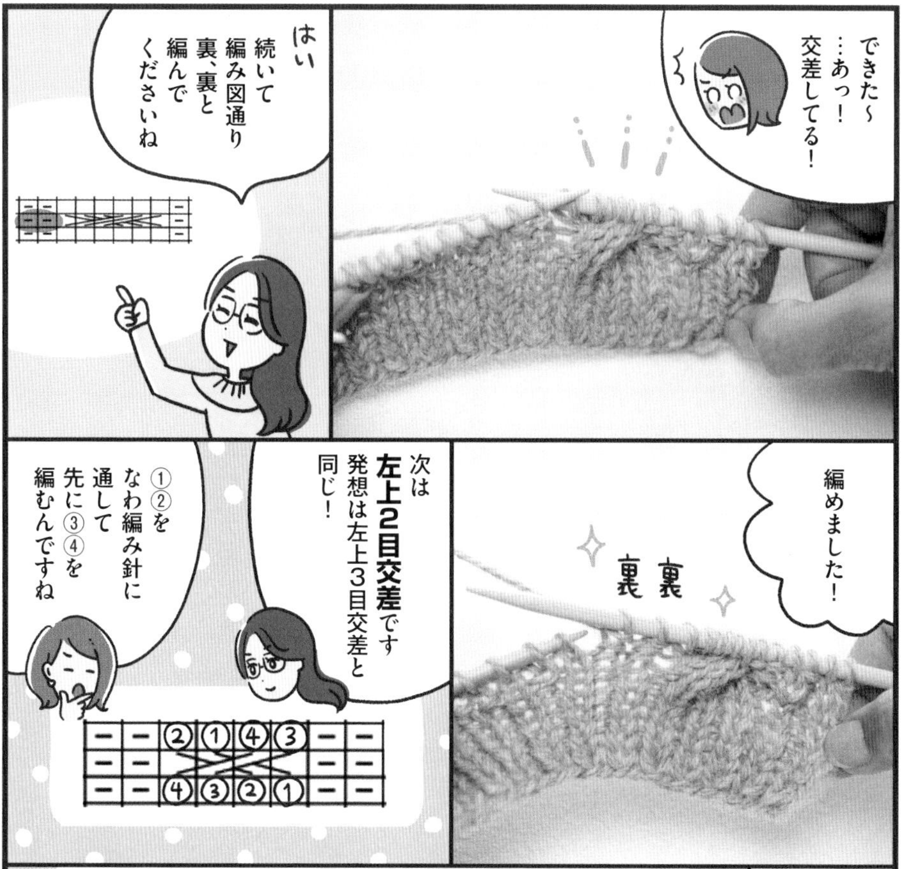
できた～…あっ！交差してる！
はい 続いて編み図通り裏、裏と編んでくださいね
編めました！
裏 裏
次は左上2目交差です 発想は左上3目交差と同じ！
①②をなわ編み針に通して先に③④を編むんですね
②①④③
④③②①

その通りです！一応流れをおさらいしましょう

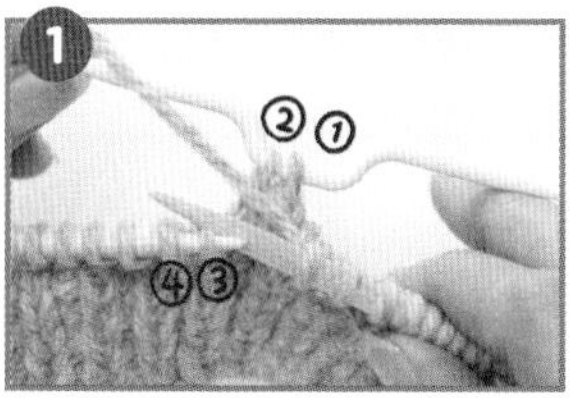
1
②①
④③

①②の目をなわ編み針に通し、編み地の奥に休ませておきます。

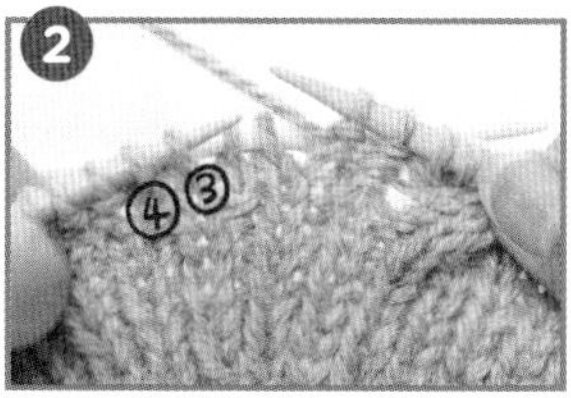
2
④③

③④の順に表編みをします。

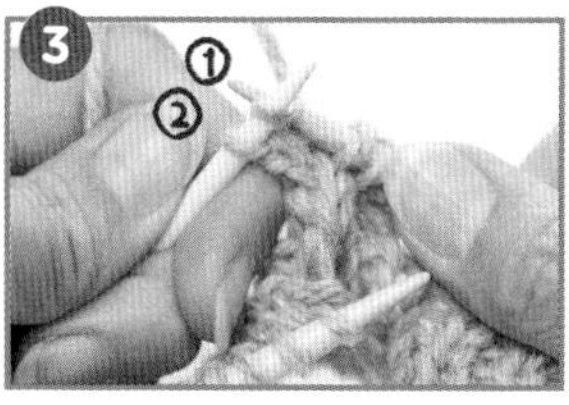
3
①
②

なわ編み針についたまま①②の順で表編みをします。

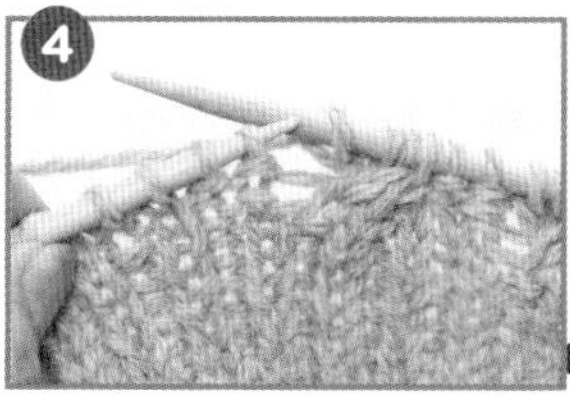
4

左上２目交差が編めました！

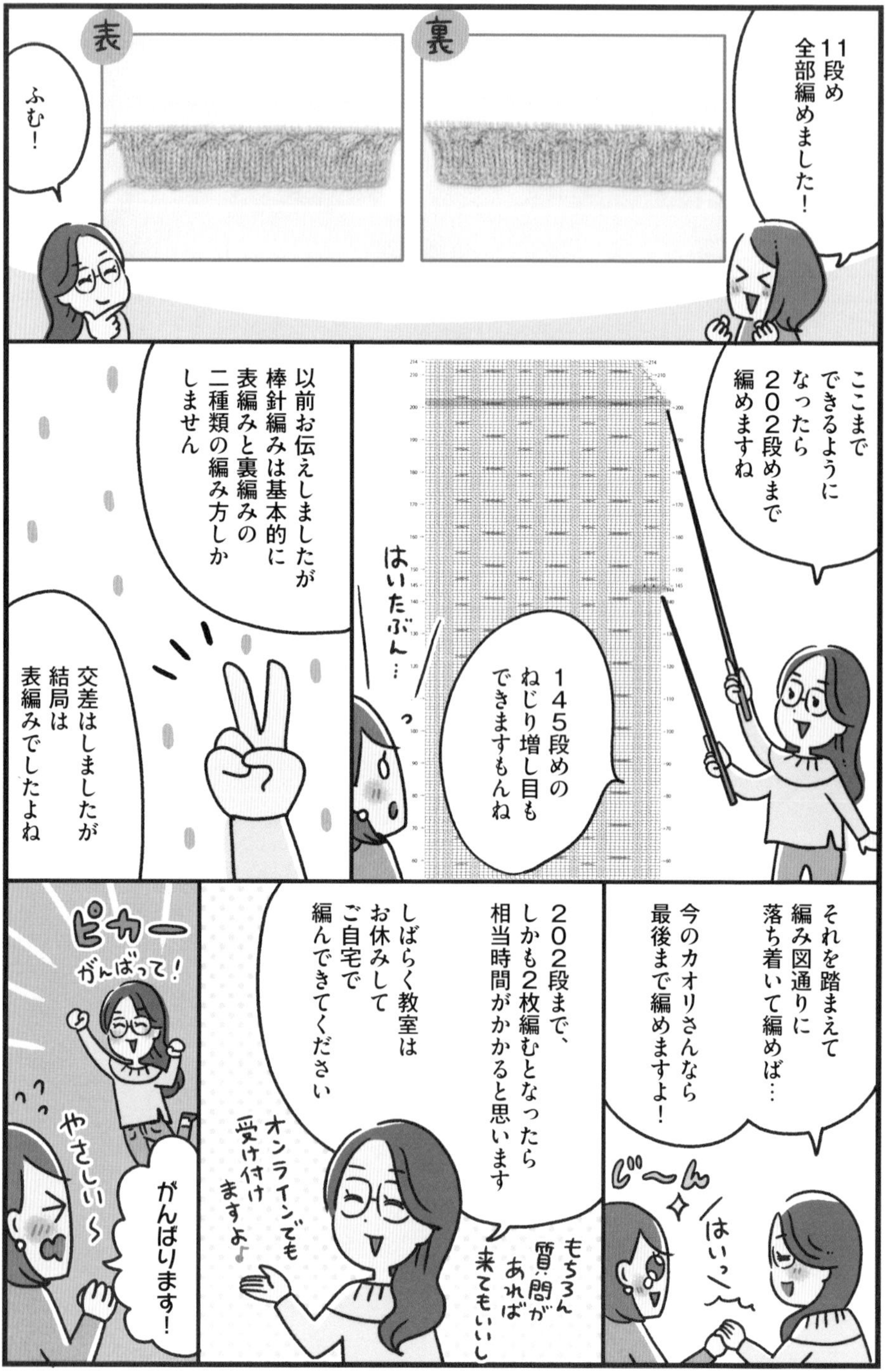
11段め全部編めました!
表
裏
ふむ!
ここまでできるようになったら202段めまで編めますね
145段めのねじり増し目もできますもんね
はいたぶん…
以前お伝えしましたが棒針編みは基本的に表編みと裏編みの二種類の編み方しかしません
交差はしましたが結局は表編みでしたよね
それを踏まえて編み図通りに落ち着いて編めば…
今のカオリさんなら最後まで編めますよ!
じ〜ん
はいっ
202段まで、しかも2枚編むとなったら相当時間がかかると思います
しばらく教室はお休みしてご自宅で編んできてください
もちろん質問があれば来てもいいし
オンラインでも受け付けますよ♪
ピカー
がんばって!
やさしい〜
がんばります!

ところで…
ナカムラさんて何者なんですか?
コソ…
男性で編み物って珍しいですよね
そうですか?今多いですよ
教室には老若男女いろいろな人が来るから!
小学生やおじいちゃんも!
来る時間が早いから会わないんですよね
へ~何がきっかけで始めるんだろう
聞こえてますよ
どわーっ
ドキーン
実は私…なかなか合うサイズのニットの服がなくてだったら自分で作ろう!と思ったのがきっかけなんです
サイズ?
ドキ
ドキ
大学でラグビーをしている関係で…
ムキッ
作るうちに編み物の奥深さに魅了されまして…
き、着やせするタイプなんですね…
ナカムラさんのように編み物をするスポーツ選手も多いんですよ
知らなかった~編み物を始めるきっかけっていろいろですね~

さて私は私！がんばって仕上げなくちゃ
がんばって〜！
そして黙々と編み進め…
まちがえた〜やり直しだ〜
先生ここがわからなくて…
そこはね…
えーと
約1カ月後
ダダダダダダダ
202段までを2枚できましたぁぁぁ
バーン
え!?
早いですね〜！
はい！家庭と仕事を犠牲にしました！
エヘヘ
…ほどほどにしてくださいね
では続きをやりましょう203段めの1目め
1
1目めは表編みの要領で針を入れ、そのまま右の針に移し、2目めを表編みで編みます。
2
左の針で1目めを拾い、2目めにかぶせるように針から落とします。
3
右上2目一度ができました！1目減ったことになります。
この記号右上2目一度で目を減らします
★P.188も参考にしてください
なるほど!!
これで最後まで編めます

よし！
できました！
続いてもう1枚のほうですこちらの記号はこれ！
さっきと反対ですね
左上2目一度といいます
今回の作品では右上2目一度を段の最初に行うのに対して
左上2目一度は段の最後に行います
段の最後
段の最初

左上 2目一度

1

最後の２目の手前まで編みます。

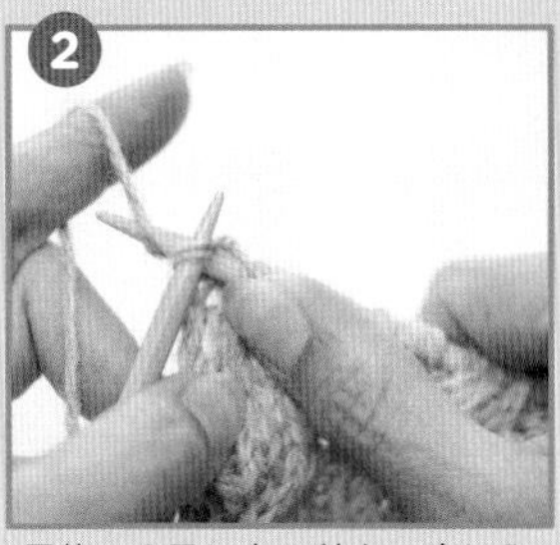
2

最後の２目に右の針を一度に入れ、表編みの要領で編みます。

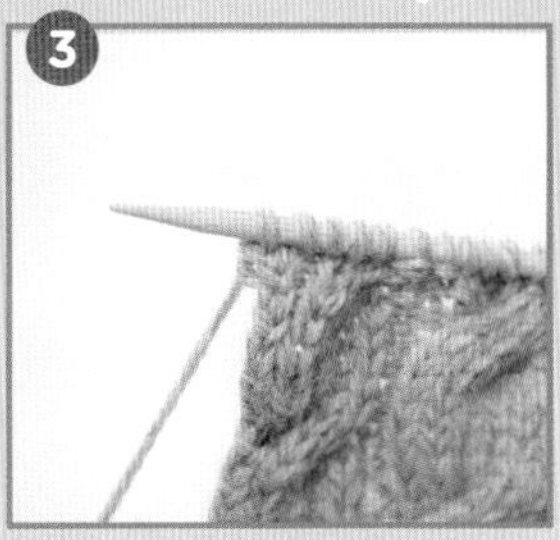
3

左上２目一度が編めました。１目減りました。

★ P.188 も参考にしてください

もう1枚もできました〜
あとは2枚をくっつけるだけだけど…
今日仕上げちゃいますか?
はい!今日はそのつもりで夫にお願いしてきました!
そういうことならまかせて!
今日はパパ特製カレ〜!!
よーし!ではやっちゃいましょう!
この部分
まず頭頂部をはぎ合わせます
頭頂部を中表《なかおもて》に重ねてください
編み地の表側と表側を合わせることを「中表」といいます
表
裏

頭頂部のはぎ合わせ方

かぶせはぎ
といいます
目が落ちやすいので
気をつけて～

2枚を中表に合わせ、手前の編み地の右端の目を別の棒針（玉付きではない）で拾います。

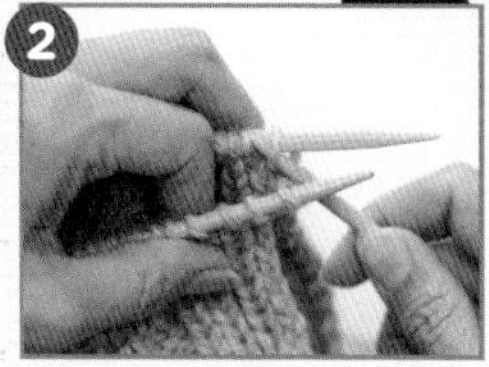

そのまま奥の編み地の右端の目に針を通します。

❷で拾った目を❶で拾った目から引き抜きます。

手前の目を１目針から外し、奥の目も１目外します。

❶～❹を左端まで繰り返します。

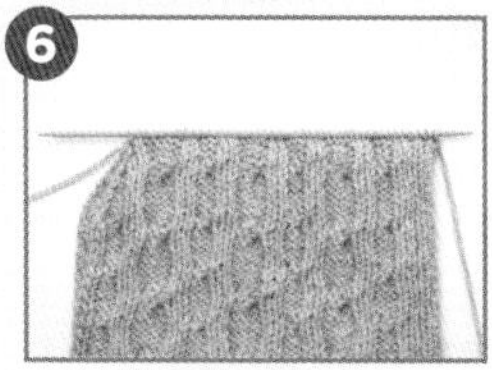

これを最後まで続けると、棒針が１本残ります。

右端に戻り、伏せ止めしていきます（P.115、188参照）。

１目が残るところまで終わりました。

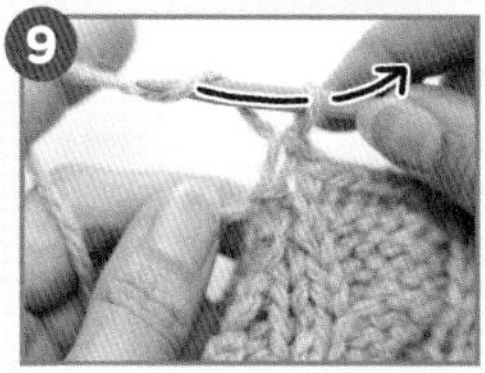

最後に鎖編みを１目編みます。

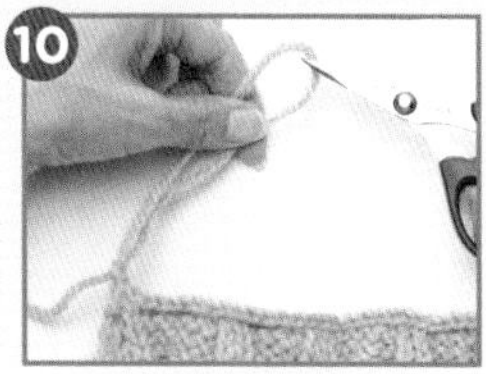

ループを大きく引き出し、約15㎝の位置で切ります。

フー
できた！
ここへきて
ちょっと
ややこしいですね
でも
ここまで編めた
カオリさんに
できないことは
ないですよ
エヘヘ
ほめ上手～

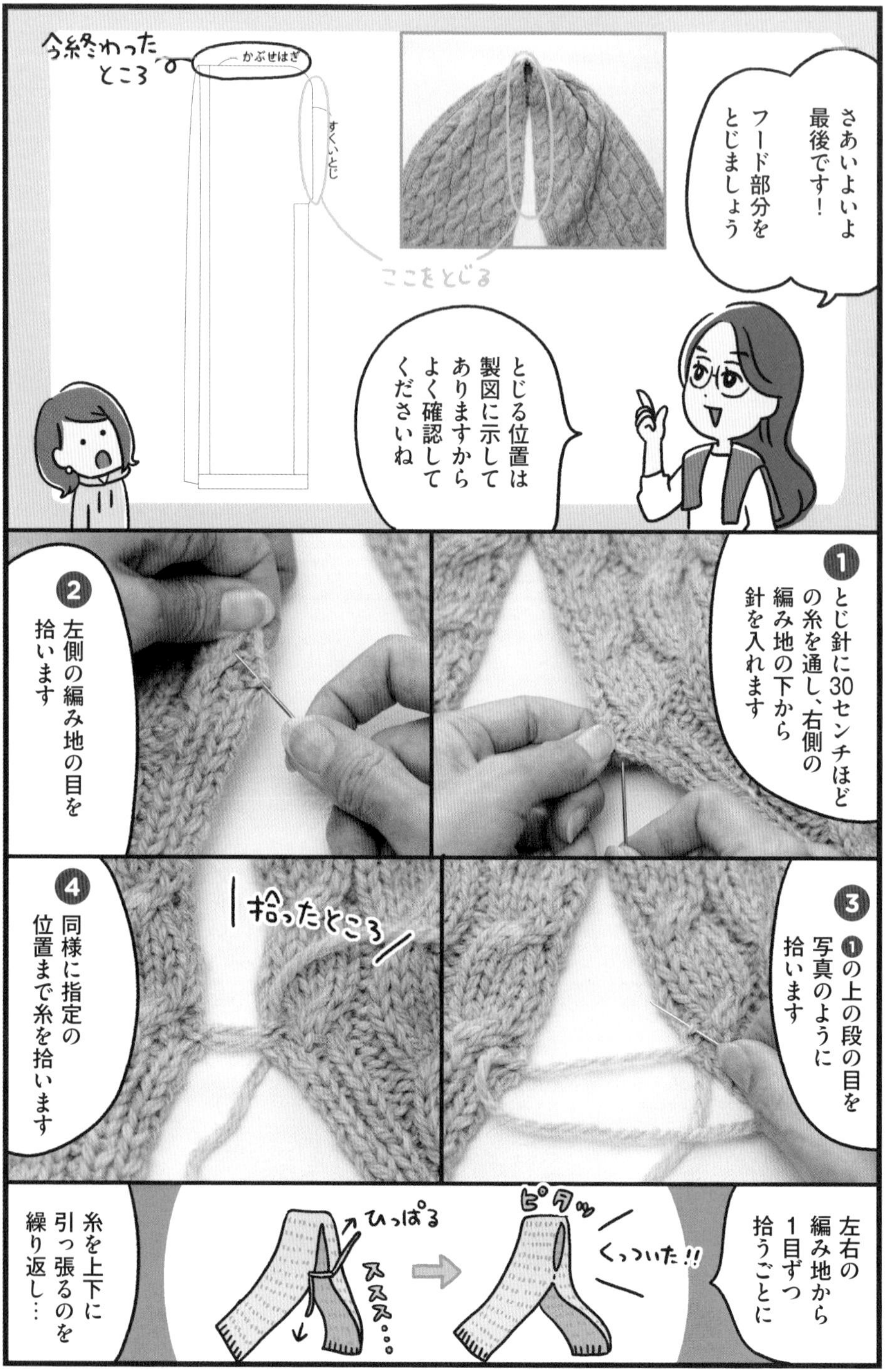
さあいよいよ最後です！フード部分をとじましょう
とじる位置は製図に示してありますからよく確認してくださいね
今終わったところ
かぶせはぎ
すくいとじ
ここをとじる
❶とじ針に30センチほどの糸を通し、右側の編み地の下から針を入れます
❷左側の編み地の目を拾います
❸❶の上の段の目を写真のように拾います
❹同様に指定の位置まで糸を拾います
拾ったところ
左右の編み地から1目ずつ拾うごとに
ひっぱる
スス…
ピタッ
くっついた!!
糸を上下に引っ張るのを繰り返し…

で…
できた〜〜〜!!
ジャン
おめでとうございま〜す!
あとは糸始末とアイロ…
いいからいいから! もう遅いしあとは家でやってください
私もそろそろ帰ろう
もっと寒くなったら着けてきてくださいね〜
カンカンカン
私も負けていられませんね
フフフ そうですね
スャ
スャ
すごいな〜カオリちゃん! こんなものまでできるようになって
うん ノリくんの協力あってこそだよ〜

それにしても大変だった～！
いや～疲れた疲れた
そう？
編み物してるカオリちゃん
すっごく楽しそうだよ？
…うん！
編み物にハマって今…
すっごく楽しい！
編み物友達もできたし♪
ふーちゃんもぬいぐるみ作りたいんだって
今度一緒にやってみようかな
おっいいね～
年始
あ！ カオリさん
これがウワサの
1カ月ちょっとで
作り上げたという…
オハヨ～
そうそう！
天然素材だから
あったかいよ～！

こんなに早く仕上がるとは……！昼休みにも編んだかいがありましたね…
実は一冬超えると思ってました～
そうだろう そうだろう
企画案
カオリさんが編み物にはまったおかげでサイトのコンテンツも充実して
手芸好きの心をうまくとらえている!!
クライアントの評価も上々みたいですよ
ふふふ…仕事と趣味の相乗効果が出てよかった～
さて！
次は余裕をもって夏に向けてそろそろハットでも編み始めよっかな
いつか家族でリンクコーデが目標♡
私よりハマってるじゃないですか！
エヘヘ
ハット…
カワイ～
私も作ろうかなぁー
おっ！じゃあ今度一緒に手芸店で買い出ししようよ
いいですね！ナカムラさんも誘って！
やるぞーっ

＼おさらい／

基本のレシピ

フード付きマフラー

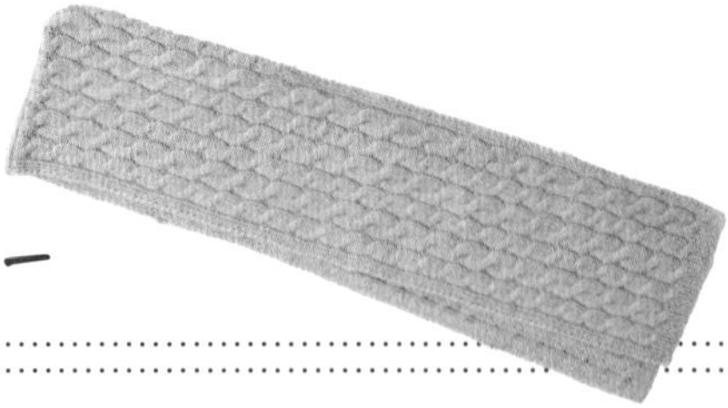

使用糸：ハマナカ ソノモノ アルパカウール　#44（グレー）　320g

使用針：2本棒針　10号

ゲージ：模様編み　22目×24段が10cm×10cm

できあがり寸法：幅24cm×長さ89cm

編み方：糸は1本どりで編みます。

指で作る作り目で作り目し、1目ゴム編みを8段編みます。

1目増し目をして模様編みします。

145段めで増し目をしてフード部分を編みます。

フード部分の減目をします。左右対称にもう1枚編みます。

頭頂部をかぶせはぎします。フード部分をすくいとじ（→P.186）します。

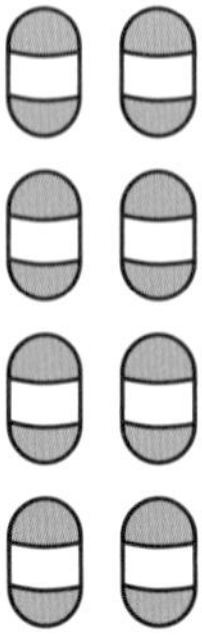

製図

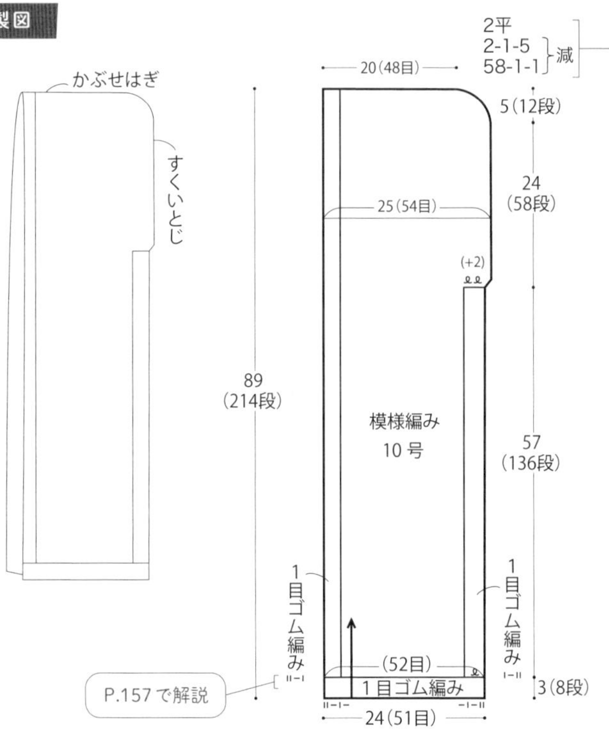

かぶせはぎ
すくいとじ
89
（214段）
P.157で解説
2平
2-1-5
58-1-1
減
P.155で解説
20（48目）
5（12段）
24
（58段）
25（54目）
（+2）
模様編み
10号
57
（136段）
1目ゴム編み
1目ゴム編み
（52目）
1目ゴム編み
3（8段）
24（51目）

フード付きマフラー

編み図①

正面から
見て
右側です

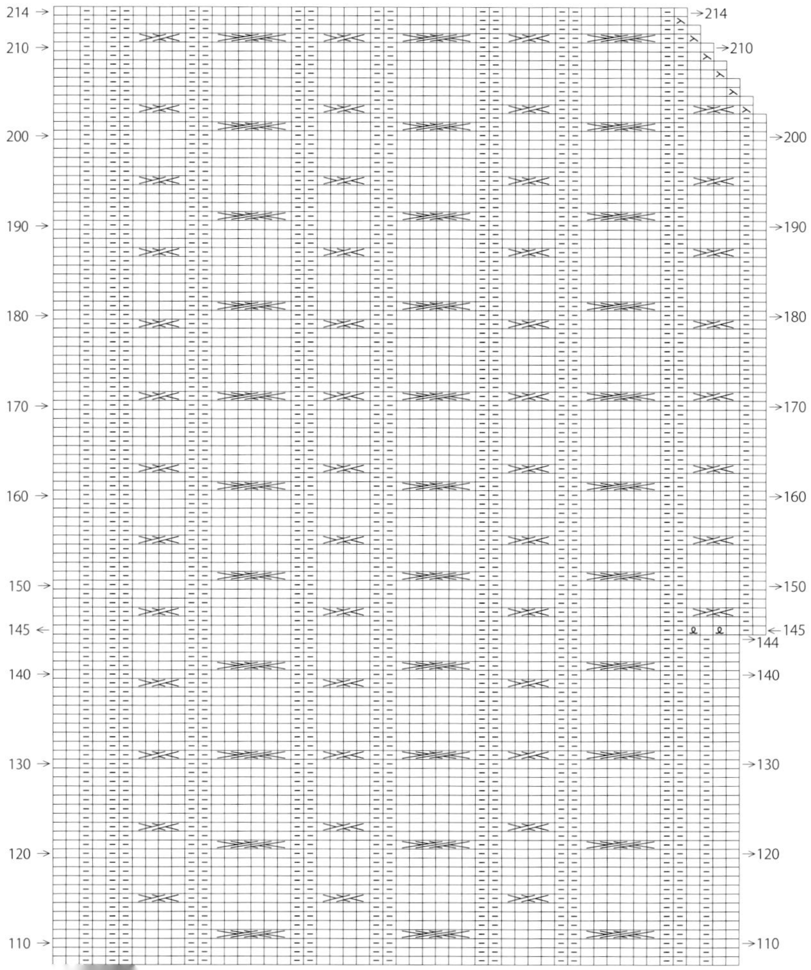

214
210
200
190
180
170
160
150
145
144
140
130
120
110

がんばろー

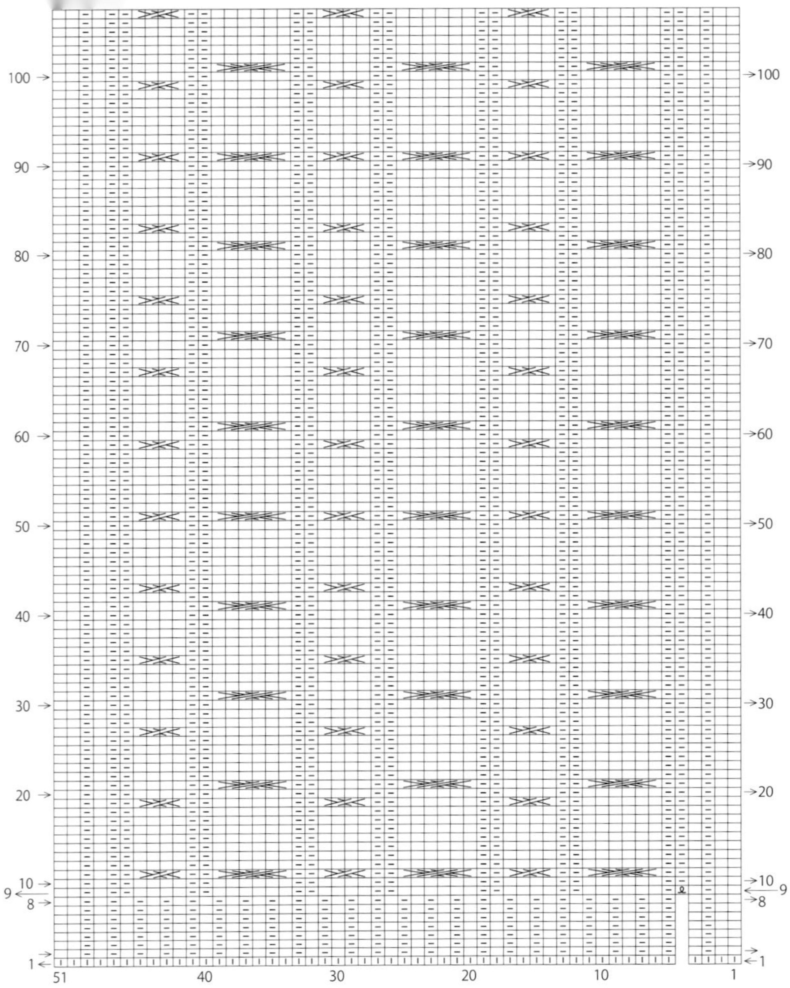

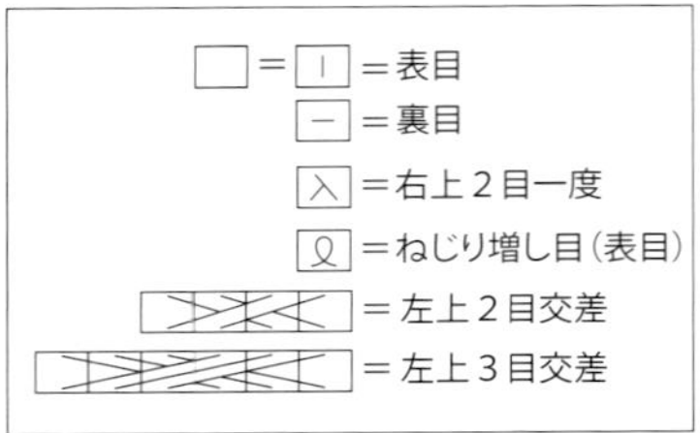
＝表目
＝裏目
＝右上２目一度
＝ねじり増し目（表目）
＝左上２目交差
＝左上３目交差

2平
2-1-5
58-1-1 減

ってなに？

「58段ごとに1目減目を1回」、「2段ごとに1目減目を5回」、「2段平らに編む」、を意味しています。製図だけ見て編む人が参考にする記号なので、初心者さんは気にしなくてOK。編み図通りに編めば大丈夫です。

フード付きマフラー

編み図②

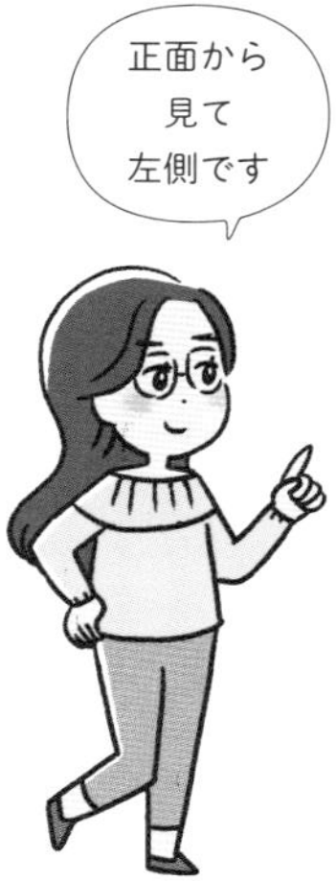
正面から
見て
左側です

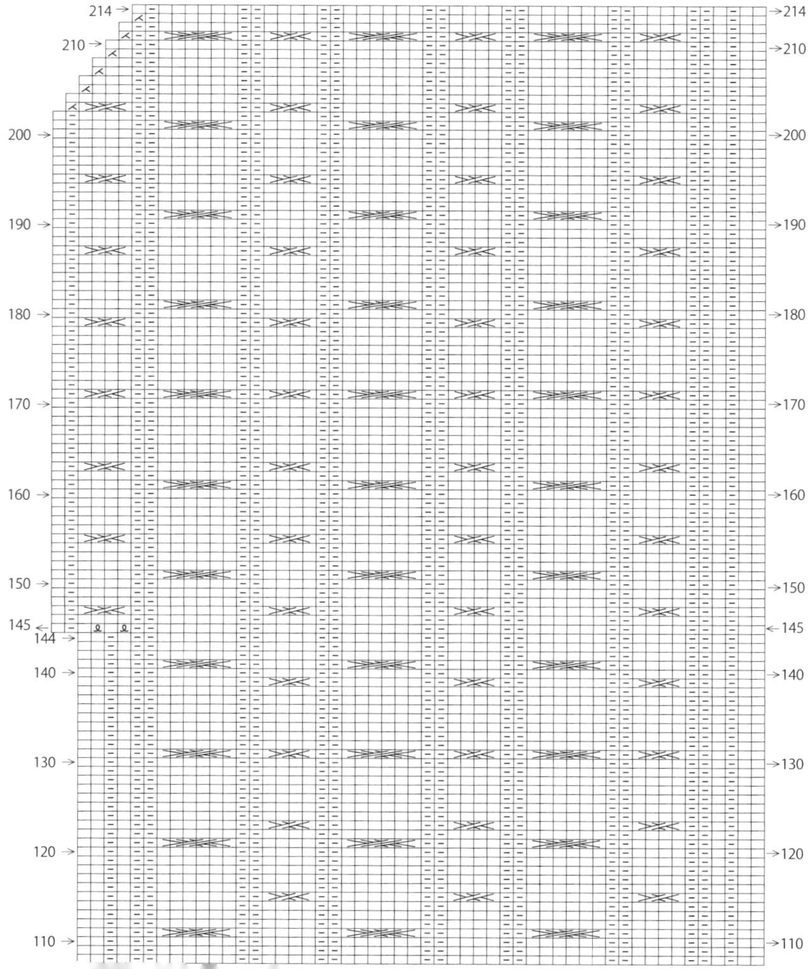

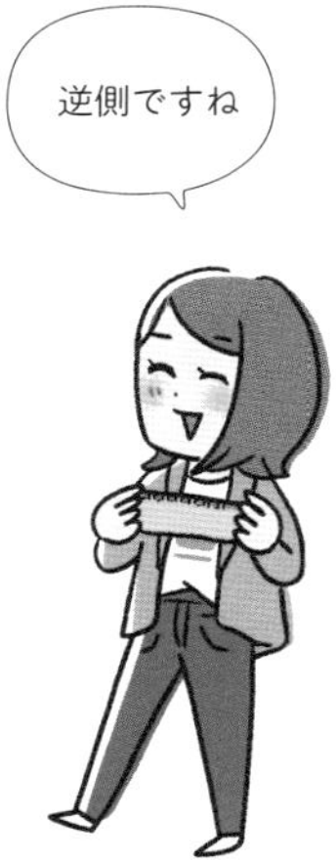
逆側ですね

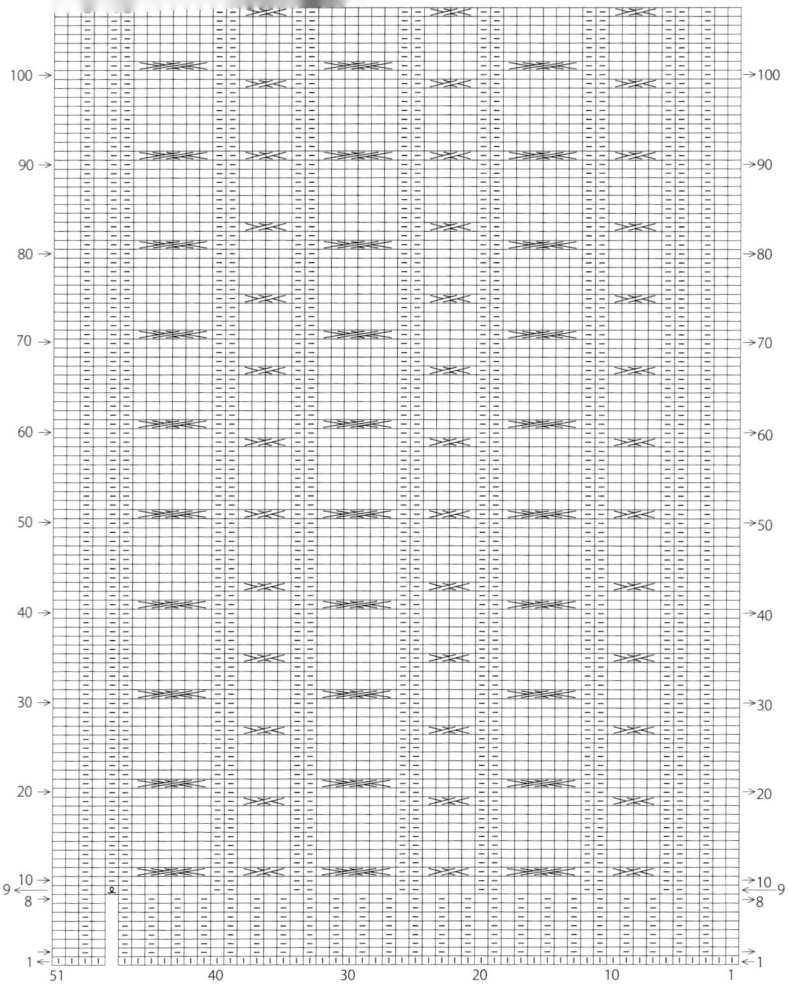

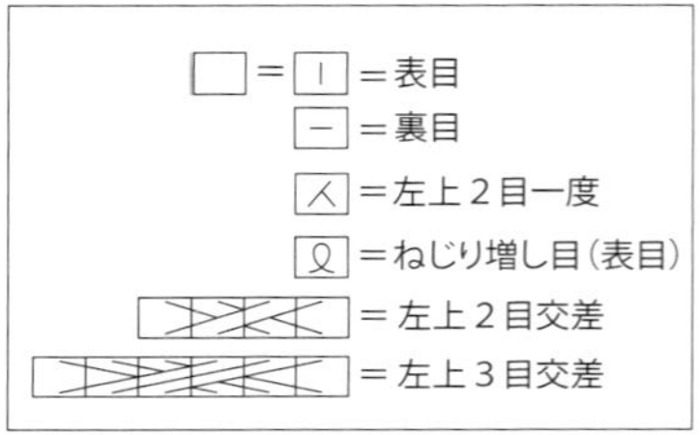

＝表目
＝裏目
＝左上２目一度
＝ねじり増し目（表目）
＝左上２目交差
＝左上３目交差

||ー| ってなに？

１目ゴム編みの指定です。通常は１目ごとに表目と裏目を繰り返すのが「１目ゴム編み」ですが、ここでは編み始めと編み終わりは表目を２回編む、ということが指示されています。こちらも編み図に記されています。

「1目ゴム編み」を
22段に減らせば
糸の使用量は95g。
2玉で作れますよ！

ステップアップレシピ

交差編みの帽子

使用糸：パピー　クイーンアニー　#828（紺）　106g

使用針：4本棒針　6号

ゲージ：模様編み　25目×25段が10cm×10cm

できあがり寸法：頭回り48cm

編み方：糸は1本どりで編みます。
指で作る作り目をし、輪にして編み始めます。
１目ゴム編みと模様編みをし、図のように減目しながら編みます。
最終段に2周糸を通して絞ります。

製図

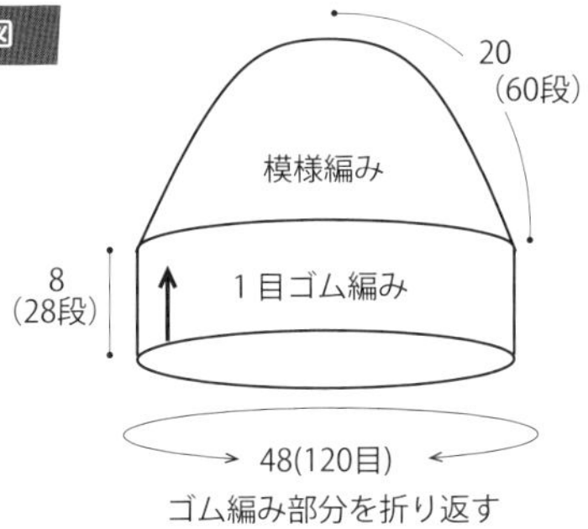
20
（60段）
模様編み
8
（28段）
1目ゴム編み
48(120目)
ゴム編み部分を折り返す

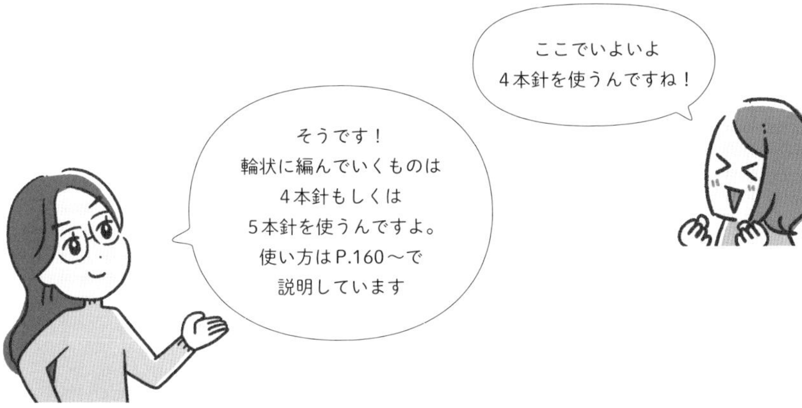
ここでいよいよ
4本針を使うんですね！
そうです！
輪状に編んでいくものは
4本針もしくは
5本針を使うんですよ。
使い方はP.160～で
説明しています

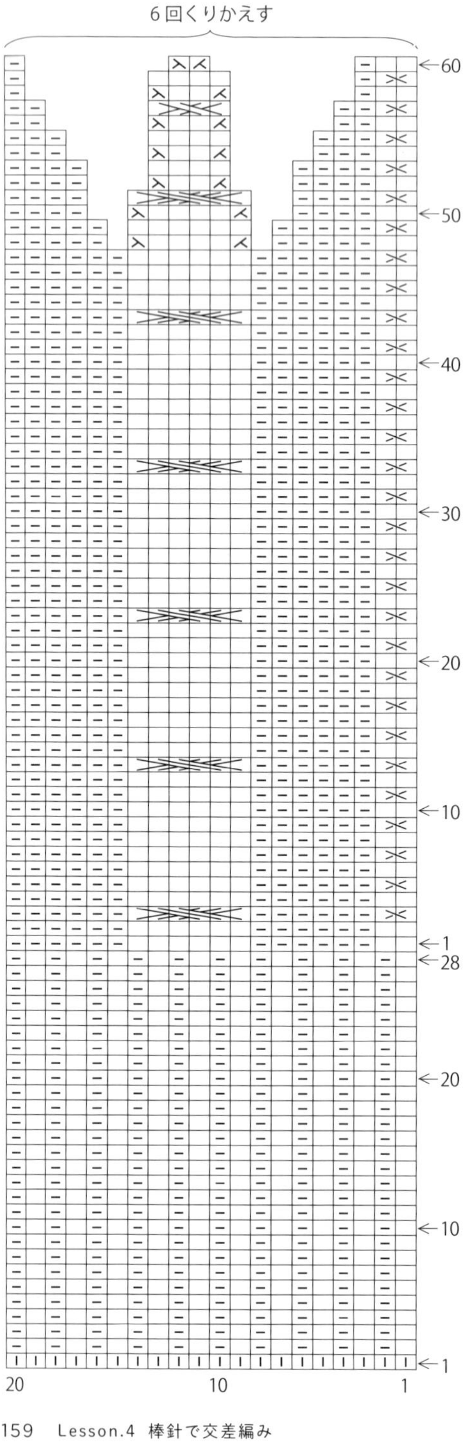
6回くりかえす
60
50
40
30
20
10
1
28
20
10
1
20
10
1

編み図

最終段36目に
2周糸を通して絞ります

エヘヘ

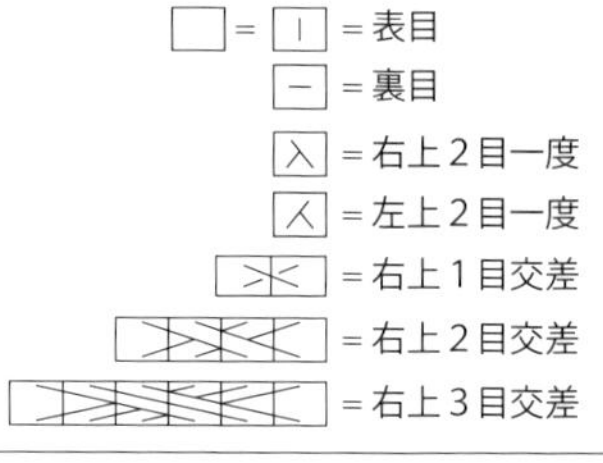
= 表目
= 裏目
= 右上2目一度
= 左上2目一度
= 右上1目交差
= 右上2目交差
= 右上3目交差

ポイント1　4本針の使い方

1

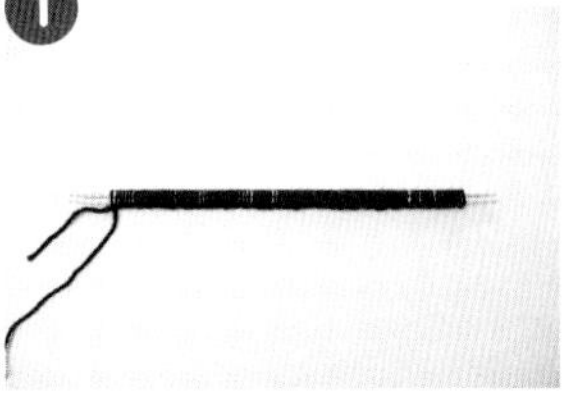

棒針2本で、指で作る作り目をします。針を1本抜きます。

2

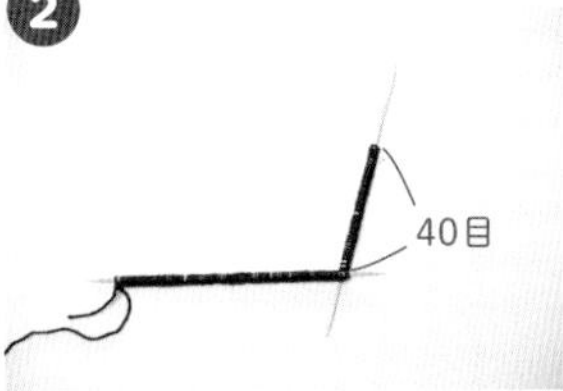

1本の針に40目移します。

3

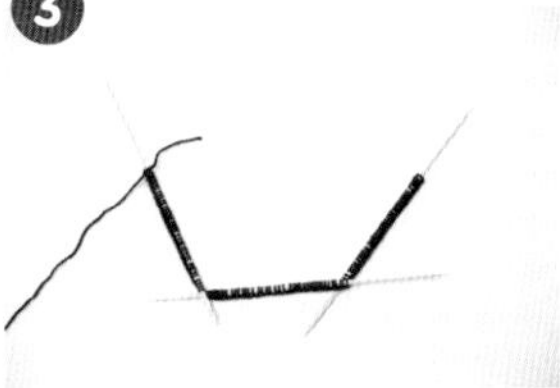

もう1本の針に40目移します。

4

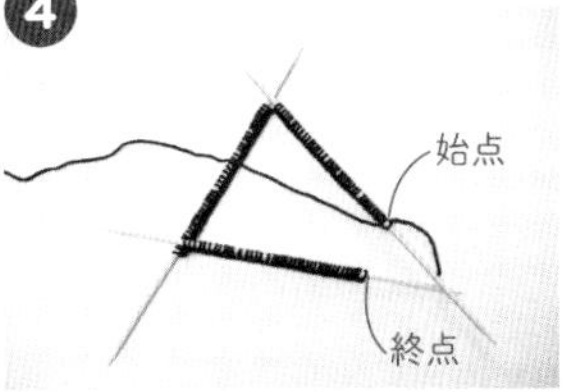

作り目の始点と終点を合わせます。

5

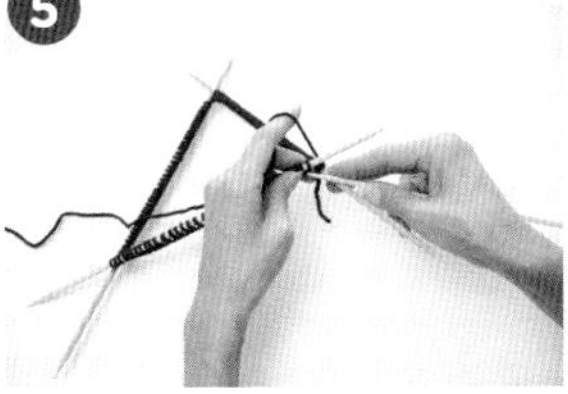

編み地がねじれていないことを確認し、右側に作り目の始点、左側に終点がくるように構え、4本めの針を右手に持ちます。

6

編み図通りに編んでいきます。編み進めて左手の針が空になったら右手に持ち替えて、引き続き編み進めます。

ポイント2　最終段の処理

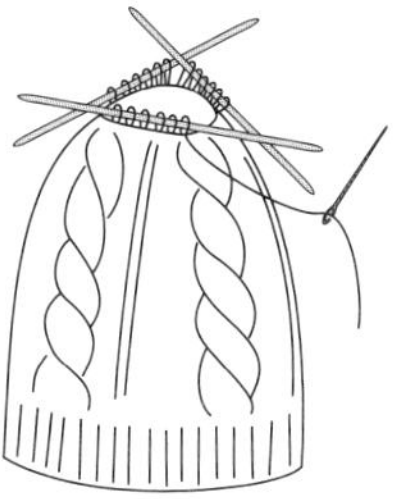

最終段まで編んだら、糸を20cmくらい残して切り、とじ針に通します。

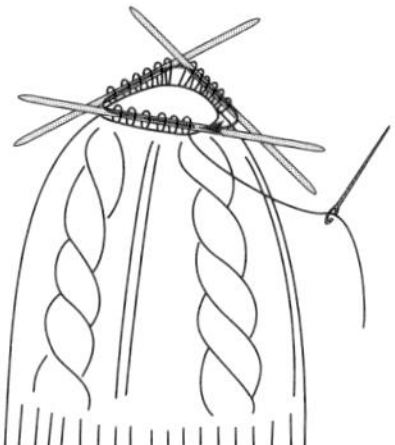

矢印のように最終段のループに糸を2周通して絞ります。裏側で糸始末をします。

+α 輪針を使ってもOK

1

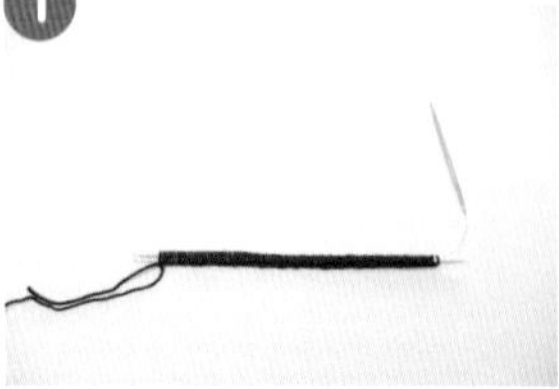

輪針の片方の針と棒針1本で、指で作る作り目をします。

2

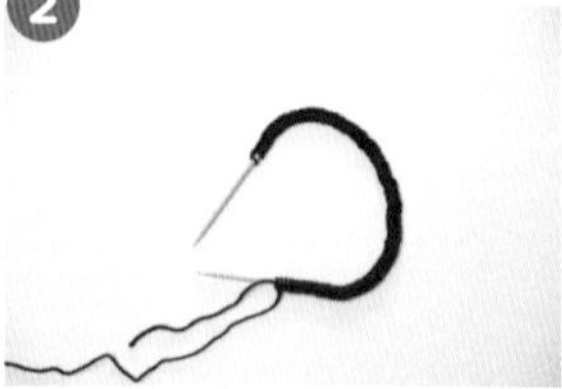

棒針を抜き、輪針全体に編み目を行き渡らせます。

3

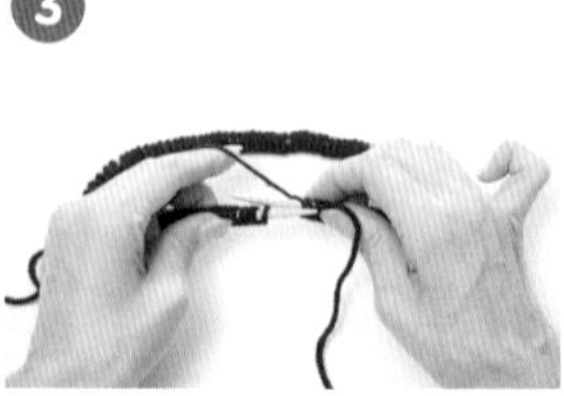

編み目がねじれていないことを確認して、棒針と同様、右側に作り目の始点、左側に終点がくるように構えます。

4

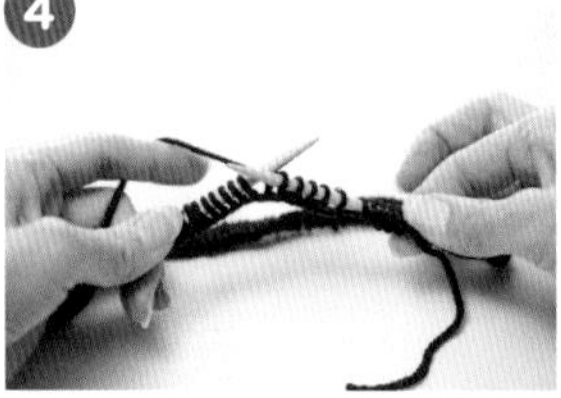

編み図の通り編んでいきます。

5

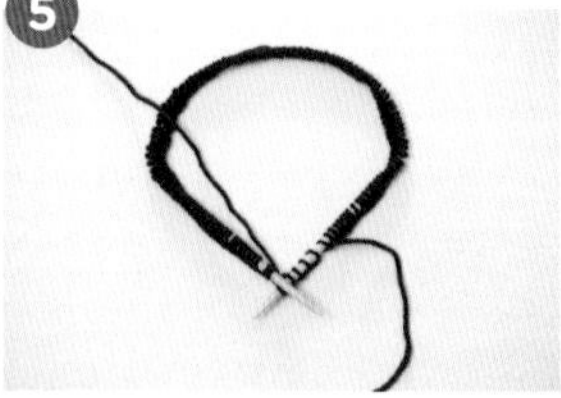

2段めまで編めたところ。

4本針でも輪針でも、裏返さずに表側だけを見て編んでいくんですね。楽かも…！
このレシピでは減目が始まる48段めから4本針に替えるとよいでしょう
帽子の場合、輪針は最終的には4本針に差し替えないといけないのですが、とても編みやすい道具ですよ～

もっと知りたい Q&A

Q 大きな作品を作るのは、かなり根気がいりますよね。心構えはありますか？

A 一日少しずつでも、日をあけないで継続することが大切

まんがのカオリさんはとても集中して「フード付きマフラー」を短期間で仕上げていましたが、あそこまでやると生活に支障をきたしてしまう人も出てくると思います。大作を編むときは、毎日少しずつでも編んでください。日があいてしまうと力の入れ方が変わってしまい、目がきつくなったりゆるくなったりします。また、編み終えた編み地を触ったり見たりしながら編んでくださいね。

Q ニッティングハイって何？

A 編むのが止まらなくなっちゃうんです

編み物って、慣れれば単純作業の繰り返しなので心地よく感じる人が多いようです。気づくと4、5時間経っていたなんて話はざらに聞きますし、私も8時間編み続けたこともあります。同じ体勢が続くと体がこわばってしまうので、こまめにストレッチなどをしてくださいね。

Q 編み物は子どもからシニアまで楽しめるんですね

A 老若男女におすすめです

子どもからお年寄りまで、老若男女楽しめるのが編み物のよいところです。手先を動かす巧緻運動ともいえ、脳を活性化させるとも考えられています。また、スポーツ選手が編み物をしている姿を見たことはありませんか？　心を平穏に保つセラピー効果もあるのではないかといわれています。

Q 輪針から4本針への移し方をくわしく教えてください

A まず、左手に輪針、右手に棒針を持ちます

輪針はループの長さに適した目数があり、目数が少なくなると構造上、編めなくなります。161ページでも触れた通り、減目がある作品は、途中で輪針から4本針に差し替える必要が出てきます。輪針は左手で持ち、右手は空の棒針を持ちます。輪針に残った目数のうち、3分の1を編んで棒針に移します。これを計3回繰り返すと輪針から目はなくなります。あとは160ページで紹介している通り、棒針4本で編んでいきます。

知れば知るほど編み物って楽しい!

Q フード付きマフラーは棒針2本でできますよね?なぜカオリさんは4本針を買ったんですか?

A コスパがいいからです!

この本の中でも時折触れていますが、棒針は2本セットもしくは4本(もしくは5本)セットで売られています。2本しか必要ないときでもあらかじめ4本針を購入しておくと、将来、筒状のものを作りたいときなど、何かと活用できるのでおすすめです。ちなみにより小さいものを編むときには5本針がおすすめですし、実際、細い号数が5本針セットで売られていると思いますよ。

ええい!
もう全部まとめて買っちゃいます!
ドザッ
ありがとうございま〜す

もっと作ろう

おまけのレシピ

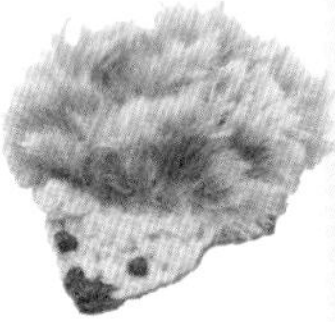

初めてでも作って使える
作品を紹介します。
どの作品もこの本で紹介した
作り方で応用できるものばかり。
一部注意が必要なところには
プロセス写真でヒントを紹介しています。
ぜひチャレンジしてみてください。

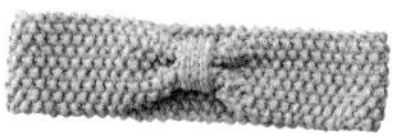

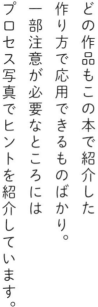

もっと作ろう

マルシェバッグ

使用糸：DARUMA 麻ひも　＃6（赤）　376g

その他の材料：ハマナカ レザー底（ベージュ）

直径20㎝（60穴・H204-619）1枚

使用針：かぎ針　8/0号

ゲージ：細編み　12目×13段が10㎝×10㎝

できあがり寸法：入れ口75㎝×高さ25㎝

編み方：糸は1本どりで編みます。レザー底の60穴に72目編みつけます。
図のように増し目をしながら編みます。
29段めで持ち手を編み、続けて縁を編みます。

製図

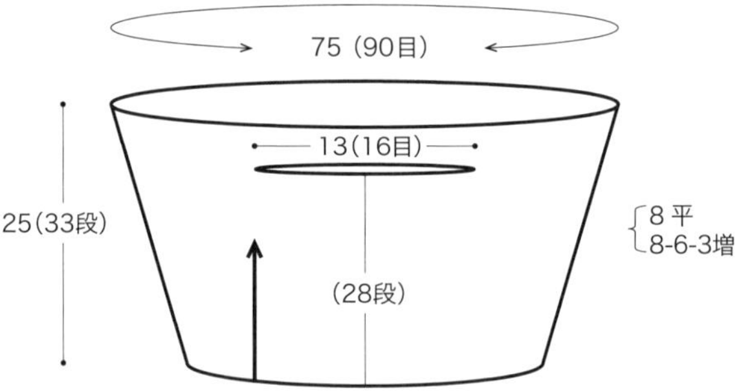
75（90目）
13(16目)
25(33段)
(28段)
8平
8-6-3増

レザー底を使うから
底は編まなくてもいいのが
うれしい！
強度も安心！

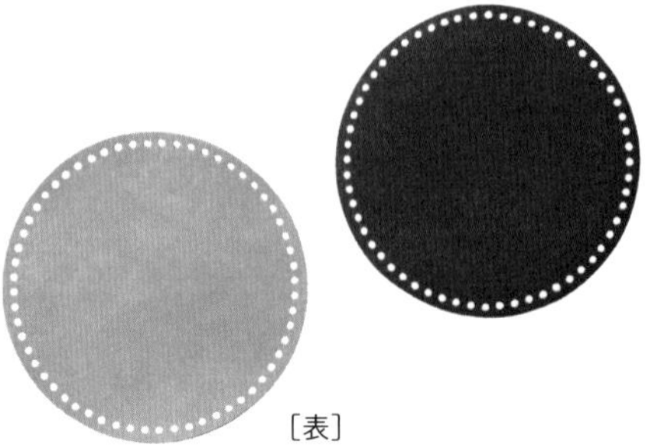

［表］　［裏］

編み図

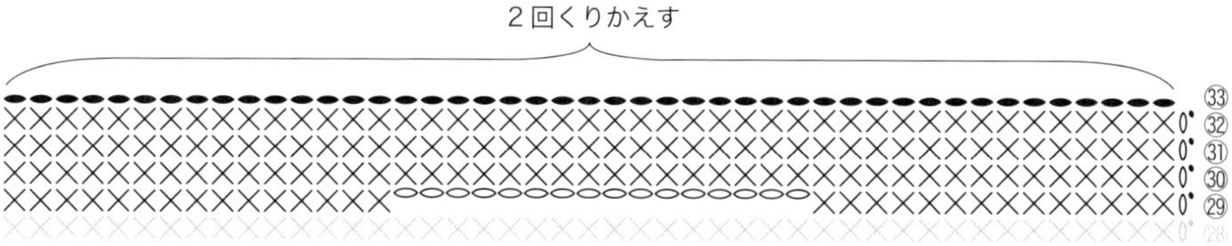
2回くりかえす
㉝
㉜
㉛
㉚
㉙
㉘

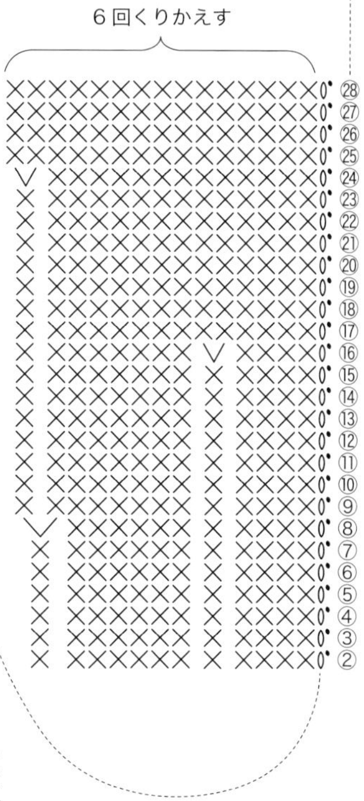
6回くりかえす
㉘
㉗
㉖
㉕
㉔
㉓
㉒
㉑
⑳
⑲
⑱
⑰
⑯
⑮
⑭
⑬
⑫
⑪
⑩
⑨
⑧
⑦
⑥
⑤
④
③
②

○ ＝鎖編み
× ＝細編み
∨ ＝細編み2目編み入れる
● ＝引き抜き編み

段数	目数
24～33	90
16～23	84
8～15	78
1～7	72

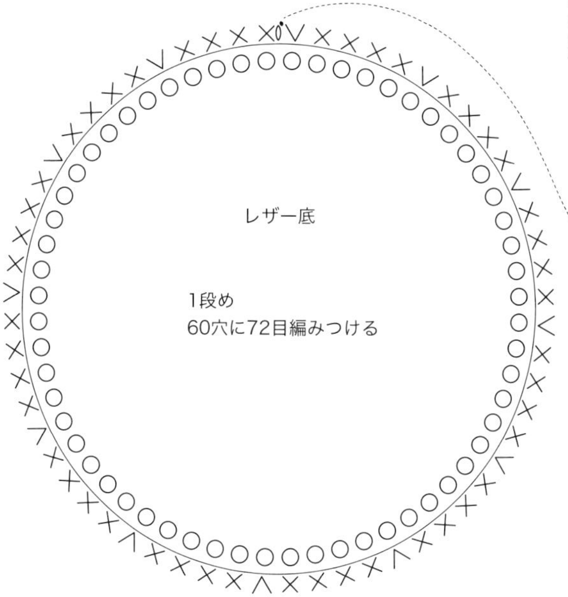
レザー底
1段め
60穴に72目編みつける

ポイント1 レザー底から目を拾う

1
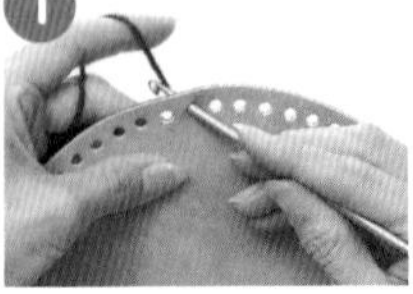

レザー底は手前に、糸は奥に構えます。レザー底の穴に針を入れ、糸をかけて穴から引き抜きます。

2

引き抜いたところ。矢印の通り針に糸をかけ、立ち上がりの鎖編みを編みます。

3
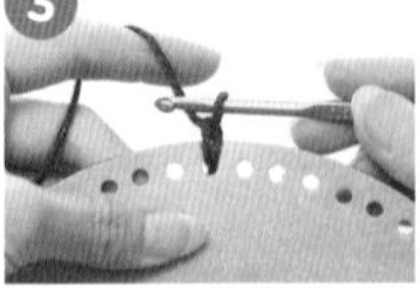

立ち上がりの鎖編みが1目編めたところ。続いて、編み図の通り編み進めます。

4

5目めは「細編み2目編み入れる」。同じ穴に細編みを2目編みます。

ポイント2 持ち手を編む

1

29段めの14目まで編めたところ。

2

鎖編みを16目編みます。

3

前段の細編みの16目分をあけ、31目めに細編みを編みつけます。

4

細編みを編みつけたところ。

5

編み図通り、細編みを編んでいきます。反対側の持ち手も同様に編みます。

6

30段めの14目まで編めたところ。

7
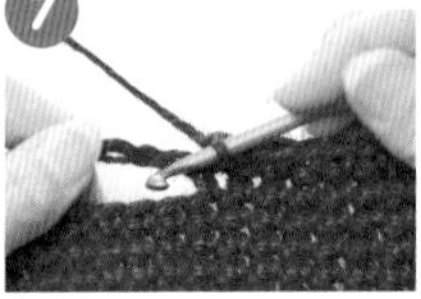

前段の鎖編みは束に拾って細編みを編みます。

8

同様に計16目編みます。

9

16目編めたところ。

10

31目以降は前段に細編みを編みます。反対側の持ち手も同様に編みます。

もっと作ろう

ぺたんこ巾着ポーチ＜a・b＞

使用糸：a) 本体 AVRIL 綿コード #181（ネズミ）22g ドロップ #182（アイスグレー）14g
ひも AVRIL 綿コード #182（ネイビー）4g
b) 本体 AVRIL 綿コード #01（ホワイト）22g ドロップ #181（クリーム）14g
ひも AVRIL 綿コード #183（レモンイエロー）4g

使用針：2本棒針5号　かぎ針4/0号

ゲージ：メリヤス編み　20目×29段が10cm×10cm　できあがり寸法：横15cm×縦18cm

編み方：本体の糸は綿コードとドロップの2本どりで編みます。
指で作る作り目をし、指定の位置でひも通しの穴をあけて編みます。
104段編んだら表を見ながら伏せ止めし、両脇をすくいとじ（→P.186）します。
スレッドコードのひもを編み、本体の穴に通して両端を結びます。

ポイント1

引きそろえて編む方法

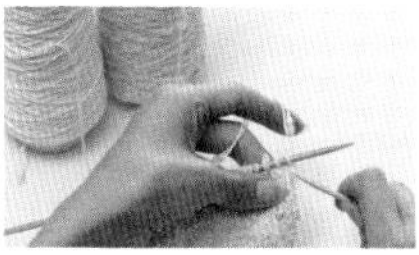

糸は糸玉から1本ずつ引き出します。

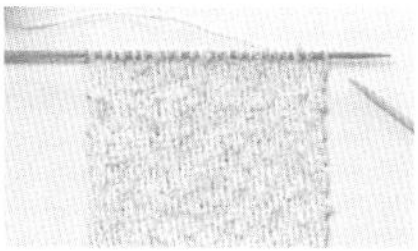

編み方は1本どりで編むときと同様です。糸が絡んだり片方の糸だけ外れたりしないよう注意してください。

ポイント2

左上2目一度 ⋏ とかけ目 ○ の編み方

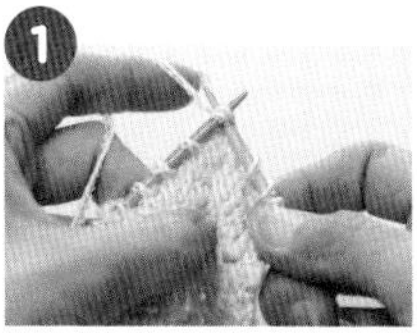

1 左上2目一度を編みます。写真は、2目を一度に針を入れている様子。

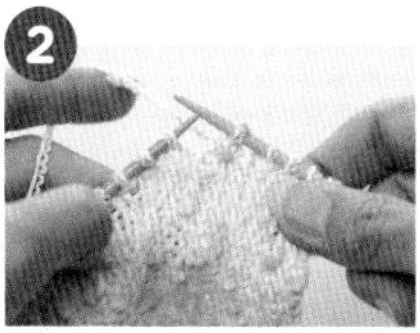

2 左上2目一度が編めたところ。

3 右の針に糸をかけます。

4 そのまま次の目を編みます。かけ目ができました。

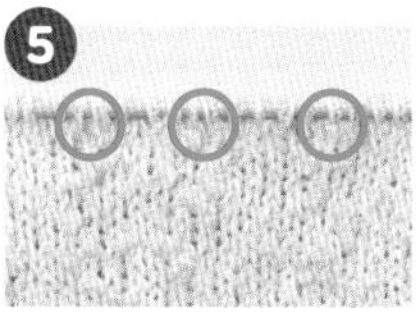

5 左上2目一度とかけ目を編んだ段（7段め、99段め）。かけ目をした箇所に穴があいています。

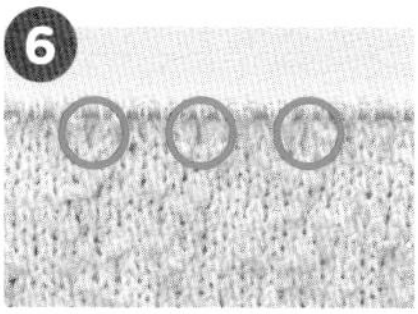

6 もう1段編んだところ。穴があいた様子がよくわかります。ここにひもを通します。

製図

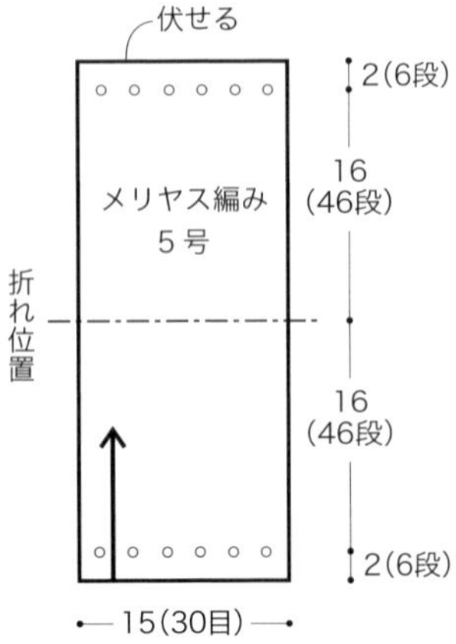

伏せる
2(6段)
16
(46段)
メリヤス編み
5号
折れ位置
16
(46段)
2(6段)
15(30目)

★ひも

a：ネイビー

b：レモンイエロー

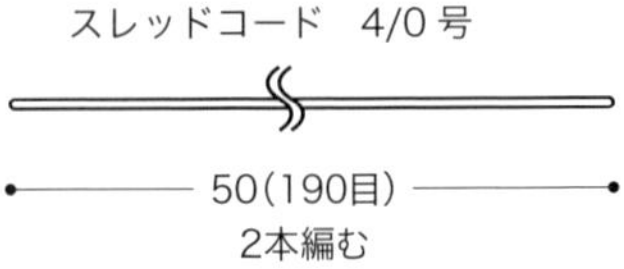

スレッドコード　4/0号
50(190目)
2本編む

編み図

□ = 丨 = 表目

人 = 左上2目一度

○ = かけ目

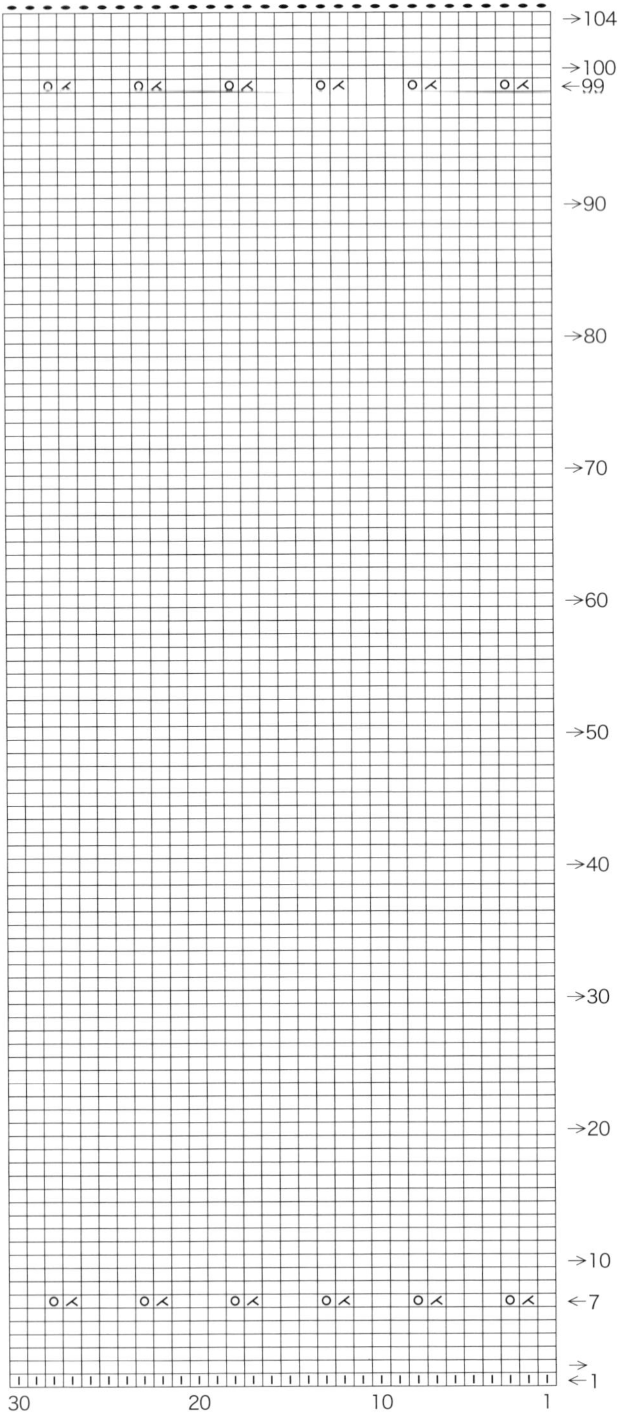

→104
→100
←99
→90
→80
→70
→60
→50
→40
→30
→20
→10
←7
→
←1
30
20
10
1

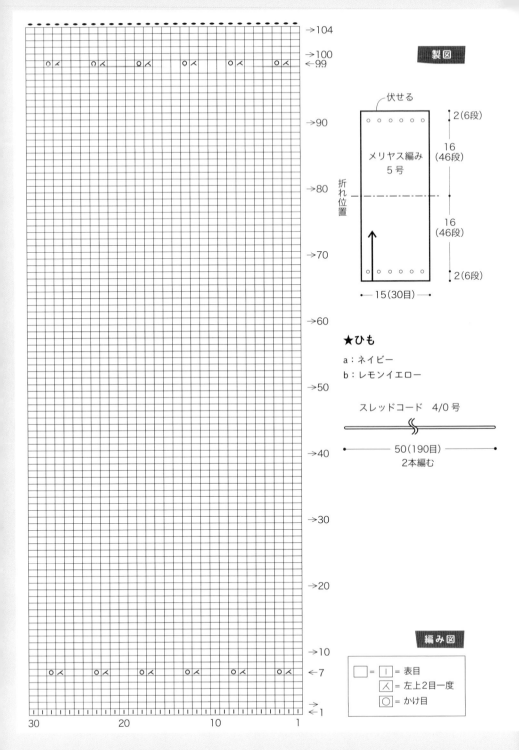

ぺたんこ巾着ポーチ

ポイント3

スレッドコードの編み方

1

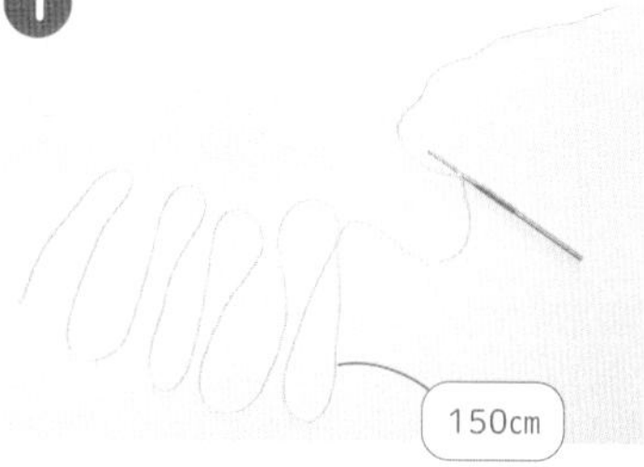
150cm

作る長さの3倍（この作品は150㎝）の長さの糸を引き出し、鎖編みの要領で目を作ります。

2

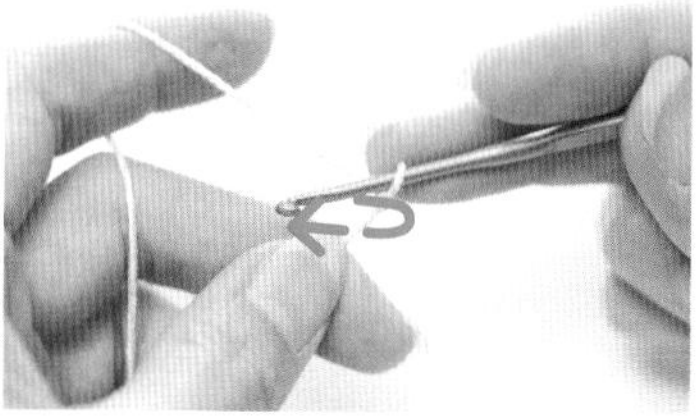

矢印のように、手前から針に糸をかけます。

3

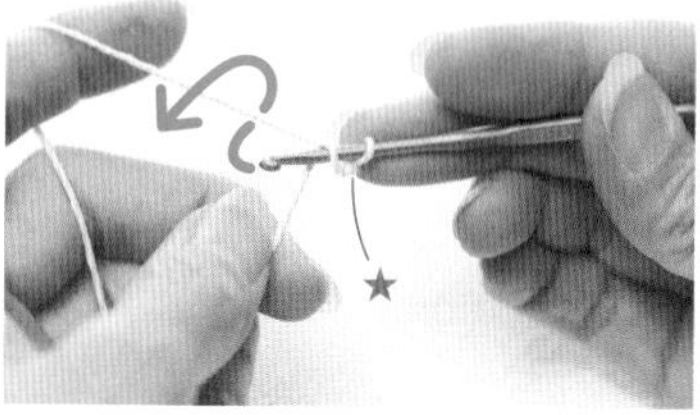
★

★を指で押さえて、矢印の通り針に糸をかけます。

4

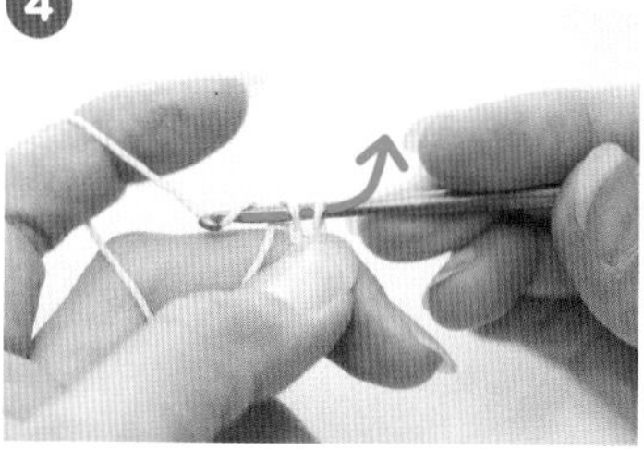

★は固定したまま、矢印の通り、糸を引き抜きます。

5

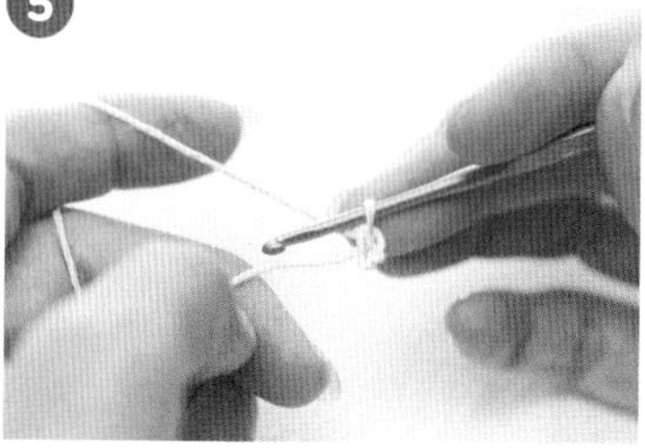

1目編めました。

巾着のひもまで
編めちゃうん
ですね！
編み物って
奥深い…

6

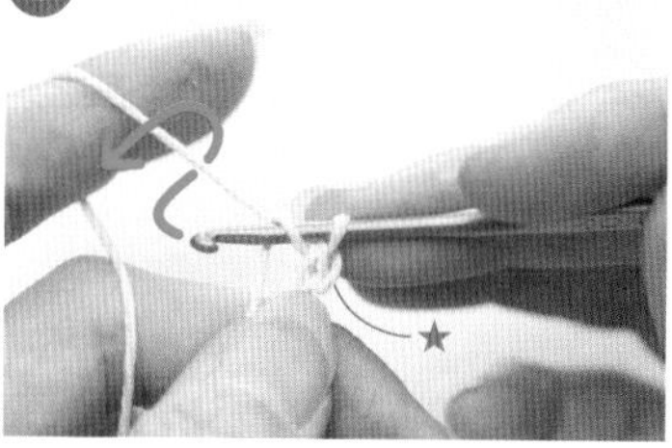
★

★は指で押さえて、親指側の糸を針にかけてから、矢印の通り、糸をかけ、引き抜きます。

7

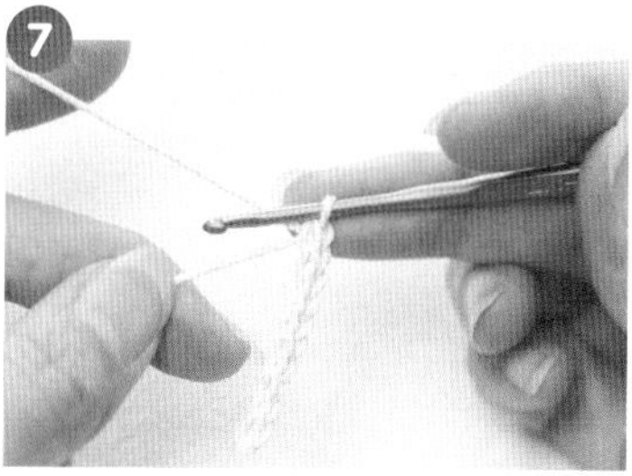

指定の長さまで編めたら完成です。編み終わったら、ほかの編み地と同様に糸始末をします。

お好みで、細い
革ひもなどに
置き換えても
OKですよ

もっと作ろう

がまぐち小物入れ<ループ>

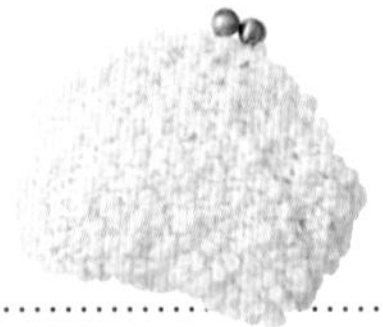

使用糸：ハマナカ ソノモノループ　#51（白）　17g

その他の材料：ハマナカ 編みつける口金9cm
（くし型・アンティーク・H207-022-4）1個

使用針：2本棒針12号　かぎ針10/0号

ゲージ：メリヤス編み　12目×18段が10cm×10cm

できあがり寸法：横12cm×縦10.5cm

編み方：糸は1本どりで編みます。指で作る作り目をし、
裏メリヤス編みで16段編んだらかぎ針に持ちかえ、口金に編みつけます。
もう1枚編んで同様にがま口に編みつけます。
両脇をすくいとじ、底を巻きかがりします。

製図

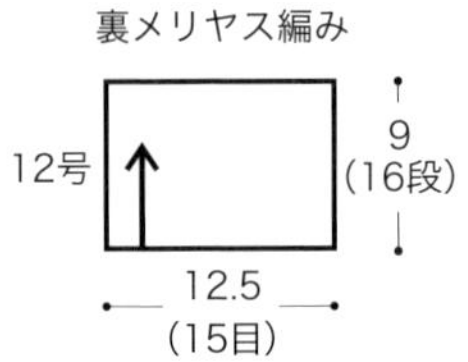

裏メリヤス編み
12号
9
(16段)
12.5
(15目)

＊同じものを
2枚編む

編み図

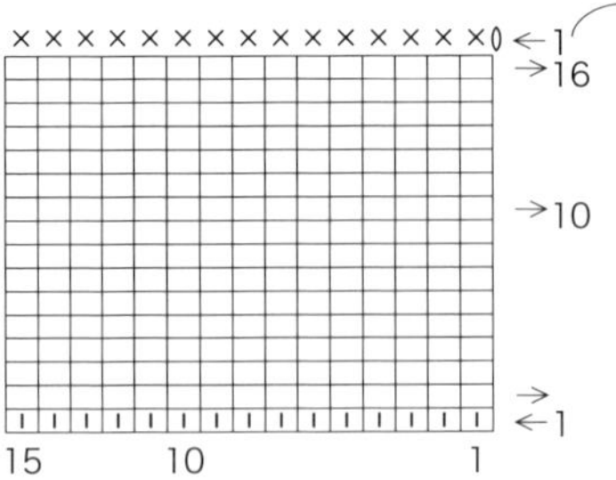

1
16
10
1
1
15
10
1

かぎ針に持ちかえて
がまぐちに編みつける

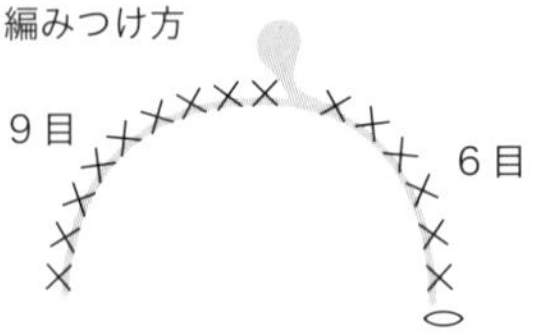

編みつけ方
9目
6目

反対側も同じように編みつける

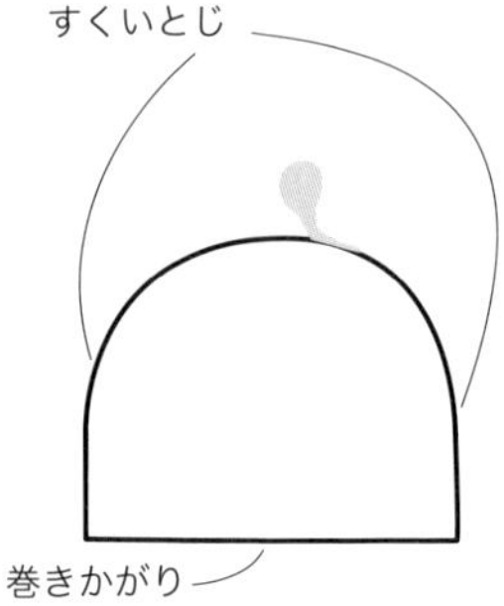

すくいとじ

巻きかがり

| 表目 |
= | 裏目
× = 細編み
○ = 鎖編み

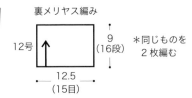

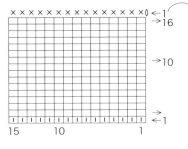

もっと作ろう

がまぐち小物入れ＜ふわふわ＞

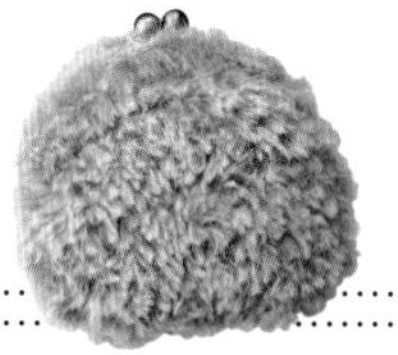

使用糸：atelier K'sK　コッコラ　#505（ベージュ）　26g

その他の材料：ハマナカ 編みつける口金9㎝

（くし型・アンティーク・H207-022-4）1個

使用針：2本棒針12号　かぎ針10/0号

ゲージ：メリヤス編み　12目×15.5段が10㎝×10㎝

できあがり寸法：横12㎝×縦11㎝

編み方：糸は1本どりで編みます。指で作る作り目をし、

メリヤス編みで14段編んだらかぎ針に持ちかえ、口金に編みつけます。

もう1枚編んで同様にがま口に編みつけます。

両脇と、底を巻きかがりします。

製図

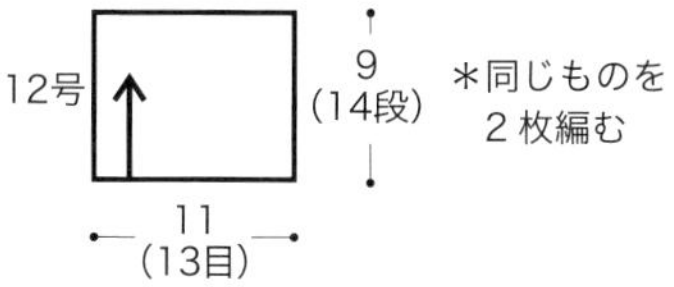

編み図

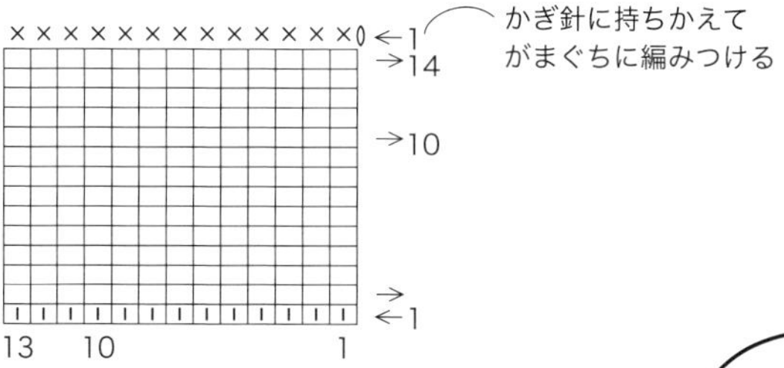

□＝|＝表目
○＝鎖編み
×＝細編み

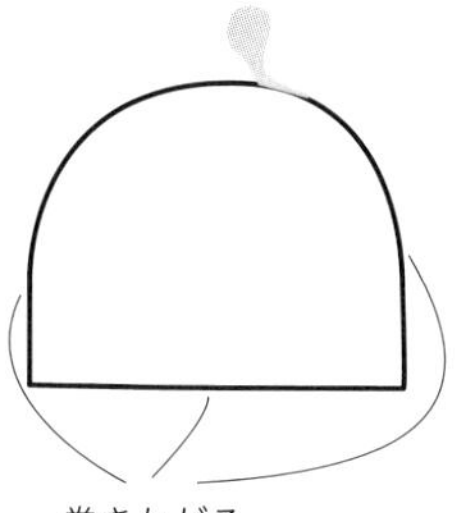

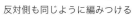

ポイント1　口金への編みつけ方

※わかりやすいように、糸を変えて解説しています。
ループは「裏メリヤス編み」ですが、同様の編みつけ方でOKです。

1

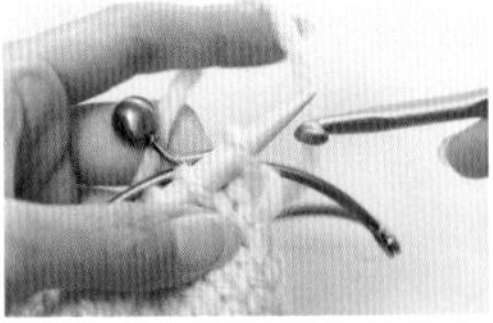

糸を口金の間に通し、写真のように構えます。

2

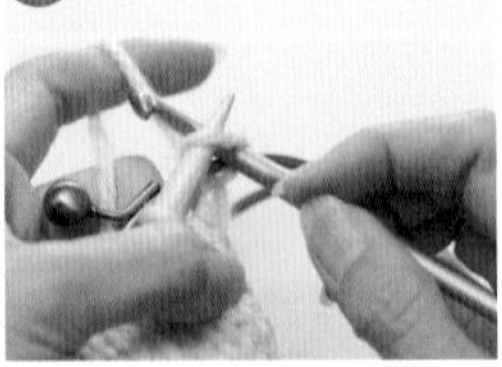

棒針にかかっている目に、かぎ針を入れて糸をかけます。

3

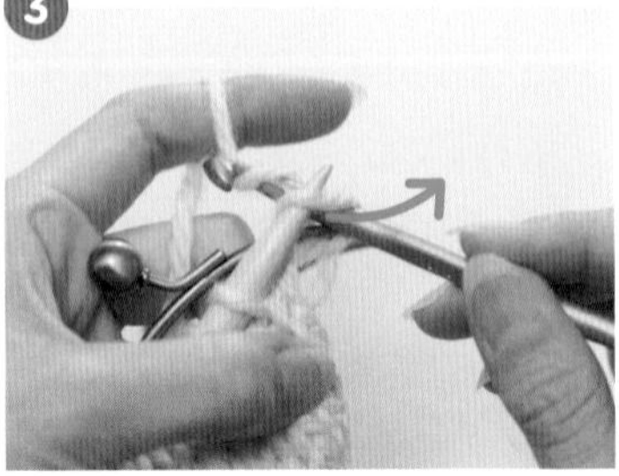

矢印のように糸を引き出します。

4

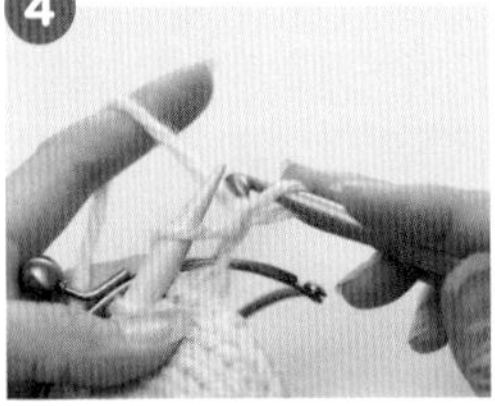

立ち上がりの鎖編みが1目編めました。編み終わった棒針の目は、ここで針から外します。

5

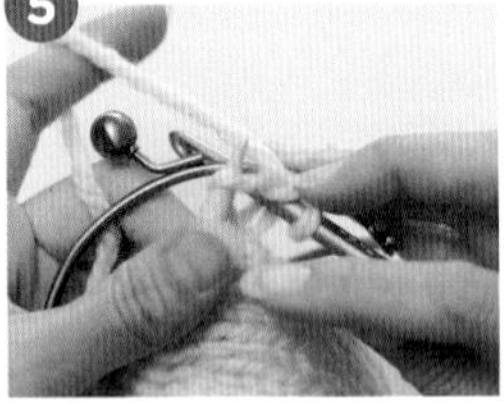

同様にして細編みを編みます。

6

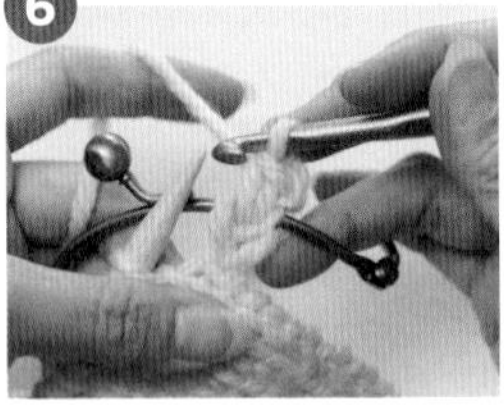

2目編めたところ。

7

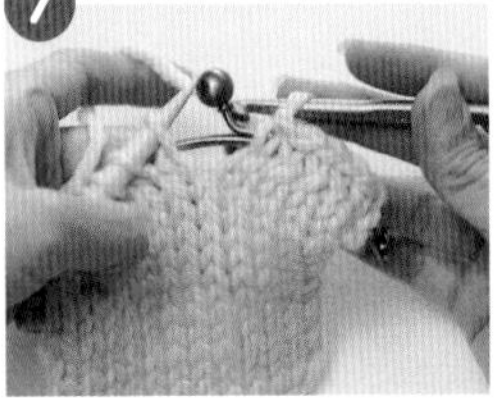

「ループ」は6目、「ふわふわ」は5目編めたら片側が終わりです。

8

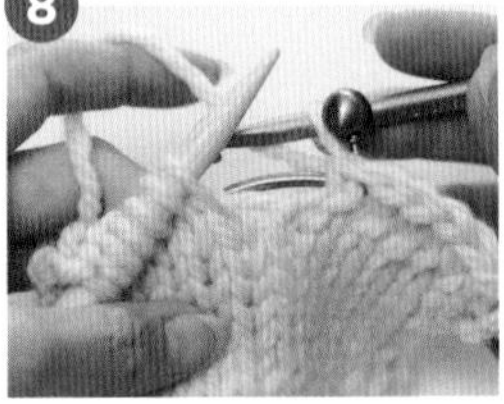

つまみの玉の反対側も同様に編んでいきます。

9

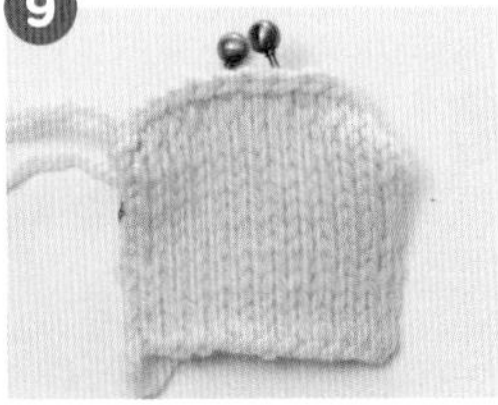

口金がつきました。同様にもう1枚編みます。

ポイント2　巻きかがる

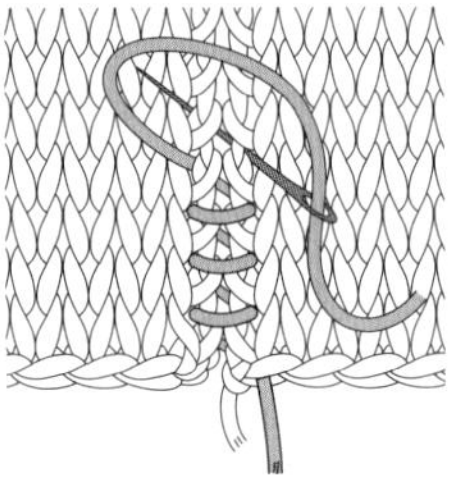

とじ針に糸を通し、編み地を外表に合わせて半目を拾いながら巻きかがります。

もっと作ろう

ヘアバンド<a・b>

a
b

a） 使用糸：atelier K'sK セサミ　#336（ベージュ） 50g
使用針：2本棒針　14号
ゲージ：メリヤス編み（14号） 14目×20段が10cm×10cm
できあがり寸法：頭回り57cm×幅10cm

b） 使用糸：atelier K'sK セサミ　#337（グレー） 25g
使用針：2本棒針　12号
ゲージ：1目かのこ編み（12号） 13目×24段が10cm×10cm
できあがり寸法：頭回り52cm×幅7cm

編み方：糸は1本どりで編みます。
指で作る作り目をし、図のように編みます。
最終段を編みながら伏せ止めし、編み始めと巻きかがります。
リボンを編んで巻いて、とじつけます。

ヘアバンドa

製図

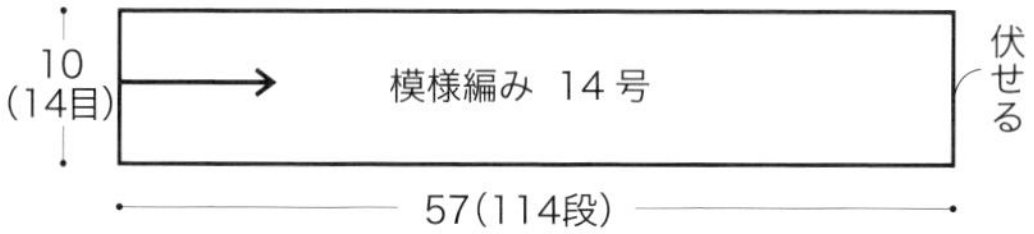

10
(14目)
模様編み 14号
伏せる
57(114段)

★リボン

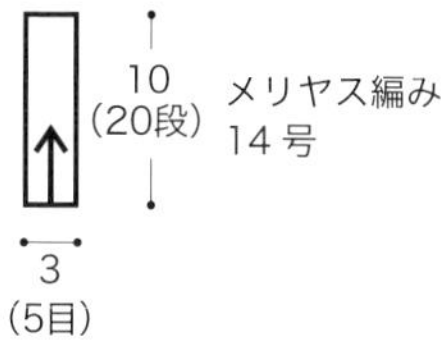

10
(20段)
メリヤス編み
14号
3
(5目)

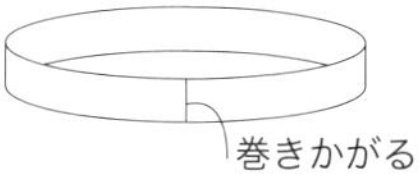

巻きかがる

巻きかがったところを
かくすように
リボンを巻いてとじる

編み図

| =表目
— =裏目

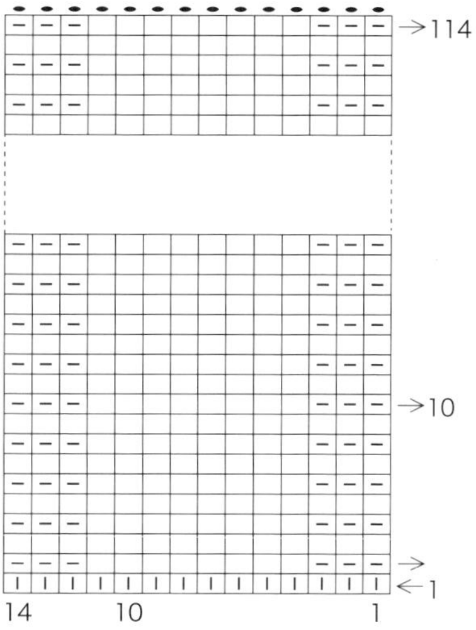

114
10
1
14
10
1

ヘアバンド6

編み図

| =表目
— =裏目

製図

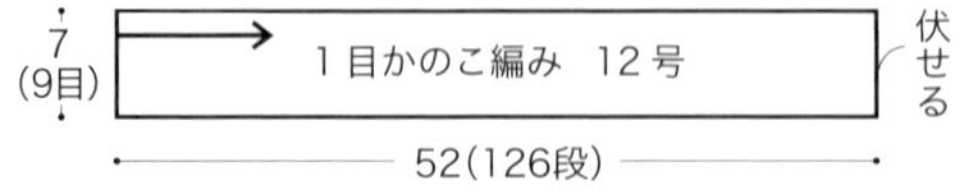

7
(9目)
1目かのこ編み　12号
伏せる
52(126段)

★リボン

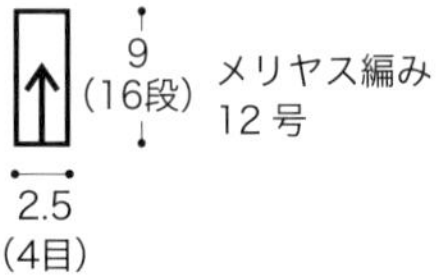

9
(16段)
メリヤス編み
12号
2.5
(4目)

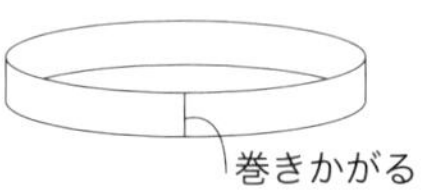

巻きかがる

巻きかがったところを
かくすように
リボンを巻いてとじる

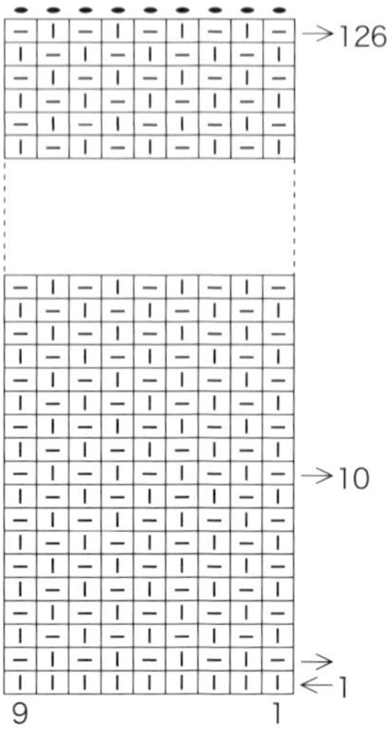

→126
→10
→
←1
9
1

ポイント　リボンの付け方

1

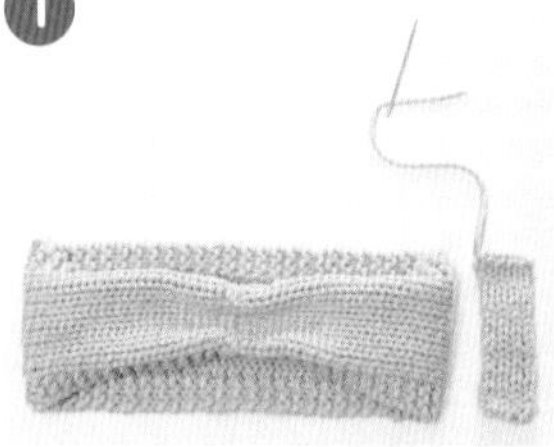

本体を編み終えたところ。リボンは最終段を編みながら伏せ止めし、15cmほど糸を残して切ります。

2

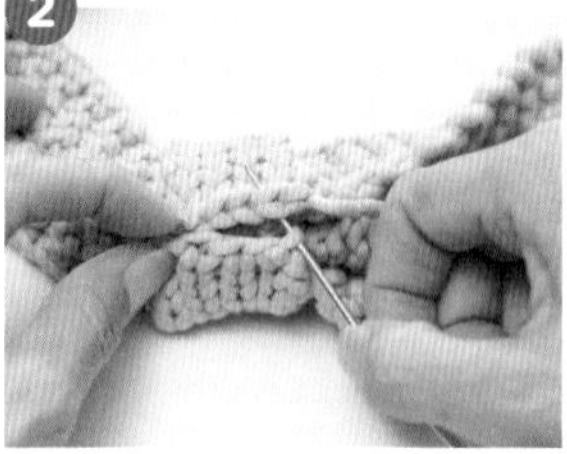

本体のつなぎ目部分をかくすようにリボンで巻いて、とじます。

3

とじたら、通常通りに糸始末をします。

もっと作ろう

はりねずみブローチ

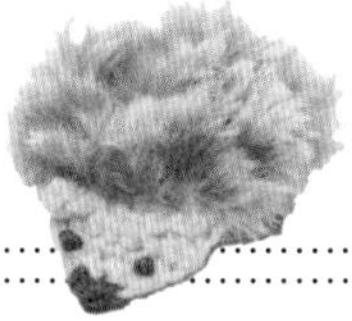

使用糸：atelier K'sK　コッコラ　#505（ベージュ）　3g
ハマナカ　リッチモア パーセント　#3（ペールオレンジ）　2g
#125（茶）　1g

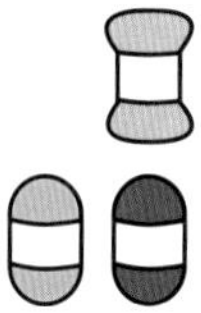

使用針：2本棒針12号　かぎ針5/0号

できあがり寸法：横6cm×縦7cm

編み方：背中は棒針編みです。1本どりで、指で作る作り目をし、図の通り編みます。
2段めで、1目に裏目と表目を編んで増し目します。
6段めを編みながら伏せ止めします。
おなか側はかぎ針編みです。1本どりでわの作り目をし、図のように編みます。
すじ編みは裏に筋が出るように編みます。
耳（かぎ針編み）をすじ編みの筋に編みつけます。目を刺繍します。

製図

おなかを
かがりつける
10段めから
色を変える
パーセント #125 でフレンチノット

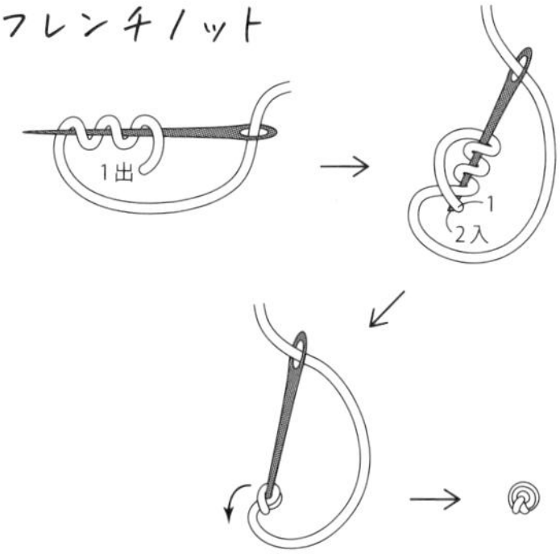
フレンチノット
1出
1
2入

かぎ針と棒針を
組み合わせた作品です。
一見難しそうに見えますが、
編み図通りチャレンジ
してみてください

編み図

★おなか

①〜⑨　パーセント #3
⑩　パーセント #125

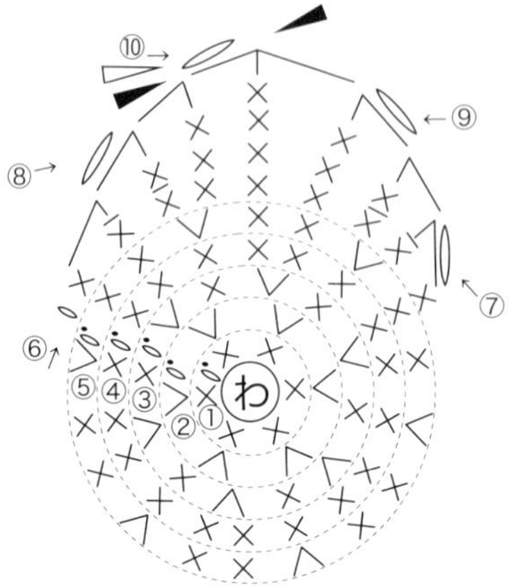

7段めのすじ編みは
裏に筋が出るように編む

★耳（左）

パーセント #3

おなかの7段めの
筋が残ったところに
鼻先のほうから見て編む。
左右対称にする。

★背中

コッコラ

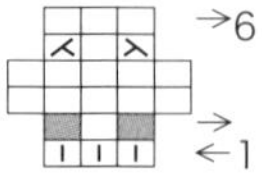

6段めを編みながら
伏せる

- ○＝鎖編み
- ×＝細編み
- ×̲＝細編みのすじ編み
- ∨＝細編み2目編み入れる
- ∧＝細編み2目一度
- ∧＝細編み3目一度
- ┬＝長編み
- ●＝引き抜き編み
- ◀＝糸を切る　◁＝糸をつける
- □＝|＝表目
- ■＝1目に裏目1目と表目1目の2目を編み入れる
- ＝左上2目一度
- ＝右上2目一度

ポイント　耳の付け方

1

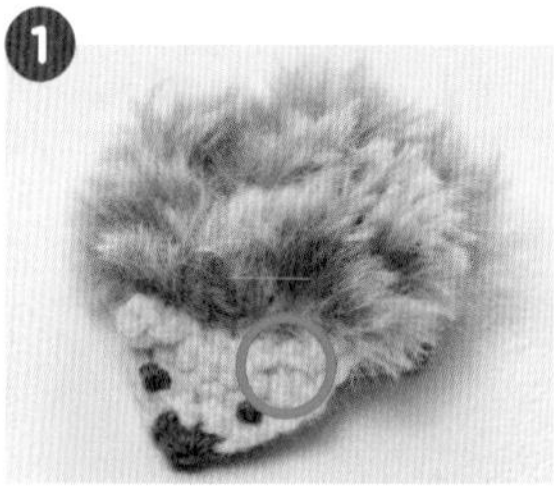

すじ編みでできた筋です。

2

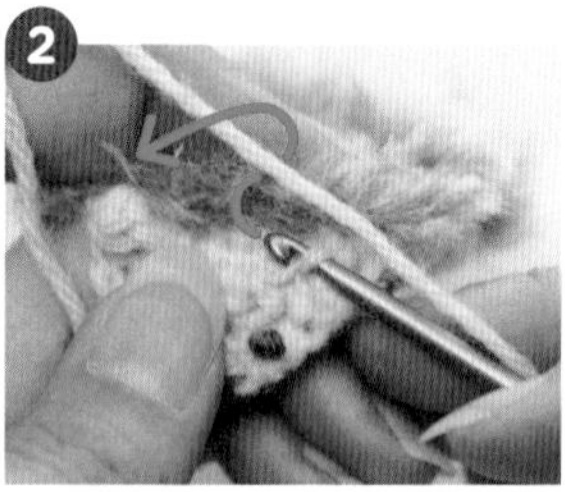

筋にかぎ針を入れ、矢印のように糸をかけ、引き出します。

3

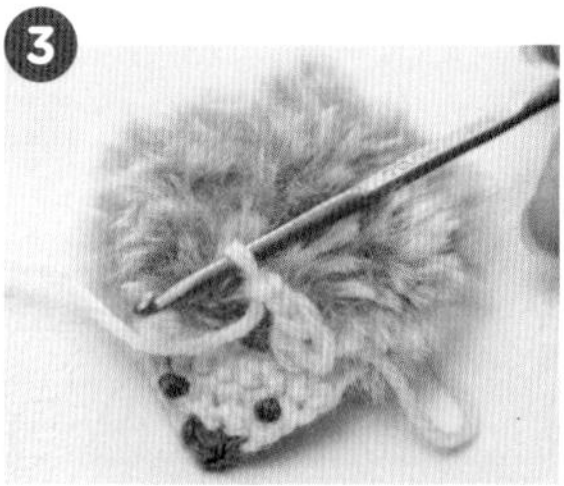

編み図通り編みます。裏側で糸始末をします。

※写真では目を先につけていますが、
目は最後につけたほうが顔のバランスがよくなります。

ワイ
ワイ
……そういえば
皆さんはなんで編み物をしているんですか？
私は小学生のときに学童保育でおばあちゃん先生から教わったのがきっかけです
最初は棒針編みでマフラー編んだな〜
今のやりがいはSNS！
作品をアップするとリアクションをもらえるのが楽しくて！
フォロワー2万人達成しました！
スゴ〜イ！
……それに
こうしていろんな人とつながれたのも…編み物のおかげかな
な、なんかテレる〜
くさくてすみませんっ
テレ
テレ

私は以前にもお伝えしたように
市販品だと…
ダボ…
ピチピチ
自分に合うサイズの服が欲しかったというのがきっかけですが
あ そうでしたね！
たった1本の毛糸からこうして実用的なものが生まれていくのが非常に興味深くて
取りつかれるようにどんどん深みにはまっています
う〜ん哲学…
私は仕事がきっかけだったけど…
編み物っていいですよね
突発的なことが起きても中断しやすいし
「突発的なこと」例
フンフン〜♪
5分後
ノッてきた〜！
うわー
ストップストップ!!
忙しい日々のなかで
バタバタ
ヒ〜
保育園のお迎え遅れる〜っっ
1段でも編めたら「自分の時間が使えた」って思えて
ホッ
なんとなく心が落ち着きました
わかる〜！
うんうん
プル
……
プル
アレッ先生？

…わたし
とっても
うれしいです！
グスッ
!?
既製品のほうが
安くて手軽に買える時代…
2900円
1900円
お一人お一人
楽しみを見出して
編み物に
取り組んでいる
ことがわかり
感動しました
先生…
ボへ〜〜…
カオリさんはよく
ボ〜ッとしてたので
何も考えてないの
かとっ
カ・カオリ
さん…?
そんなに
ボ〜ッと
してました!?
先生はどうして
始めたんですか？
私が編み物を
始めたのは
高校三年生の秋…
まわりが
大学受験の
ラストスパートに
邁進するなか
私だけ推薦で
早く決まり
やったー
○○大学
合格
カリ　カリ　カリ　カリ
合格
やっ…た…
ピリ　ピリ
ひとりだけ遊んでいる
わけにはいかず
編み物を始めました
合格
えーと…
きっかけ
独特!!

それから編み物スクールに通ってニッターになり教室を開いて皆さんに教えることになり…
編み物教室fumi
人生わからないものですよね
ニッター？
本や手芸店向けに作品を編む人のことです
育児で忙しかったり悩みやトラブルがあったりしても編んでいる間は没頭して無心になれるのも魅力です
うんうん
とにかく…
編み物は老若男女楽しめるってことですね！
皆さんもぜひ!!
ビッ
急に雑にまとめだした!!
…どこ見てるんですか？
ページ数の問題で…
…ページ数？
アハハ
フフフ
みなさんよきニッティングライフを♪
おわり

編み目記号と編み方

本書で登場する主な編み目記号を紹介します

↓ かぎ針編み

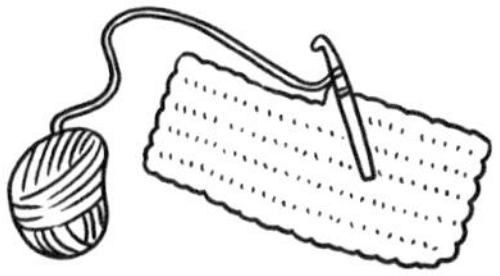

鎖編み ○

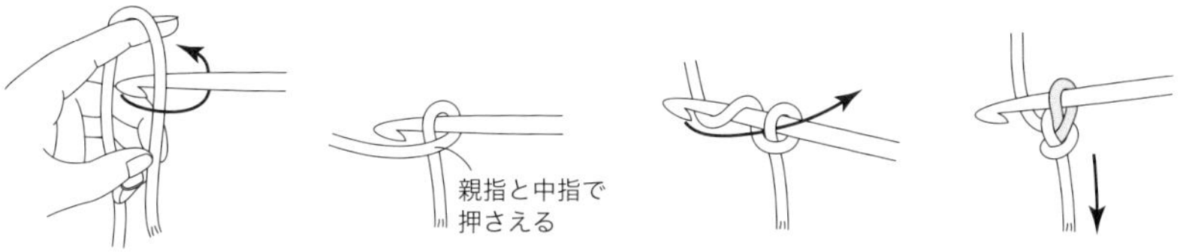

①針先を回して
糸をかける。

②針に糸を巻きつける。

③針に糸をかけて、
引き出す。

④糸を引き締める。
（これは１目として
カウントしない）

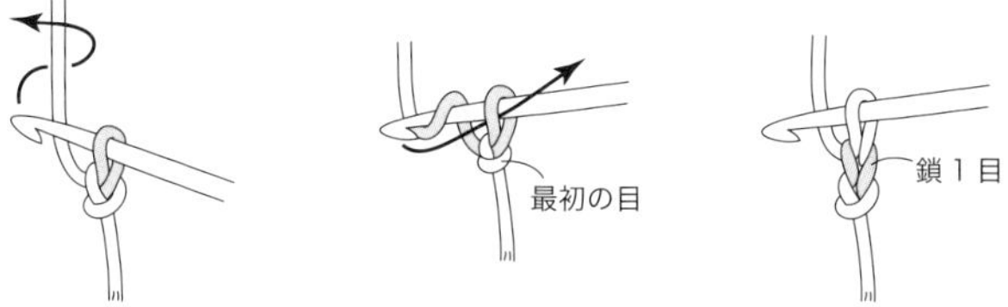

⑤針を矢印のように動かし、
糸をかける。

⑥ループから引き出す。

⑦鎖編み１目の完成。

細編み
2目編み入れるV

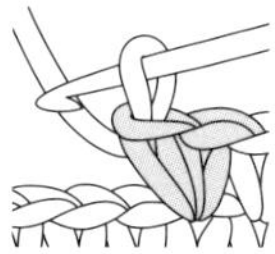

前段の目に 2回
細編みを編む。

細編み ×

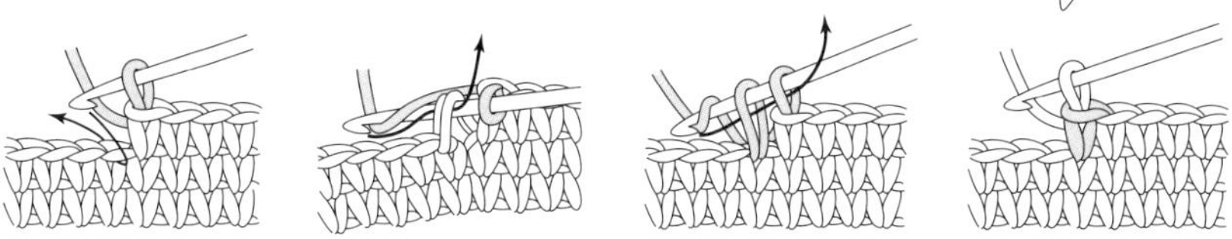

①前段の目の頭に
針を入れる。

②針に糸をかけ、
引き出す。

③再び針に糸をかけて、
２つのループを
一度に引き抜く。

④細編みの完成。

細編みのすじ編み

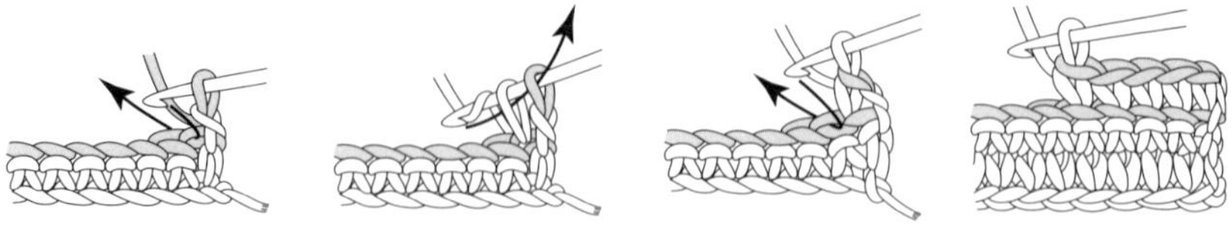

①前段の目の向こう側1本に針を入れる。
②針に糸をかけて引き出し、細編みを編む。
③同様に向こう側の1目に細編みを編む。
④3段めも、向こう側の1目に細編みを編む。

長編み

●前段が表の場合

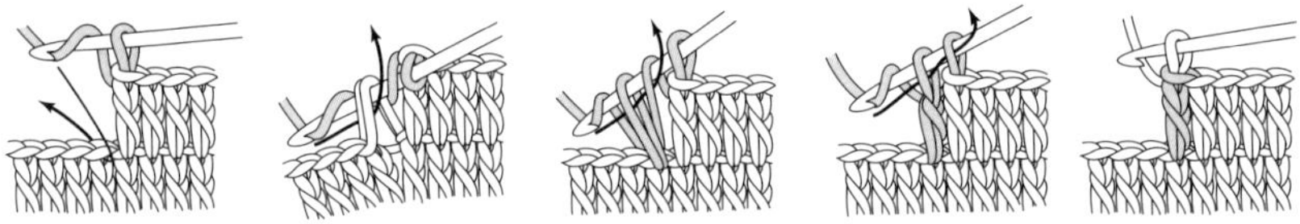

①針に糸をかけ、前段の目の頭2本に針を入れる。
②針に糸をかけ、引き出す。
③もう一度、針に糸をかけ、針先から2つのループを引き抜く。
④もう一度糸をかけ、ループを一度に引き抜いて、完成。

●前段が裏の場合

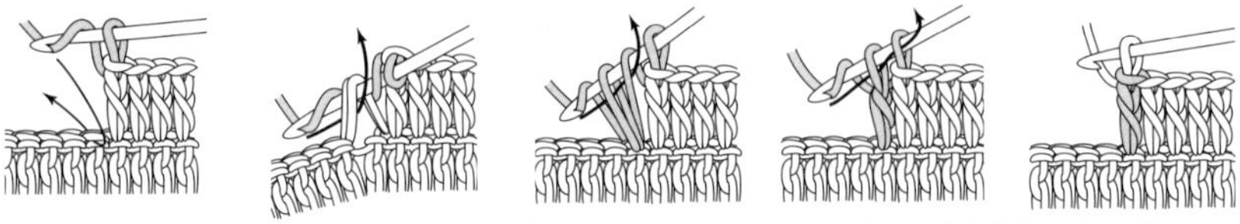

①針に糸をかけ、前段の目の頭2本に針を入れる。
②針に糸をかけ、引き出す。
③もう一度、針に糸をかけ、針先から2つのループを引き抜く。
④もう一度糸をかけ、ループを一度に引き抜いて、完成。

中長編み

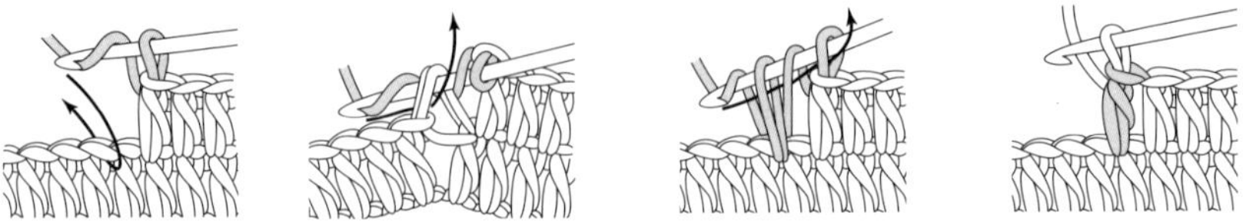

①針に糸をかけ、前段の目の頭2本に針を入れる。
②針に糸をかけ、引き出す。
③もう一度、針に糸をかけ、針先から3つのループを一度に引き抜いて、完成。

わの作り目

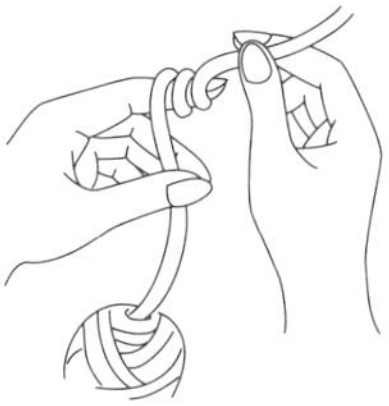

①指に糸を２重に巻く。

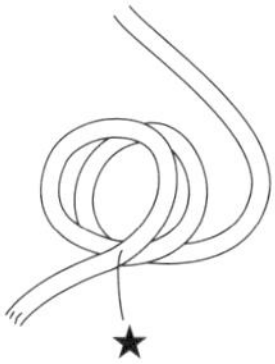

②指から糸を外し、★を左手の
中指と親指で押さえる。

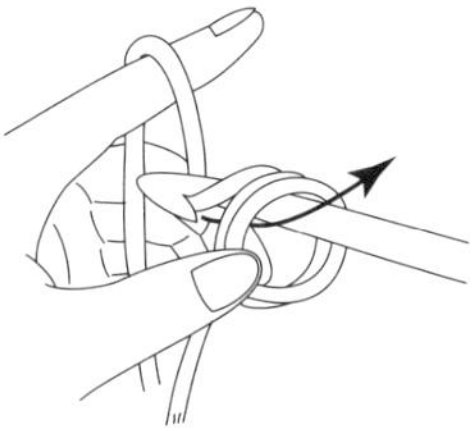

③わの中から針を入れ、
糸をかけて引き出す。

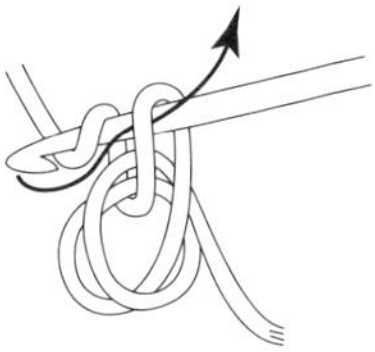

④もう一度針に糸をかけて
引き出す。

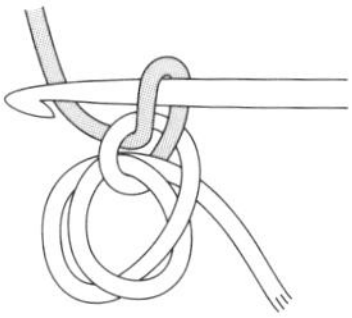

⑤立ち上がりの１目が完成。

●わの作り目から鎖編み（１段めが６目の場合）

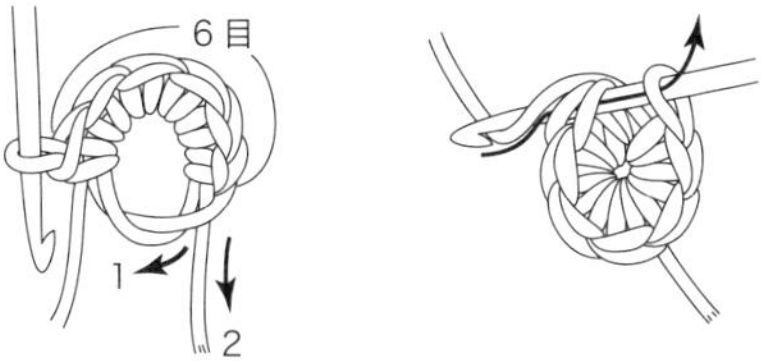

束《そく》に拾う

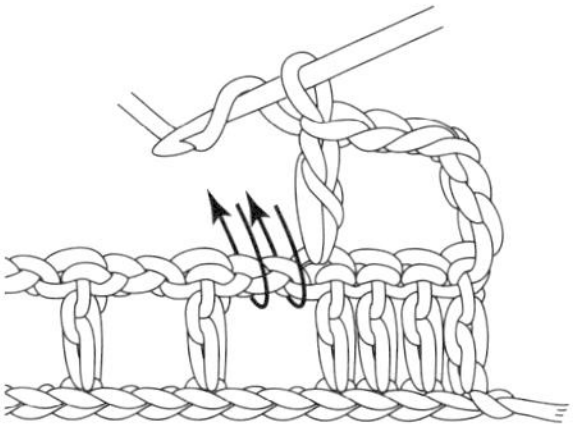

引き抜き編み ●

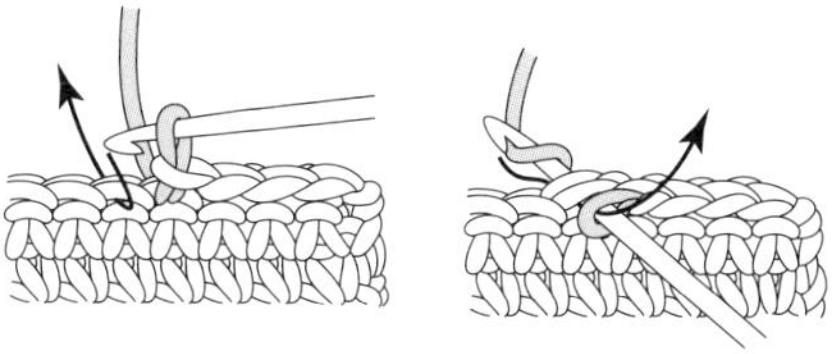

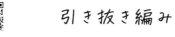

↓ 棒針編み

指で作る作り目

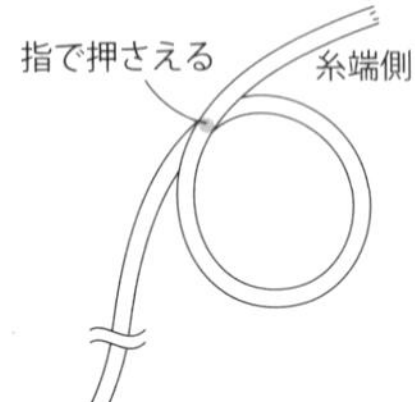

①糸端側は、
編み地の幅の
約 3.5 倍にする。

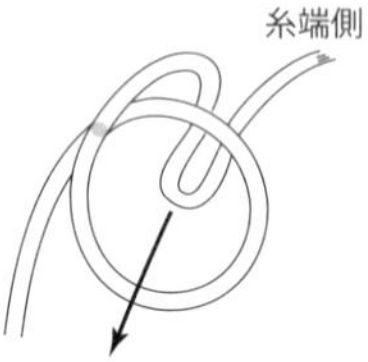

②わの中から、糸端側の糸を
引き出す。

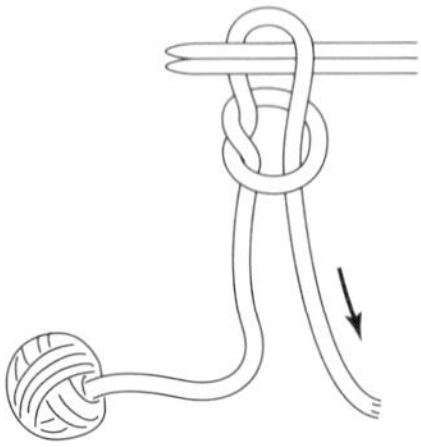

③わに針を 2 本通し、
糸端を引き、わを縮める。

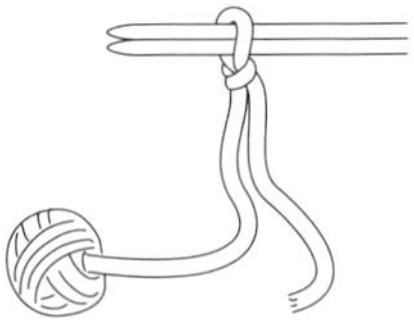

④1 目めが完成。糸端を親指に、
糸玉につながる糸を
人差し指にかける。

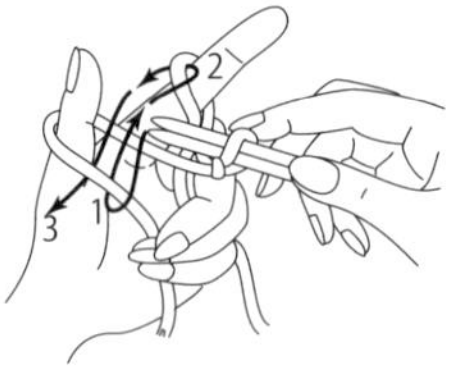

⑤針先を矢印のように動かし、
針に糸をかける。

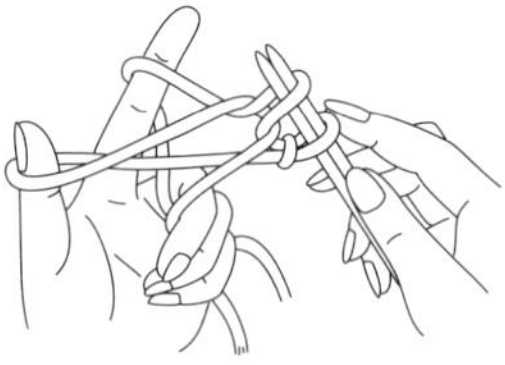

⑥親指の糸を外す。

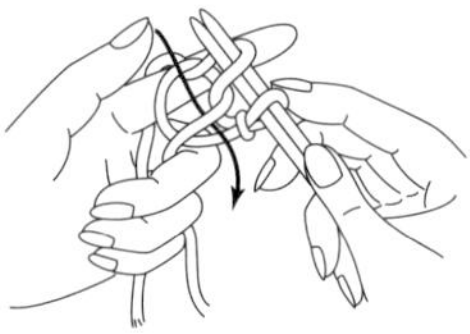

⑦矢印のように親指を入れる。

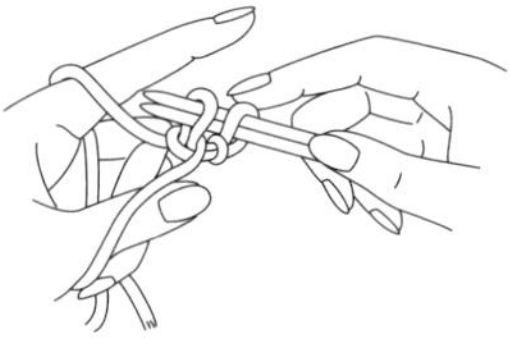

⑧目を引き締める（2 目の完成）。

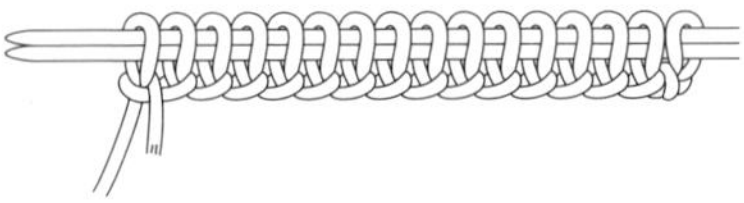

⑨必要目数を作ったら、作り目の完成。
これが 1 段めとなる。

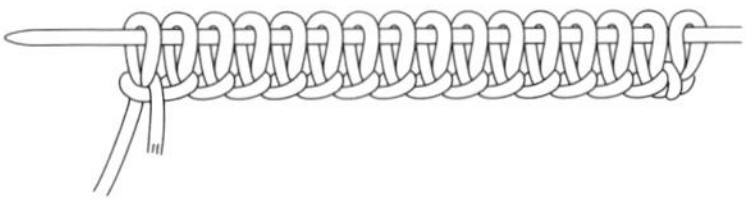

⑩針を 1 本抜いてから 2 段めを編む。

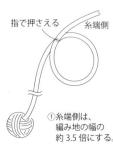

表編み(表目) │

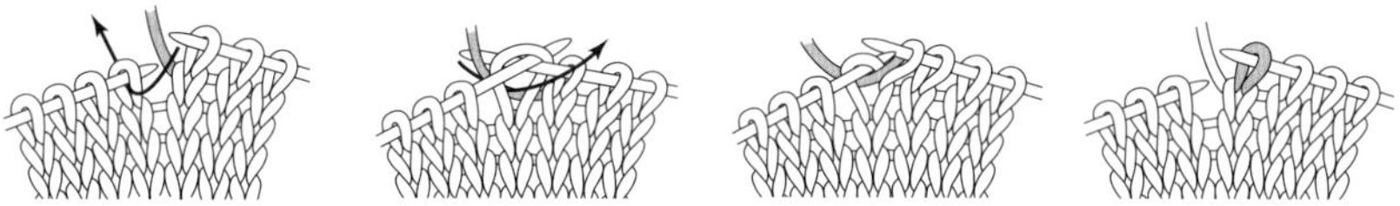

①左針の目に右針を
矢印のように入れる。

②右針に糸をかけ、左針の
ループを通って手前に引き出す。

③表目の完成。

裏編み(裏目) —

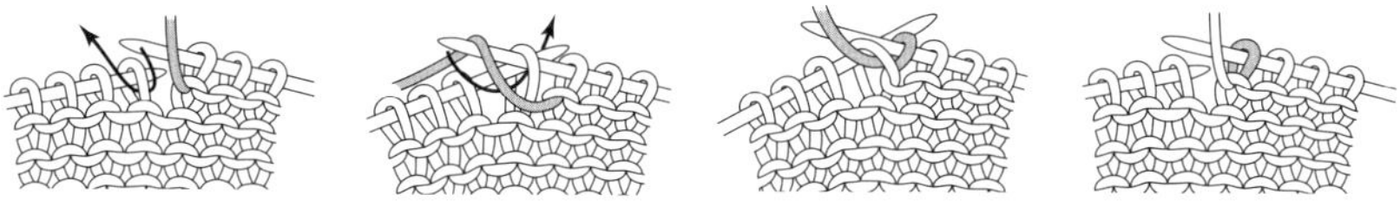

①糸を手前にし、右針を
矢印のように入れる。

②右針に糸をかけ、
左針のループを通って
奥に引き出す。

③裏目の完成。

ねじり増し目 ℓ

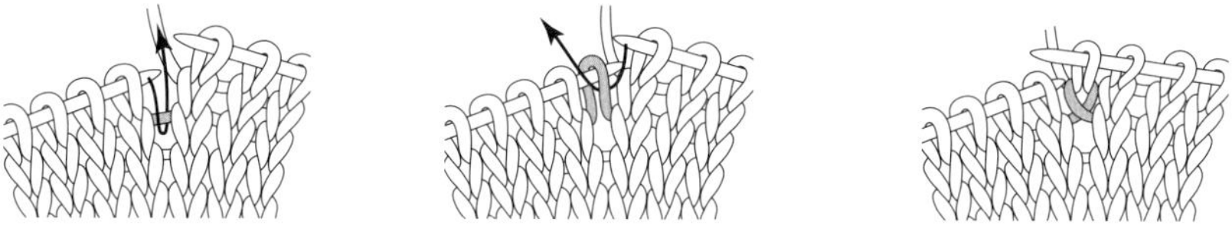

①次に編む目との間に渡った
前段の糸を左針で引き上げる。

②引き上げた糸に右針を入れ、
表目を編む。

③次の段を編んだところ。

かけ目 ○

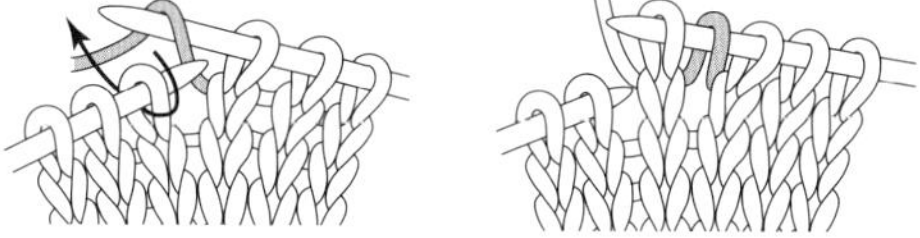

①右針に手前から奥に
糸をかけ、次の目を編む。

②かけ目の完成。

すくいとじ

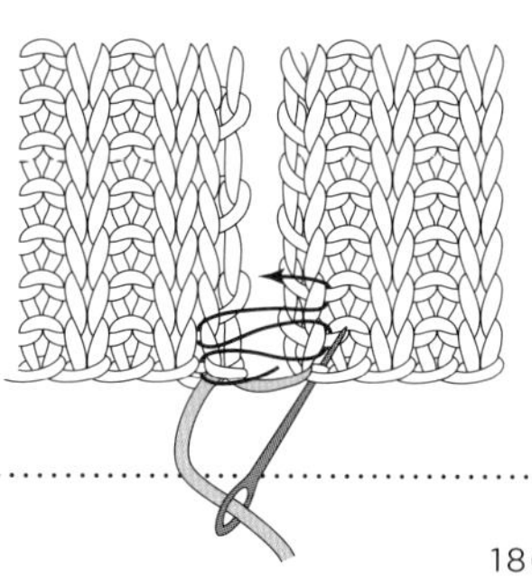

右上２目交差 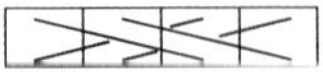

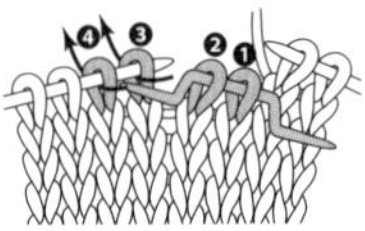

①なわ編み針に左針の右側❶❷の２目を移し、手前に休ませる。

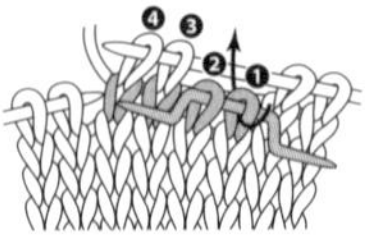

② ❸❹の順に、表編みする。

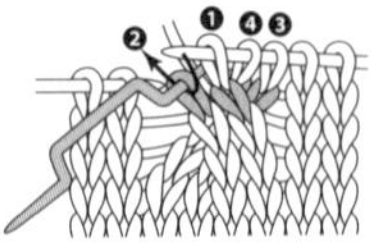

③なわ編み針に休ませていた❶❷を順に表編みする。

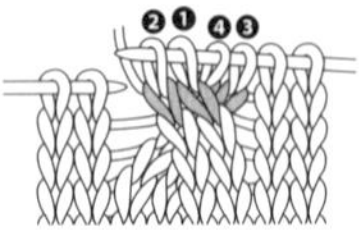

④右上２目交差の完成。

左上２目交差 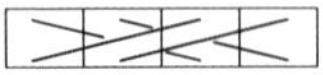

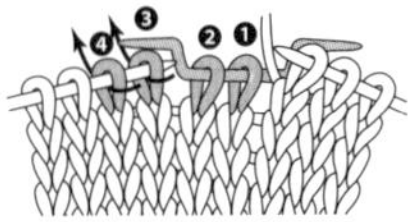

①なわ編み針に左針の右側❶❷の２目を移し、奥に休ませる。❸❹の２目を表編みする。

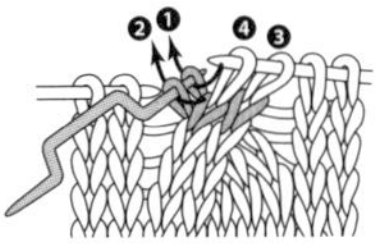

②なわ編み針に休ませていた❶❷を順に表編みする。

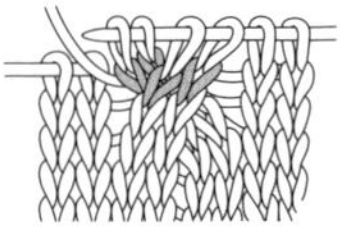

③左上２目交差の完成。

右上３目交差 

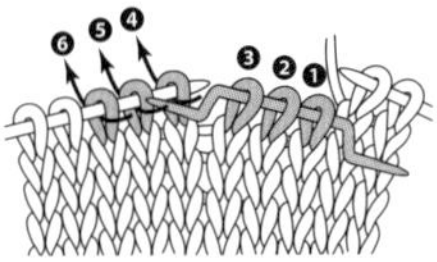

①なわ編み針に左針の右側❶❷❸の３目を移し、手前に休ませる。❹❺❻の３目を表編みする。

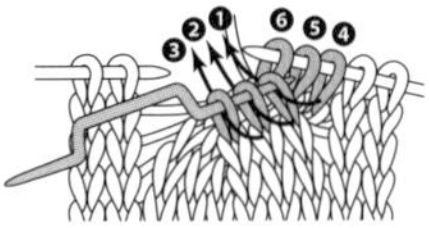

②なわ編み針に休ませていた❶❷❸を順に表編みする。

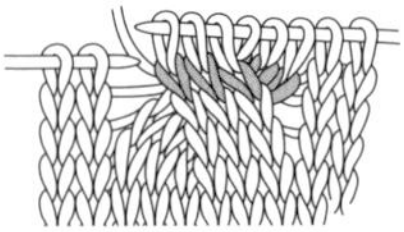

③右上３目交差の完成。

左上３目交差 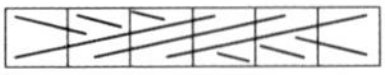

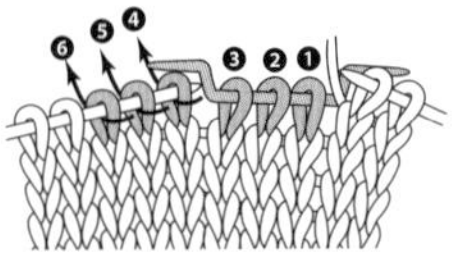

①なわ編み針に左針の右側❶❷❸の３目を移し、奥に休ませる。❹❺❻の３目を表編みする。

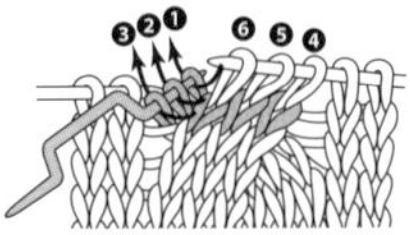

②なわ編み針に休ませていた❶❷❸を順に表編みする。

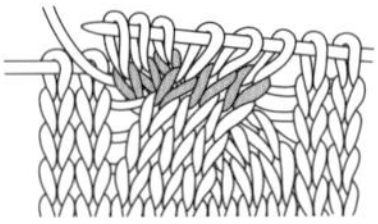

③左上３目交差の完成。

右上2目一度

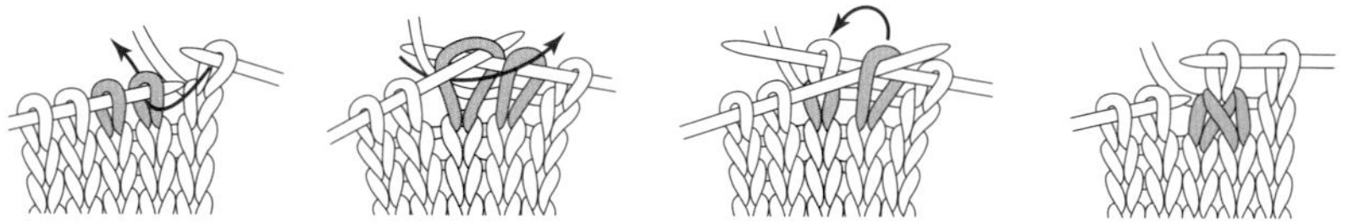

①1目めに表編みの要領で手前から針を入れ、右針に移す。

②2目めを表編みをする。

③1目めに左針を入れ、2目めにかぶせます。

④右上2目一度の完成。

左上2目一度

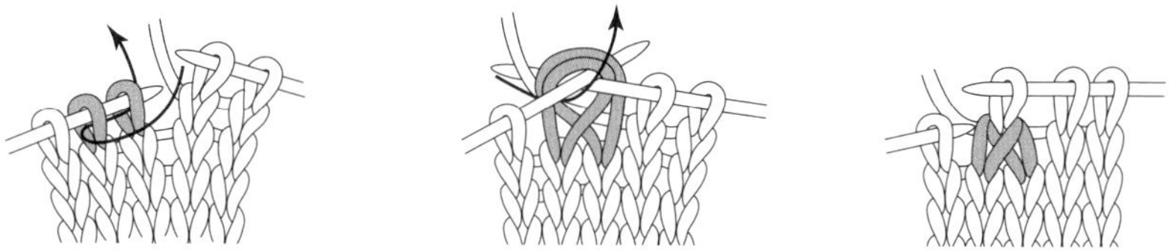

①表編みの要領で2目に矢印のように度に針を入れる。

②2目一緒に表編みをする。

③左上2目一度の完成。

伏せ止め

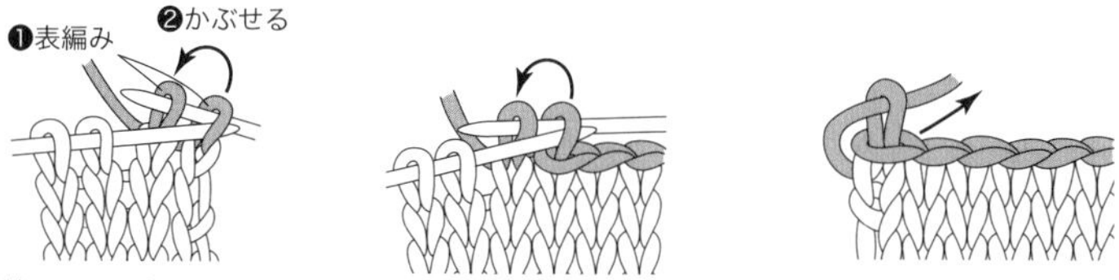

①端の2目を表編みし、1目めを2目めにかぶせるように右針から目を外す。

②同様に端まで編む。

③最後は目の中に糸を通して、引き締める。

かぶせはぎ

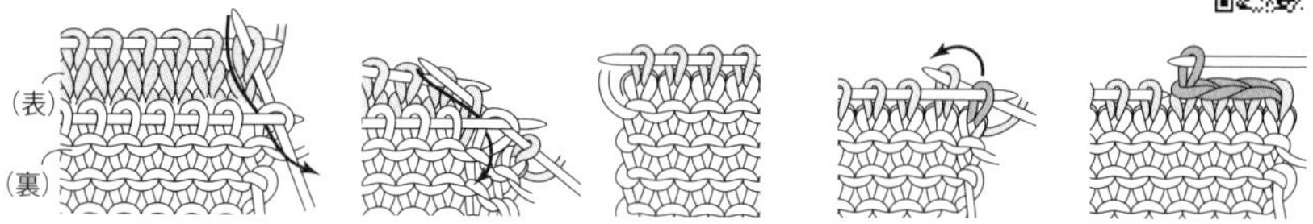

①手前と奥の目に針を入れ、奥の目を手前のループから引き出す。

②同様に1目引き出す。

③最後まで続けると棒針が1本残る。

④また右端に戻り、端の2目を編んだら左の目に右の目をかぶせるようにして目を落とす。

⑤編んで左の目に右の目をかぶせる、を繰り返す。

資材協力

道具

クロバー
編み物始め、ソーイングや手芸全般の用具の製造販売を行う。
なかでも棒針の「匠」、かぎ針の「ペン-E」や「アミュレ」は編み物愛好家にも認知度が高く、
初心者からプロまで愛される。
Instagram：info_clover
Twitter：@info_clover
公式サイト：https://clover.co.jp
TEL:06-6978-2277（お客様係）

糸

ハマナカ
創業昭和15年、手芸用品の製造販売を行う国内屈指の糸・資材メーカー。
春夏秋冬向けの糸、ベビー・キッズ向け、ファンシー向けなど様々な商品展開が魅力。
[使用作品]P.64・96アクリルたわし（格子柄・目玉焼き）、P.94ポットマット、
P.153フード付きマフラー、P.171がまぐち小物入れ（ループ）P.176はりねずみ（胴体）
Instagram：hamanakaamuuse
Twitter：@AMUUSE_JP
公式サイト：http://hamanaka.jp
TEL:075-463-5151（代）

パピー
オリジナル製品だけでなく、世界各国から様々なタイプの糸を取りそろえる。
流行色にも強く、色鮮やか。SDGsを意識した商品展開もされるなど、地球にやさしいラインアップ。
[使用作品]P.158交差編みの帽子
Instagram：puppyarn_official
Twitter：@puppyarn
公式サイト：http://www.puppyarn.com
TEL:03-3257-7135

DARUMA
スタイリッシュで洗練された糸を取りそろえる。スタンダードなメリノウールから、
本書でも使用したやわらかラムSeedはじめ、ちょっとした工夫が楽しい個性的な糸が充実。
[使用作品]P.63コーヒースリーブ、P.98ハット、P.122かのこ編みマフラー、P.165マルシェバッグ
Instagram：yokota_co_ltd
Twitter：@yokota_daruma
公式サイト：http://www.daruma-ito.co.jp/
TEL:06-6251-2183（横田株式会社）

AVRIL
ポンポンやループなどがついた糸が豊富。さらに直営店では10g単位で購入できるなど、
“こういうのが欲しかった！”を叶えてくれる店。キット販売も豊富なので初心者にもおすすめ。
[使用作品]P.120ハンドウォーマー（大人・子ども）、P.168ぺたんこ巾着ポーチ
Instagram：avril_kyoto
Twitter：@AvrilKyoto
公式サイト：www.avril-kyoto.com
TEL:075-724-3550（株式会社アヴリル）

atelier K'sK
神戸を拠点に各地に講座を持つニットデザイナー岡本啓子氏が主宰するブランド。
品がよくエレガントな印象のオリジナル糸や、キットも充実。大人デザインが好きな方に。
[使用作品]P.172がま口小物入れ（ふわふわ）、P.174ヘアバンドa・b、P.176はりねずみ（背中）
Instagram：atelierksk
Twitter：@atelierksk
公式サイト：https://atelier-ksk.net
TEL:078-599-9782

最後に聞いておきたい Q&A

Q 棒針編みの持ち方が母から聞いた方法とは違うような気がします

A 「フランス式」「アメリカ式」の違いかもしれません

この本では左手の人差し指に糸をかけて編む「フランス式」を紹介しましたが、糸を右の針に1回ずつひっかけて編む「アメリカ式」という方法もあります。

フランス式のほうが手や腕への負担は少なくスピーディーに仕上がるという方が多いようですが、アメリカ式のほうがきっちり編めるという方もいます（その分編み地がきつくなってしまう場合も…）。やりやすい方法で編んで構いませんよ。

＜アメリカ式＞

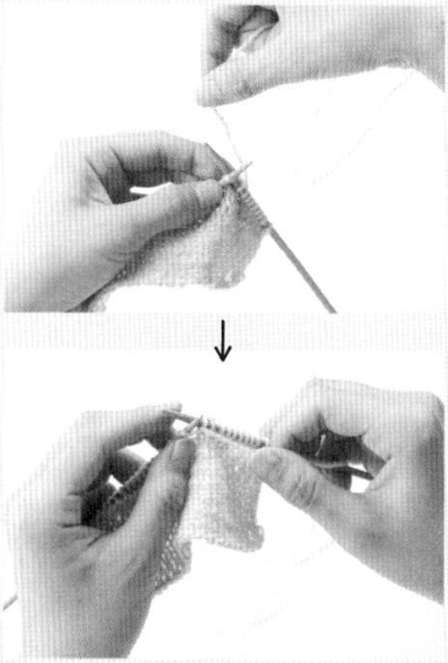

右の針を左の目に入れたら、右手で右の針に糸をかけて、右手に針を持ち直して糸を引き出します。

＜フランス式＞

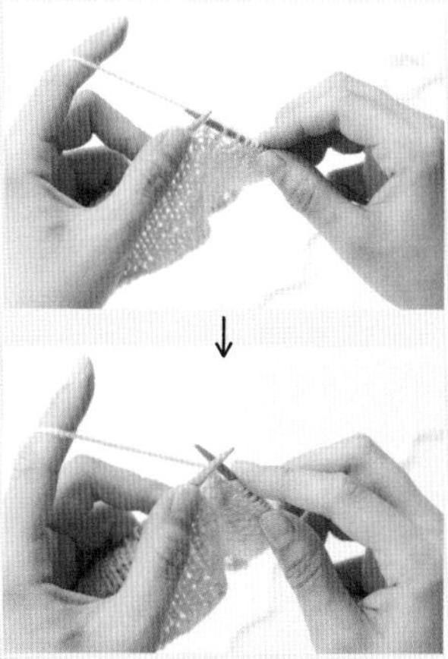

左手の人差し指に糸をかけて、右の針を左の目に入れたら、右の針を糸にかけて引き出す。慣れるととても速く編めます。

持ち方に限らず、家庭で伝承された編み方などもあるかもしれませんね。もし編み物を続けたくなったら、正しい方法を学んでみてください

Q これ、どうしたら…

A 目が落ちていますね

これはほどかなくても修正可能ですよ。まず落ちた目をかぎ針で拾います。その上に左右に渡っている糸があるので、拾ってかぎ針で編み、またその上の渡っている糸を拾って編み…と進め、今編んでいる段まで編めたら、目を棒針に戻してあげてください。

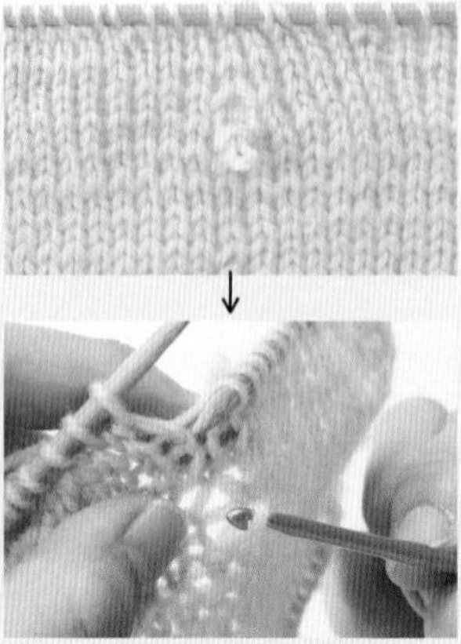

これは表編みの修復法。裏編みは拾い方が逆になります。

Q 目が増えてしまいました

A 糸が割れていませんか?

初心者の方の失敗例として、糸が割れているのに気づかずに進めてしまうことがあります。糸が割れると目としてカウントしてしまって目数が増えてしまったり、単純に編み目が汚くなってしまったりします。

針を入れるときにループの糸を割ってしまっている。

糸を拾うときに糸を割ってしまっている。

かぎ針でも、糸を拾うときに糸を割ることがある。

Q 編み物はどこで習える?

A 初心者なら手芸店で行われているワークショップや講座がおすすめです

監修

fumifumi（ふみふみ）

atelierK'sKのニットデザイナー岡本啓子氏に師事し、ニッターを経て編み物講師に。現在は自宅教室のほか、大手手芸店での講師を務める。ソーイングと組み合わせた小物や、実用的なウエア、キュートなマスコットなど、多様な作品が魅力。

Instagram
fumipotechi

STAFF

まんが　あきばさやか
デザイン　あんバターオフィス
撮影　原田真理
モデル　ANGIE
スタイリング　伊藤みき
ヘアメイク　高野智子
動画制作　Mahna Works
作品制作協力　AKI
イラスト製作　小池百合穂
校正　木串かつ子
DTP　大島歌織
編集　上原千穂（朝日新聞出版　生活・文化編集部）

cover

コットンウールストライプ3wayワンピース、
Vネックニットソーベストともに参考商品（sirone）

撮影協力

UTUWA

AWABEES

関口善大靴工房
https://sekiguchikutu.com
03-6909-1674
〒182-0003 東京都調布市若葉町1-34-64

sirone
092-737-2226
https://www.sirone.net/
〒810-0022 福岡市中央区薬院1-14-25 つるやビル1F

まんがで
手《て》作《づく》り入《にゅう》門《もん》
編《あ》み物《もの》
始《はじ》めてみました！

監修　fumifumi

編著　朝日新聞出版

発行者　片桐圭子

発行所　朝日新聞出版
〒104-8011 東京都中央区築地5-3-2
（お問い合わせ）infojitsuyo@asahi.com

印刷所　図書印刷株式会社

ISBN 978-4-02-334015-2

定価はカバーに表示してあります。
落丁・乱丁の場合は弊社業務部（電話03-5540-7800）へご連絡ください。送料弊社負担にてお取り替えいたします。